中国社会科学院近代史研究所·青年学术论坛

中国社会科学院近代史研究所 编

中国社会科学院近代史研究所

青年学术论坛

Academic Forum for the Youth

(2015年卷)

社会科学文献出版社
SOCIAL SCIENCES ACADEMIC PRESS (CHINA)

目　录

东南互保之余波：朝臣与督抚关于辛丑乡试展期的论争 ………… 韩　策 / 1

康有为、李炳宪交往和思想关系论考
　　——兼及民初孔教运动跨越中韩之传播与取向问题 ………… 彭春凌 / 23

民国初年司法官群体的分流与重组
　　——兼论辛亥鼎革后的人事嬗变 ……………………………… 李在全 / 59

关于国民党左派问题的再思考（1924～1931） …………………… 李志毓 / 86

国立大学与国民政府
　　——以抗战爆发前浙江大学校长更迭为主线的考察 ………… 张　静 / 107

抗日战争与华侨社会的演变
　　——以新西兰华侨捐款风波为中心的探讨 …………………… 吴敏超 / 132

英国与国民政府的战后处置计划兼及台湾问题（1941～1943）
　　——以英方外交决策和报告为中心 …………………………… 侯中军 / 151

对日和约问题上的蒋美分歧及蒋之因应 …………………………… 冯　琳 / 173

近代中国英语读本印度溯源研究
　　——以《纳氏英文法讲义》原本与汉译本的流布为例 ……… 邱志红 / 203

国族形象人格化的移植与文化困境
　　——以劳瑞的"李表哥"漫画为例 …………………………… 海　青 / 216

东南互保之余波：朝臣与督抚
关于辛丑乡试展期的论争

韩 策

庚子事变深刻影响了近代中国的发展历程，表现之一就是加速了科举制度变革。辛丑年（1901），围绕是否再展乡试，朝臣与东南督抚分歧巨大，经历了多回合明争暗斗。这既反映了庚子乱后当局协调稳定与变革的两难处境，又显示了新政伊始主张渐改与急改的不同趋向，更是清廷与东南督抚权力关系的微妙体现，值得认真梳理。关于辛丑乡试展期问题，目前尚无专题研究。① 本文拟用档案、日记、书信、报刊等材料，紧扣朝臣与东南督抚的论争及士绅舆论的反应，详论展期之争的来龙去脉，并尝试从庚子西狩、东南互保的权力格局中探讨展期之争所反映的历史内涵。

一 问题的缘起：奏展乡试朝臣督抚起分歧

清朝科举时代，除非发生大规模战争等极端情况，乡、会试一般按期举行，不可动摇。有清一代导致乡试停科、展期、补考的重大变故共有三个，

---

① 关晓红教授曾有所论述，意在说明当局未能把握住借暂停科举以发展学堂的建议和契机，对改科举不无遗憾（参见关晓红《科举停废与近代中国社会》，社会科学文献出版社，2013，第 49~58 页）。惟因侧重不同，加以资料限制和解读偶偏，尚有继续探讨的较大空间。本文侧重于朝臣与东南督抚关于展期问题的明争暗斗及士绅舆论的反应，试图说明展期之争及其结局可视为庚子东南互保的某种延续。

分别是康熙平三藩、咸同时期的战乱和庚子事变。① 如果说前两次纯粹由于战事影响，那么庚子事变后的开科问题无疑夹杂着新的时代课题。此时政治格局和内外形势复杂微妙：两宫尚在西狩，北京正在议和，刘坤一、张之洞等因东南互保"有功"而权势凸显；清政府准备开启新政以挽救危局，朝野上下正在为新政建言献策，而改科举、兴学堂摆在新政首位。因此，乡试展期之争，实与科举改章、启动新政相互缠绕，关系众多士人与官员的切身利益，故成为斯时朝野关注的一个热点。

本来，庚子年（1900）光绪帝三十正寿，故开恩科乡试，辛丑年举行恩科会试，庚子、辛丑本有的正科乡、会试则递推至辛丑、壬寅（1902）举行。岂料五月二十五日中外宣战，军务倥偬。清廷遂将恩科乡、会试分别展至辛丑年三月初八日和八月初八日，正科乡、会试往后顺延，命已放的乡试考官折回。② 七月北京城破，銮驾西幸。但乡、会试开科既是朝廷仍须面对的未了之务，也是众多士人关心的功名大事。

九月十五日，留京办事大臣崑冈领衔具奏，以"明春三月乡试"困难重重，故请"俟和议就绪，再行请旨举办"。奉旨允准。一个多月后，沿江督抚刘坤一、张之洞、奎俊等奏请将三江、两湖、四川庚子恩科乡试展至辛丑年八月初八日，并照同治时先例，将正科乡试归并举行，再于壬寅春归并会试。奉旨允行。③ 袁世凯经刘坤一通报后，亦奏准归并山东乡试。④ 十二月，清廷索性电令各省"一律展缓归并"。⑤ 于是恩科乡试因庚子兵燹再次展期。

辛丑年三月，又届题请简放乡试考官之期，各方遂展开新一轮因应。如果说前两次因军务正紧，展缓乡试尚少异议，那么此时和局将定，清廷急需借科举考试以稳定人心。结果，围绕是否再次展缓乡试，朝内重臣与东南督

---

① 参见商衍鎏《清代科举考试述录及有关著作》，商志醰校注，百花文艺出版社，2004，第122~124页；王立新《咸同年间文闱停科问题考订》，《近代史研究》2016年第5期。
② 中国第一历史档案馆编《光绪宣统两朝上谕档》第26册，广西师范大学出版社，1996，第187页。
③ 《大学士崑冈等奏请俟议和就绪再行举办乡试折》（光绪二十六年九月十五日）、《两江总督刘坤一等奏请将恩正两科乡会试归并举行折》（光绪二十六年十月十八日），中国第一历史档案馆编《光绪朝朱批奏折》第105辑，中华书局，1996，第103~104、105页。
④ 《恩正两科乡会试请归并举行片》（光绪二十六年十一月十九日），骆宝善、刘路生主编《袁世凯全集》第8卷，河南大学出版社，2013，第91页。
⑤ 《电谕》（庚子年十二月初五日），中国第一历史档案馆编《清代军机处电报档汇编》第2册，中国人民大学出版社，2005，第307页。

抚分歧巨大。

当时中央政府分行在和留京两支。行在当局的立场是按期举行恩正并科乡试，以固结士心。大乱初平迅速开科，也正是清廷和朝官熟悉的历史经验。所以，当三月初三日陕甘总督崧蕃电询本年乡试"是否准行"时，军机处次日即给出肯定答复。① 与此同时，留京办事大臣崑冈等建议京师礼部与行在礼部分别将北京、西安两地应开列人员名单咨送军机处，"由军机处酌定省分先后，程限远近，随时开单请旨简放"。随后奉旨依议。② 西安行在中对科举事宜最有发言权的大臣，当属礼部尚书、翰林院掌院学士孙家鼐与军机大臣王文韶。三月初九日，孙家鼐即专程找王文韶商议"本年乡试应行变通事宜"。③ 同日，军机处电令崑冈尽快查明应放试差的京官名单，咨送该处。④ 显然，中枢与行在礼部准备照崑冈的建议简放考官，按期乡试。

正在酝酿改科举等新政的两江总督刘坤一却有不同意见。三月初五日，刘坤一向湖广总督张之洞探询再次展缓乡试的可能性。⑤ 张之洞迟疑数日后主张再展一年，但建议先与军机处商妥，再电奏。⑥ 刘坤一自然赞同，且更进一步希望由领班军机大臣荣禄面奏请展，因为"外间已奏展两次，此次能由内发，较为得体"。⑦ 督抚接连奏展乡、会试，既不免挑战中央权威之嫌，也会得罪众多京官与士子。刘坤一虽然权势煊赫且素来敢言，但是也不得不有所斟酌。张之洞之所以建议先与军机处商妥，也是预料到朝中必有反对之声。

---

① 《崧蕃来电》（辛丑年三月初三日），中国第一历史档案馆编《清代军机处电报档汇编》（以下简称《电报档》）第21册，中国人民大学出版社，2005，第421页；《致崧蕃电》（辛丑年三月初四日），《电报档》第2册，第396页。
② 《崑冈等奏变通简放试差折》（光绪二十七年三月初三日），中国第一历史档案馆编《光绪朝朱批奏折》第105辑，第116~117页。
③ 袁英光、胡逢祥整理《王文韶日记》（下），中华书局，1989，光绪二十七年三月初九日，第1022页。
④ 《拟致崑冈等电信》（辛丑年三月初九日），《电报档》第2册，第399页。
⑤ 《江宁刘制台来电》（辛丑年三月初五日午刻发，酉刻到），《张之洞档》第86册，虞和平主编《近代史所藏清代名人稿本抄本》第2辑（以下《张之洞档》各册均载此辑，不再注出），大象出版社，2014，第323页。
⑥ 《致江宁刘制台》（光绪二十七年三月十一日巳刻发），苑书义等主编《张之洞全集》第10册，河北人民出版社，1998，第8556页。
⑦ 《江宁刘制台来电》（辛丑年三月十一日酉刻发，戌刻到），《张之洞档》第86册，第399页。

三月初十日，刘坤一吸纳张之洞的建议后致电军机处，商请军机大臣面奏请旨，将乡、会试再展一年。其理由如下：（1）大局未定，回銮尚难定期；（2）京师贡院被焚，今年顺天乡试势不能开科；（3）长江一带，匪徒未靖，骤聚数万人举行乡试，隐忧更大；（4）陕西、山西奇荒，直隶近畿兵燹，流亡的士民都未复业；（5）和议条款规定暂停滋事地方科举考试，但究停何处，尚未议定。①

刘坤一所举情形虽存在，但为增强说服力，显然不无夸大渲染之处。荣禄虽与刘坤一关系密切，但就科举的看法却未必一致，更需尊重进士出身的王文韶和孙家鼐的意见。军机处如奏请再展一年，无疑推翻自己前几日给崧蕃、崑冈的答复，既不成政体，也有违既定方针。且各省情形不同，一律奏展既显草率，也将得罪望试心切的众多士子和官员。此外，乡、会试一展再展，给人留下的更是局势失控、朝廷苟且的不良印象，这是清廷此时极力要避免的。

果然，刘坤一乡、会试一律再展一年的提议被否决。三天后，清廷特下旨云："各直省乡试，前已降旨将恩正两科归并于今年秋间举行。现在和局将定，各士子观光志切，自应仍遵前旨一律举行。著该督抚各就地方情形，详细体察有无窒碍之处，迅即据实电奏。"② 如此既维护先前谕旨的权威性，又摆出嘉惠士林的高姿态，同时也检测各督抚意见，以便做进一步决定。

督抚们反应不一。江西巡抚李兴锐愿意开科，立即"以江西教案将次办竣，民情安静，电请代奏届期举行"。③ 刘坤一、张之洞却决定奏请展期。

---

① 《寄行在军机处》（光绪二十七年三月初十日），中国科学院历史研究所第三所主编《刘坤一遗集》第6册，中华书局，1958，第2620页。

② 《电谕》（辛丑年三月十三日），《电报档》第2册，第404~405页。关晓红教授说："这道上谕，一方面表明政府对士子应试心切的理解和体恤，另一方面则将是否照前议开科的权力下放给督抚，让各地就实际情况自行决定是否举办。"甚是。但接着又说刘坤一"从清廷前后矛盾的几道谕旨窥破当道的心思，既不想举行当年科考，又不愿担当停科的罪名，以免失去士心"，却值得推敲。首先，时间逻辑有误。关教授先论述时间在后的几道谕旨、电奏，然后说这是"一道新的电寄上谕"，以致刘坤一可以"从清廷前后矛盾的几道谕旨窥破当道的心思"，其实该电论系因刘坤一前日致电军机处而发，此时尚无前后矛盾的几道谕旨。更重要的是，谓清廷此道不愿担当停科罪名则可，谓其此时不想举行当年科考，恐与史实不符。参见关晓红《科举停废与近代中国社会》，第53页。

③ 《李兴锐电》（辛丑年三月廿一日缮递），《电报档》第21册，第515页。

十四日，刘电告张，拟约江苏巡抚聂缉椝、安徽巡抚王之春会奏请展一年，并询问张的意见。① 袁世凯亦致电刘、张，询问复奏方略。② 当晚，张之洞复电认为，湖北既须防票匪再行扰乱，也须防考生闹教，故"今年乡试断不能办，拟奏展一年"。张之洞还提醒刘坤一"江西应否同展，似须一询"，同时告以"湖南已电询，尚未复"，并询问袁世凯山东能否开科。③ 十五日，刘坤一会同聂、王二抚电奏请展，并电请李兴锐奏展，又将浙江亦请展缓的消息知会张之洞。④ 奉旨允准后，刘即于十七日通报鄂督张之洞、川督奎俊、闽督许应骙、赣抚李兴锐、鲁抚袁世凯、护理浙抚余联沅。⑤ 袁世凯认为山东"必须和局大定，始可议及开科，亦拟请展限"，并强调京师贡院"已毁大半，明春断难会试，乐得从缓"。⑥ 十六日，张之洞添上贡院被毁，明春不能会试，"似展缓一年于士林登进之阶，亦尚无妨"的说辞，奏请湖北乡试展至次秋，奉准后又通报相关各省。⑦ 这是刘、张最初的串联活动。

然而，也不乏奏请按期乡试的督抚。十六日，来自西安孙宝琦的消息表明，江西、河南、甘肃均请举办。⑧ 随后，广东、广西、云南、贵州也奏请举行。⑨ 有意思的是，湖南巡抚俞廉三虽似意见摇摆，却不无远见。他认为，按局势自以展缓为妥，但忧虑各省步调不齐而导致两个不良后果。一是士心不稳。考生"望试逾年，情甚迫切，如朝廷以俟回銮举行，悉展一年，

---

① 《江宁刘制台来电》（辛丑年三月十四日申刻发，戌刻到），《张之洞档》第86册，第485~486页。
② 《致两江总督刘坤一、湖广总督张之洞电》（光绪二十七年三月十四日），骆宝善、刘路生主编《袁世凯全集》第9卷，第209页。
③ 《致江宁刘制台、济南袁抚台》（辛丑年三月十四日亥刻发），《张之洞档》第35册，第169页。
④ 《江宁刘制台来电》（辛丑年三月十五日午刻、未刻发，均酉刻到），《张之洞档》第86册，第510~511页。
⑤ 《江宁刘制台来电》（辛丑年三月十七日午刻发，申刻到），《张之洞档》第86册，第564页。
⑥ 《致湖广总督张之洞电》（光绪二十七年三月十五日），骆宝善、刘路生主编《袁世凯全集》第9卷，第210页。《全集》误"始可议及"为"始我及"，已据《张之洞档》改。
⑦ 《致西安行在军机处》（光绪二十七年三月十六日辰刻发），苑书义等主编《张之洞全集》第3册，第2210~2211页；《致江宁、四川、福州督署，南昌、济南、杭州、湖南抚署》（辛丑年三月十七日亥刻发），《张之洞档》第35册，第184页。
⑧ 《西安孙道致上海盛大臣电》（辛丑年三月十六日辰刻发，申刻到），《张之洞档》第86册，第539页。
⑨ 中国第一历史档案馆编《光绪宣统两朝上谕档》第27册，第68页。

士子自必安心延企。倘或缓或否，如鄂、湘人士目击滇、黔、桂、粤考官经过，则觖望倍甚，怨谤繁兴，即难保不别生变故"。二是京官、言官的态度。"况京官望试差，一若生、监望乡试，设一二省独请展缓，而言官陈奏，以为可行，辩论纷纭，更伤政体"。因此，俞廉三请示张之洞可否密商刘坤一，"密请降旨，悉展一年。或密约各省，俱请展缓"。张之洞览电赞许，认为如果"顺天、山东、三江、两湖诸大省皆不能乡试，而边省举办，亦欠平允"，更重要的是，"现正议变法，科举必须改章，缓试一年，于考生亦有益"，所以电询刘坤一可否"电商枢垣，一律展期"。① 可见，俞廉三在意的是政令统一和京官、士子的态度，而张之洞意在一律展缓乡试一年，以利其正在努力的科举改章。

不过，因几天前一律展期的提议已被否决，刘坤一了解中枢有意开科，故不愿再牵头饶舌。相反，刘氏希望"各省合力奏请，若请缓者多，纵有一二省仍请举行，朝廷必一律展缓，万无只考一二省之理"。此外，刘坤一对俞廉三担心京官、言官指摘的心理，露出不屑之意："时局至此，但可就事论事，斟酌办理，至于京官之望差，言官之陈奏，非所敢计。"② 显示出东南督抚领袖的权势和决断。只是，刘坤一显然低估了督抚之间的分歧。事实上，仍请举行的不是一二省，而至少有七省，与奏请展期的省份数量相当。

随后，四川总督奎俊在电询江、鄂后，亦请展缓一年。福建、山东、浙江、湖南、江西亦准展缓。然湖南巡抚俞廉三的奏词颇首鼠两端："倘各省一律举行，湖南自难独异。如沿江省分展缓办理，则湘省亦请展缓一年。"③ 江西巡抚李兴锐则是迫于刘坤一压力及邻省环境而奏请展期的。④ 至此，三江、两湖、四川、福建、山东等八省奏准将庚子、辛丑恩正并科乡试展至壬寅年秋举行，而云贵、两广、甘肃、陕西、河南等七省则奏请于辛丑年秋按期乡试。直隶、山西因与议和大纲中闹教滋事地方停止科举考试五年条款关系最深，议和全权大臣李鸿章等正与外人进行交涉，故暂未明了（各省乡

---

① 《致江宁刘制台》（辛丑年三月十七日丑刻发），《张之洞档》第35册，第178~181页。
② 《江宁刘制台来电》（辛丑年三月十七日午刻发，申刻到），《张之洞档》第86册，第569~570页。
③ 《俞廉三电》（辛丑年三月廿一日缮递），《电报档》第21册，第514页。
④ 《李兴锐电》（辛丑年三月廿一日缮递），《电报档》第21册，第515页。

试情形详见表1）。所以，清廷意欲开科的立场受到局势限制，只能折中办理，政令无法统一。围绕乡试是否再次展期，中枢、礼部与东南督抚以及督抚之间分歧巨大。这种分歧格局，正是庚子东南互保的某种延续。

表1 各省辛丑乡试情形

类型	省份	辛丑乡试举行情形	正副考官
《辛丑条约》	直隶（顺天）	壬寅年八月借闱河南补行	裕德、陆润庠、陈邦瑞、李联芳
	山西	壬寅年八月秦、晋合闱补行	曹福元、杨士燮
坚持展期	山东	壬寅年八月补行	支恒荣、陈伯陶
	江南（江苏、安徽合闱）	壬寅年八月补行	戴鸿慈、黄均隆
	浙江	壬寅年八月补行	朱益藩、李家驹
	福建	壬寅年八月补行	载昌、吴荫培
	湖北	壬寅年八月补行	宝熙、沈曾桐
意见摇摆	湖南	奏请如全国一律按期举行，湖南亦举行；如沿江省份展缓一年，湖南亦然。壬寅年八月补行	李士锑、夏同龢
	四川	有意奏请辛丑年九月补行，受刘坤一、张之洞压力而取消念头。壬寅年八月补行	毓隆、俞陛云
	江西	起初奏请举行，后因刘坤一压力及邻省环境，又奏请展至次年。壬寅年八月补行	李昭炜、顾瑗
	河南	起初奏请举行，后因筹办回銮大典奏请展至次年。又因顺天乡试借闱河南开封贡院，故壬寅年十月补行	定成、景方昶
	陕西	起初奏请举行，后因筹办回銮大典奏请展至十月举行，最终奏请展至次年。壬寅年八月补行	朱延熙、段友兰
坚持举行	广东	辛丑年八月按期举行	裴维侒、夏孙桐
	广西	辛丑年八月按期举行	李传元、伍铨萃
	云南	辛丑年八月按期举行	吴鲁、冯恩崑
	贵州	辛丑年八月按期举行	吕佩芬、华学澜
	甘肃	辛丑年八月按期举行	饶士端、郑沅

注：（1）辛丑年八月乡试全称为"光绪二十七年辛丑科补行庚子恩科乡试"，壬寅年八月乡试全称为"光绪二十八年补行庚子辛丑恩正并科乡试"。（2）辛丑年八月各乡试仍用八股文（四书五经）、试帖诗、策论考试，壬寅年补行各乡试施行科举新章，皆用中国政治史事论、各国政治艺学策、四书五经考试。（3）因《辛丑条约》禁止北京、直隶、山西五年内举行乡、会试，故顺天乡试借闱河南，河南乡试延后两月，山西乡试借闱陕西，秦晋合闱。

资料来源：据《上谕档》《德宗实录》《电报档》《光绪朝朱批奏折》《张之洞档》《清秘述闻》等材料编制而成。

按理说，东南互保各省因教案而停试的府县甚少，局势也相对安定，更具备按期乡试的条件。如果仔细分析刘坤一、张之洞奏请乡试展期的理由，可以说着眼于外省者多，立足于东南者少，内中只有票匪滋事可以作为长江各省不能乡试的直接理由，而该理由实多夸大渲染。① 况且，沿江省份湖南、江西尚有教案，但二省巡抚并不反对举行乡试，刘坤一、张之洞主政的江苏、湖北并无教案，反而坚持展期。可知刘、张不愿按期乡试必别有其故。

其实，刘坤一、张之洞之所以坚持乡试展期，是因为其"正议变法"，而"科举必须改章"。② 然而，影响重大的科举改章绝非一份奏折、一纸诏书即可了事。不仅士子需要调适准备，政务处、礼部也需要相当时间商订实施细则，并需征求督抚、学政等官员的意见。倘若辛丑年秋按期乡试，次年春会试，则正在酝酿中的科举新章颇来不及实施，八股旧科举必将再考一科，科举改章的落实就势必要再往后拖延。此时改科举摆在新政首位，需要率先推行，故科举改章的拖延，有可能产生连锁反应，影响兴学堂等其他新政次第展开。相反，如展缓乡、会试一年，作为士子准备科举新章的缓冲期，更利于科举新章获得通过。

所以，从发起新政角度看，这是权谋之计，能做不能说；但从清朝体制讲，乡、会试一展再展，却是极不寻常的。刘坤一、张之洞更看重改科举、行新政，而对于清廷、朝官及部分督抚来说，以下几个方面也甚为重要：庚子乱后，乡、会试接连展期对士子的冲击，外人要求滋事地方停止考试对清廷权威的损害，以及清廷急欲通过科举考试收拾人心、提振权威的迫切需要。几个月后，慈禧太后与前河南巡抚于荫霖的对话就颇能说明问题。因《辛丑条约》禁止北京五年内举行乡、会试，于荫霖说："停科举之旨一下，天下士子皇皇，条约臣不深知，皇太后、皇上回京以后，但能开科，不妨藉河南贡院乡、会试，以固人心。皇太后曰：本来是固结人心要紧，你说得话

---

① "富有票"案被镇压后，英国驻汉口代理总领事曾私下说："南方的叛乱只是一场闹剧而已，主要是报纸借题发挥，大加渲染。……长江一带特别平静。"参见《法磊斯来函》（1900年12月18日），骆惠敏编《清末民初政情内幕：〈泰晤士报〉驻北京记者、袁世凯顾问乔·厄·莫理循书信集》（以下简称《莫理循书信集》）（上），刘桂梁等译，知识出版社，1986，第191页。

② 《致江宁刘制台》（辛丑年三月十七日丑刻发），《张之洞档》第35册，第180页。

都是当办的事。"① 以故，当刘坤一、张之洞串联东南各省奏请乡试展期后，清廷和朝官集结力量向其"发难"，也就并不意外。

二 乡试万不可再展：张百熙代表朝官诘责东南督抚

庚子乱后，枢垣缺人，瞿鸿禨和张百熙则是朝野瞩目的有力候选人。有意思的是，作为翰林出身的佼佼者，两人双双主张乡试万不可再展。辛丑年三月初，留京的翰林院编修叶昌炽收到行在礼部侍郎陆润庠的私信，获悉瞿鸿禨的立场："瞿子玖尚书到秦，言各省士气嚣然不靖，乡试万不可再展，欲分为水陆两途，以秦、晋、陇、蜀、齐、豫、滇、黔由行在乘轺而出，其余各省电简京员由轮船航海，以省材官供帐。"② 这与崑冈的建议有相通之处。至于张百熙的态度，关晓红教授已据《德宗实录》指出张氏认为"停办乡试，有碍大局。请照旧举行，以定人心"。③ 惟张百熙上奏的表面理据与背后考量，支持和反对张氏的力量分野及争议所在，还可深入挖掘探讨。

三月二十六日，张百熙上奏激烈反对乡试展期，认为现在"和局大致已定，一切照常"，乡试"万不可缓"，故请"特下明诏，所有本年乡试饬各省仍一律按期举行"，借以"收涣散之人心，而励颓靡之士气"。其理由如下。

首先，展缓乡试有碍士子进身、工商生计，影响社会安定。因乡试"业经展缓一年"，士子"观光之志更切"，若再展缓，不肖者"不免觖望生事"。"穷乡僻壤，不知时局，轻信谣言，但闻乡试一停再停，必至人心惶惶，流言四起。且工商各业皆赖省会士子麇集"，销售货物，流通银钱，"一旦无故停科，不独士子无进身之阶，四民皆有失业之患，恐非国家之福也"。

其次，东南督抚借口长江票匪滋事，难以成立。其一，票匪源于广东，

---

① 于荫霖：《悚斋日记》，沈云龙主编《近代中国史料丛刊》（224），台北：文海出版社，1968，光绪二十七年九月二十七日，第1263~1264页。关晓红教授已指出此点，参见关晓红《科举停废与近代中国社会》，第53页。
② 叶昌炽：《缘督庐日记》第6册，江苏古籍出版社，2002年影印版，光绪二十七年三月初八日，第3410页。
③ 关晓红：《科举停废与近代中国社会》，第52页。

而广东三点、三合等会更是防不胜防,但张百熙自称庚子前后在广东"学政任内,按部考试,并无窒碍"。其二,咸同年间,局势更糟,但只要有"一隅安堵",即照例考试。"虽当贼氛甚炽之时,而开科各省仍复帖然如故",曾国藩"甫克金陵,首行乡试,实见及于此"。故"藉考试可以收解散之益,未有因考试而反贻滋蔓之忧者"。其三,"如谓票匪可虑",则各省防军虽"不足扞御外人,岂并不能弹压内地。况此类匪徒名目,自嘉道以来即已无地无之、无时无之。若如该督抚所陈,是票匪永无净绝之时,即乡试永无举行之日",恐士民失业而流为匪类,票匪益多,各督抚更将无所为计。此外,"乡试人多易杂,稽察为难"的说法也站不住脚。因为各省童试人数也不少,并有较乡试加多者。"若以乡试为必不可行",难道也令各省学政一律停考正在进行的童试?

最后,张百熙从庚子乱后国势、民心、士心的高度发论,谓国势强弱视乎民心从违,民心从违视乎士心向背,故从来没有"防其士之为乱者",也没有"因一二人不肖,而遂波及千万人者"。即此次拳匪滋事之处概行停考,"尚且分别城镇",既非"合数省而停之",也非一省全停,甚至无一府一县全停者。进而,张百熙以代朝廷的口吻责问东南督抚道:"乃以风闻之富有余党,转更甚于有据之义和匪徒,以无事之东南,转更甚于有事之西北。是直令天下士子之心不重为票重为拳,不但驱之为潜图滋事之票匪,且将托名为明目张胆之拳匪矣。各督抚其何术以弭之?朝廷亦将何术以弭之哉?"①

如前所述,票匪滋事更多是借口而已,故张百熙的诘责无异于点了刘坤一、张之洞的穴位,宛如说东南督抚借机渲染,意图"欺君"。折上当日,清廷即下电旨,称"本年恩正并科乡试原应一体举行,展缓本非得已",故令东南督抚再行详细体察本年可否照常乡试,迅速电复,并将张百熙原折抄寄阅看。②

此时,瞿鸿禨和张百熙既是军机大臣候选人,前不久又分别卸任江苏学

---

① 以上几段均见《都察院左都御史张百熙奏停办乡试有碍大局拟请照旧举行以定人心折》(光绪二十七年三月二十六日),中国第一历史档案馆编《庚子事变清宫档案汇编》第5册,中国人民大学出版社,2003,第1744~1746页。

② 《电谕》(辛丑年三月二十六日),《电报档》第2册,第423、424页。

政和广东学政，途经大半个中国来到西安，可谓既了解东南局势，又熟悉各地士子动态。因此，他们的意见清廷当然重视。进言之，在瞿、张背后，实际上还有一大批待试差的京官反对乡试展期，这些京官背后又有更大一批士人，期待借科举考试谋事。三月初八日，京城风传考试一律停办五年，翰林前辈朱益藩言下即有"不豫之色"，据叶昌炽说，内阁学士秦绶章"则必怒于言矣"。① 翰林院编修伍铨萃庚子已放云南乡试考官，因奉旨展期，遂折回广东探亲，这时已奔赴西安。三月二十日，伍氏曾拜访张百熙，随后又在给梁鼎芬的信中议论"东南停乡试"。②

更重要的是，孙家鼐、王文韶等当朝重臣均反对东南督抚奏展乡试。消息灵通的袁世凯很快得知"寿州（指孙家鼐）主此议"。③ 随后刘坤一得到的情报表明，"奏展乡试，寿州、清河（指王文韶或陆润庠）均不谓然"。④ 事实上，就在张百熙上奏前一日，他与瞿鸿禨先后拜访王文韶，⑤ 不可能不谈及此事。此外，以张百熙与荣禄的密切关系，上如此重要的封奏，很可能事先已经荣禄首肯。这就部分解释了为何清廷刚允准东南各省乡试展期，几天后突然因张百熙一道奏疏，便又命东南督抚再议复奏。

因此可以说，张百熙上奏反对展缓乡试，不仅仅是一己之见，也不仅仅是其与瞿鸿禨的共识，而是在很大程度上代表了进士出身的朝官群体的意志。该群体上自大学士、军机大臣、翰林院掌院学士、礼部堂官，下逮翰林院编修、检讨、部院司官。科举制度带给这些进士（特别是其中的翰林）出身的朝官巨大的政治、经济和情感利益，其反对展缓乡试实属必然。相对而言，东南督抚与科举考试的利益纠葛要少得多，这也是其坚持乡试展期的原因之一。故而，张百熙洋洋千言的激烈奏词，实乃朝官群体对刘坤一、张

---

① 叶昌炽：《缘督庐日记》第 6 册，光绪二十七年三月初八日，第 3410 页。
② 伍铨萃：《北游日记》，吴相湘主编《中国史学丛书》（39），台北：台湾学生书局，1966 年影印版，光绪二十七年三月二十、二十四日，第 199、203 页。
③ 《致两江总督刘坤一、湖广总督张之洞、会办商务大臣盛宣怀电》（光绪二十七年三月二十八日巳刻发，申刻到），骆宝善、刘路生主编《袁世凯全集》第 9 卷，第 559 页。按，编者系于四月二十八日，疑误。
④ 《江宁刘制台来电》（辛丑四月十二日未刻发，申刻到），《张之洞档》第 87 册，第 258 页。"清河"有可能借"清河王"指王文韶，也可能借西晋陆云的《陆清河集》指礼部侍郎陆润庠。
⑤ 袁英光、胡逢祥整理《王文韶日记》（下），光绪二十七年三月二十五日，第 1024 页。

之洞等东南督抚一再奏展乡试的集结反击。

值得进一步讨论的是，张百熙为何此时出来挑头？若从政见看，他在此前后有关科举的条陈，系以张之洞戊戌年改科举方案为本，① 则与刘、张政见相近。若从人脉看，刘坤一系张百熙同乡前辈，张对刘称侄，② 刘则自称于张"属韩、欧旧谊"。③ 更重要的是，庚辛之交，张百熙在沪与盛宣怀商议后，为与刘坤一、张之洞洽谈，将来内外一心，特意改道襄阳赴陕。④ 张百熙随后致函刘坤一讨论新政，也默契有加。⑤ 那么，张百熙此时之所以公然诘责刘、张二督，固由其敢言的本性和南书房翰林、左都御史的特殊身份决定，而与斯时朝廷和东南督抚的权力格局及微妙关系似也密不可分。

有意思的是，与张百熙颇有联络的盛宣怀即不以张氏此举为然。四月二十日，张致函盛云："科场事，弟请一律举行，竟与公所见相反。然揣公意，当系欲藉缓办以为变通科举之计，此则适与弟所上条议相符矣。上意当俟鄂督折到，即有明发。"应该说，张百熙此处不无狡辩之嫌，前引奏疏中，看不出有借缓办以变通科举的意思。其实，更可能的原因是，张百熙抵陕后，即探知朝廷变通宗旨，与他和盛宣怀在沪"所商各节颇多扞格"，虽然开特科等谕旨"颇足以鼓舞群情，而三数有权力者犹不免于锢蔽"，故"亦只好行之以渐耳"。⑥ 这说明与东南督抚及盛宣怀的急改主张不同，此时朝中掌权者倾向渐改。

可见，张百熙的公开主张，既受到朝中形势制约，又受到周围环境影响，故不无迎合上意及荣禄、王文韶、鹿传霖等"三数有权力者"之意味。况且，虽然刘、张东南互保居功厥伟，朝廷倚重正深，但据行在归来的吴品珩说，慈禧太后"终言洋人欺我实甚，恨诸臣不能同心攘夷"，⑦ 心中不无芥蒂。经过庚子事变，清廷权威已经丧失太多。东南督抚公然"抗旨"、形

---

① 参见张百熙撰《张百熙集》，谭承耕、李龙如点校，岳麓书社，2008，第15~16页。
② 《代大学堂发南洋大臣电》（光绪二十八年三月初四日），《电报档》第25册，第480页。
③ 《复夏彝恂》（光绪二十六年十月），《刘坤一遗集》第5册，第2277页。
④ 《盛宣怀致刘坤一》（光绪二十六年十二月二十八日），陈旭麓等主编《盛宣怀档案资料选辑之七：义和团运动》，上海人民出版社，2001，第532页。
⑤ 《复张埜秋》（光绪二十七年正月二十日），《刘坤一遗集》第5册，第2282页。
⑥ 本段见《张百熙致盛宣怀》（光绪二十七年四月廿日），王尔敏、陈善伟编《近代名人手札真迹》第1册，香港中文大学出版社，1987，第51~56页。
⑦ 劳祖德整理《郑孝胥日记》第2册，中华书局，1993，第783页。

同独立自不必说，刘、张一再奏请乡、会试展期，实亦不免挑战中央权威之嫌。朝野上下，明眼人看得非常清楚。以至于英国汉口总领事都明言，此时东南总督比总理衙门权势更大，即使军机处也不能向他们下命令。① 因此，洋人固然是当前大敌，但慈禧太后、中枢高层亦不会不留意到东南督抚的尾大不掉。事实上，在复奏新政条陈时，清廷即希望督抚单奏，而不愿其联衔会奏，② 担心出现"要挟"朝廷的状况。故而，张百熙就举国瞩目的科举问题，用激烈言辞诘责东南督抚，虽尚无中枢高层授意的直接证据，却明显有提振中央权威、迎合最高层的意涵。

三 奏改科举以展乡试：刘坤一、张之洞的反击

张百熙一石激起千层浪，使朝臣与东南督抚的分歧暴露无遗。刘坤一、张之洞等人如何因应，成为朝野上下关注的问题。

三月二十七日，刘坤一接到再次垂询的电谕后，即致电东南督抚，斩钉截铁地表明坚持展期的立场，虽"询问"各处意见，实已不容反对。③ 次日，张之洞亦致电各督抚，意见相同。其理由是：京城贡院已毁，今年必不能举行顺天乡试，如首善之区和东南大省均缓期，则"明春会试，此数省均无新举人，必致士多觖望。若明春不会试，则中举何必早此一年"。此时抄有张百熙奏疏的寄谕未到，故张之洞说："但不知建言者筹虑及此否。"然而，张之洞不愿留下鼓动各省的把柄，于是末尾云："至贵省应如何复奏，敬请尊裁。"④ 不愧巧宦本色。至此，因张百熙将长江票匪滋事的借口揭破，故奏请展期的理由渐从票匪滋事易为壬寅年春不能会试。所以，刘坤一称赞张之洞"今年举人明春仍不能会试"的说法"最切当"。⑤

---

① 《法磊斯来函》（1901年7月17日），骆惠敏编《莫理循书信集》（上），刘桂梁等译，第207页。
② 参见李细珠《张之洞与清末新政研究》，上海书店出版社，2003，第90页。
③ 《江宁刘制台来电》（辛丑年三月二十七日午刻发，酉刻到），《张之洞档》第86册，第721~722页。
④ 《致江宁刘抚台等》（辛丑年三月廿八日子刻发），《张之洞档》第35册，第197~199页。
⑤ 《江宁刘制台来电》（辛丑年四月初四日未刻发，戌刻到），《张之洞档》第87册，第82页。

四月初七日，刘坤一奉到寄谕后即电奏仍旧展期一年。① 张之洞随后亦然。② 刘、张之所以坚持展期，不惜与朝官"对抗"，一方面与此时的微妙处境有关。刘、张奏请乡试展期之初，显然预计到必有反对之声，但还是低估了反对力量。然而，当张百熙公然上奏诘责、举朝皆知之后，却也只好硬着头皮坚持己见。因为这时若突然转圜，按期乡试，不仅严重损害二人东南督抚领袖的颜面，更坐实了此前所奏不实、有意欺罔朝廷的"罪名"。这是刘、张极力避免的。另一方面是为了尽快实现科举改章，迅速推进新政，"改善"中国形象。因为环球各国以变科举"觇中国之能否变法，和议难易亦大有关系"。③

　　与此相应，袁世凯在电奏展缓的同时，也认为各国既以军机大臣"多守旧顽固"，又"皆盼我变法"，倘回銮后要挟"更换执政"、照行新法，拒之势力不足，允之则国体无存，故"回銮以前，如不先行新政"，甚为可虑。故请刘、张"或联名电枢，或会衔电奏"，"将兴学堂、改科举等事先行数件"，以图"各国耳目一新"。④ 这也是将改科举与尽早推行新政、改善中国形象相联系。不过，这种"挟洋"以急切变法的主张与清廷中枢的渐改趋向颇有不同。

　　其实，陷入尴尬的刘坤一此时亦生新招，谋划借奏改科举，以展缓乡试一年。袁世凯的建议来得正是时候。迟至四月十二日，刘坤一再次奏展乡试已过五日，仍未奉旨允准。这时南京内外"士心皇皇，多有以仍行开考为请者"，于是有人劝其主动出击，"先将科举变法一节奏请明谕，暂停乡试一年，俾各士子知所从事，磨厉以须，较为得体，藉定人心"。⑤ 如此既可推进改科举的既定方针，又能使本年暂停乡试理由充分，疆臣既免奏展乡试之诮，中枢亦可从容措辞，士子也易于安抚。故刘坤一眼前一亮，击节称

---

① 《刘坤一来电》（辛丑年四月初七日），《电报档》第22册，第16~18页。
② 《致西安行在军机处》（光绪二十七年四月十二日），苑书义等主编《张之洞全集》第3册，第2216页。
③ 叶昌炽：《缘督庐日记》第6册，光绪二十七年三月初八日，第3410页。
④ 《致西安军机处电》（光绪二十七年四月初七日）、《致两江总督刘坤一、湖广总督张之洞电》（光绪二十七年四月十一日午刻发，酉刻到），骆宝善、刘路生主编《袁世凯全集》第9卷，第414、434页。
⑤ 《江宁刘制台来电》（辛丑年四月十二日未刻发，申刻到），《张之洞档》第87册，第258页。

赏，遂邀张之洞联名会奏。

张之洞接到妙计，赞其"洵为定士心之善策"。至于"变法改科举章程"，只能仿其戊戌年已奏准办法：头场试中国政治史事，二场试西国政治地理，三场试四书五经经义论说，但声明二场删去声光化电之类专门艺学，"盖照前奏者，取其系已经奉旨成案。将艺学等删去者……以冀易准"。同时必须声明：此乃学堂未设之时取士的权宜之计，迨"学堂广设，实学成就者多，再请将凭文考试之中额渐次酌减。详细办法当于复奏内详陈云云。或将陶、袁两奏大意酌采叙入，以见科举旧法必应变通"。①

此时《江楚会奏变法三折》尚未定稿，刘、张已在筹划先将科举改章奏请明发。刘坤一赞同张之洞的改科举方案，并谓："引证陶、袁两奏，以见科举改章具有同心，尤易动听。"② 于是张之洞拟一奏稿，经刘坤一略改字句，于十七日电奏："今日中外大势，科举不改章，势有不能。然改章之始，士林必须宽期肄习。拟请旨先行宣谕：现正议科举改章，讲求有用之学，仍必崇尚五经四书。所有展缓乡试省分各士子，正可藉此一年之暇，精心讲求，俾临试时得以尽其所长，则多士知所向往，益可安心肄业，不致悬盼疑阻。惟科举要政，当必俟各省奏到，详核妥议。此次谕旨可否浑言大略，但将讲求实学、不废经书之宗旨揭明，其详细章程俟定议后，再行颁谕通行，则诸事皆无窒碍。"③

这是刘坤一、张之洞在《江楚会奏变法三折》之前，为全国一律展缓辛丑乡试而提前上奏的改科举主张。既往研究者将此事与《江楚会奏变法三折》混一而论，尚有未谛。④ 值得注意的是，在奏改科举同时，刘、张还致电军机处，建议缓放云、贵乡试考官："科举必须改章，拟请旨先行揭明宗旨，俾多士有所凭依，已另电具奏。惟五月朔即须简放云、贵考官，陕距

---

① 《致江宁刘制台》（光绪二十七年四月十三日未刻发），苑书义等主编《张之洞全集》第10册，第8586~8587页。
② 《江宁刘制台来电》（辛丑年四月十四日申刻发，亥刻到），《张之洞档》第87册，第321~322页。
③ 《刘制台来电》（光绪二十七年四月十八日子刻到），苑书义等主编《张之洞全集》第10册，第8587页；《致西安行在军机处》（光绪二十七年四月十六日亥刻发），苑书义等主编《张之洞全集》第3册，第2217页。
④ 参见李细珠《张之洞与清末新政研究》，第133页；关晓红《科举停废与近代中国社会》，第89页。

云、贵较近。现在章程未定，似可稍缓旬日，再行请简。"① 这就将刘、张借改科举以展缓本年乡试的意图和盘托出。其如意算盘是，清廷一旦明发上谕改科举，那么本年乡试各省就立即面临如何考和考什么的问题。清廷很可能就以新改科举，须为士子留出准备时间为由，一律展缓乡试一年。张百熙以定士心为言，刘、张亦以定士心说法，且带出改科举的既定方针，实为巧妙而有力的反击。

可是，以王文韶、孙家鼐、瞿鸿禨、张百熙等人为代表的行在重臣，既不以展缓乡试为然，自然不赞同刘、张的新主张。而且，四月十一日孙家鼐亲口告知伍铨萃："云、贵、两广、陕、甘、汴七省，已奉慈意，准已开科，馀省想不能考云。"② 亦即经过全盘考虑和慎重权衡，慈禧太后已同意七省开科，但刘、张的意见也须迁就，③ 故东南各省今年仍不能乡试。果然，刘、张请变科举的电奏于四月十九日由军机处缮递，清廷未予采纳，但于二十二日下旨"仍准"东南各省乡试展缓一年。④ 至于缓放云、贵考官的建议，早已备好单子的军机处当然不予理睬，不等五月初一，便于四月二十六日提前简放了。⑤ 难怪张之洞的幕僚郑孝胥一见上谕，即痛议其非。⑥

有意思的是，云、贵、两广放考官后，四川颇受波及，"士子各怀怨望，并有巨绅以陕西乡试改于九月举行，纷请援照办理"。川督奎俊甚欲开科，但"深恐江南、两湖士子有所藉口"，影响江、鄂的安定局面，故电询刘、张："如本年川办乡试，究与贵省有无窒碍？"⑦ 刘坤一接电即

---

① 《刘制台来电》（光绪二十七年四月十八日子刻到），苑书义等主编《张之洞全集》第10册，第8587~8588页。
② 伍铨萃：《北游日记》，吴相湘主编《中国史学丛书》（39），光绪二十七年四月十一日，第215页。
③ 议和中颇需刘坤一、张之洞出力。比如，英国公使萨道义坚持五年内禁止北京举行会试、殿试，军机处恐瞿鸿禨、奕劻难以力争，故又请张之洞"从旁托他国设法转圜"。《致鄂督电》（辛丑年四月十六日），《电报档》第2册，第436页。
④ 《张之洞、刘坤一来电》（辛丑年四月十八日缮，十九日递），《电报档》第22册，第78~80页；《电谕》（辛丑年四月二十二日），《电报档》第2册，第440页。
⑤ 伍铨萃：《北游日记》，吴相湘主编《中国史学丛书》（39），光绪二十七年四月二十四、二十六日，第222~223页。
⑥ 劳祖德整理《郑孝胥日记》第2册，光绪二十七年四月廿七日，第799页。
⑦ 《成都奎制台来电》（辛丑年五月二十一日亥刻发，二十二日午刻到），《张之洞档》第88册，第202~203页。

复，明确反对四川开科："乡试事既经两次奉旨展缓，未便再改。且体察沿江情形，亦实遽难开考。自云、贵、两广放考官后，江、皖绅士亦多以九、十月补试为请，均已批驳。蜀若开考，江、鄂势处两难。请乐帅仍照奏准之案办理为荷。"① 不知何以此电途中耽搁，二十四日下午才到，张之洞此前已电询刘坤一如何答复奎俊。过了好几天，张之洞复电意在反对，然不如刘坤一强势，而是请奎俊裁酌。② 这样，四川有意开科的念头便被刘、张压制了下去。

由于科举直接联系着无数士子，因此朝臣、督抚围绕乡试是否展期的论争和决策，自然在士绅舆论中引发广泛关注和回响。

四 士绅舆论对乡试展期的反应

庚子事变导致的前两次乡试展期，已打乱众多士子正常的备考、应考节奏。庚子年夏，新疆巡抚饶应祺得知京师闹义和团，中外宣战，遂急电其子饶凤璜停止赴京赶考，改道南下参加湖北本省乡试。然而，不久又获悉湖北乡试亦展期至次年三月，斟酌再三，饶应祺只好令饶凤璜暂在湖北书院用功，"候明春乡榜"。③ 随后湖北乡试又经张之洞两次奏展，直到壬寅年八月才补行，距饶凤璜庚子赶考已过两年多，其间焦急等待的心情可以想见。乡试展期，会试自然延后，令一些举人愤恨不已。辛丑年二月初二日，山西举人刘大鹏做梦都在赴京会试，醒后感慨道："若非洋寇犯顺，扰乱京都，则去秋之乡试不停，今春之会试莫止矣。……身未能诣都应礼闱试，而乃形诸梦寐中。"④

迨辛丑年三四月间，当朝臣与东南督抚争论是否再展乡试时，报刊

---

① 《江宁刘制台来电》（辛丑年五月二十二日申刻发，二十四日未刻到），《张之洞档》第88册，第225页。
② 《致江宁刘制台》（辛丑年四月二十四日丑刻发），《张之洞档》第19册，第418页；《致四川奎制台、江宁刘制台》（辛丑年四月廿九日），《张之洞档》第35册，第318页。
③ 《饶应祺电报》（庚子），李德龙编《新疆巡抚饶应祺稿本文献集成》第22册，学苑出版社，2009，第16~17、19页。
④ 刘大鹏：《退想斋日记》，《近代史资料》编辑组编《义和团史料》（下），中国社会科学出版社，1982，辛丑年二月初二日，第779页。

舆论的传播成为影响时人行止、心态的重要因素。三月底，报刊纷传李鸿章奏请全国一律停试五年，刘坤一亦以为然，奉旨允准。《申报》称："和议条约中有闹教省分停止大小考试五年一条，朝廷已准如所请。江南一省原不在停试之内，而全权大臣李傅相不知是何意见，忽奏请一律停试，两江督宪刘岘帅亦以为然，刻已奉旨允准。"① 同日，《中外日报》亦有类似传闻，且与改科举相联系："江督刘制军以新政将兴，科举必变，士子安常习故，猝难更张，适全权大臣李傅相奏请将各省考试全停五年，刘制军遂亦以傅相之言封章入告，俾八股中人，得乘五年之中改习时务实学。昨奉上谕，准如所请。"② 两天之后，《申报》评论大加赞赏，并倡议停试后应大开学堂。③《台湾日日新报》（汉文）随后亦有相似报道，也以停试可为兴学堂创造机会为言。④ 外文报纸的评论，则认为此举"不过欲全中国政府之体面，使华民以停止试事非出于洋人之命，乃中国政府之意耳"。⑤

其实，三月初八日以前，在京的朱益藩已听"闻有旨明发，各项考试一律停办五年"。⑥ 然而，事实上并无相关谕旨。李鸿章或许私下表达过类似意见，但不大可能形诸奏章，清廷更难俞允。因为停试本就是外人逼迫所致，即使清廷主动下旨通国停试五年，无疑也是掩耳盗铃，根本无法自圆其说。倘如此，则既令天下士子寒心，也使清廷权威丧尽。况且，由于下届乡、会试就是慈禧太后"万寿恩科"，故军机处早就敦嘱全权大臣，如果外人议及乡、会试停科，须指明滋事"州县不准予考，如牵涉全省，务须设法顾全"。⑦ 甚至连李鸿章的女婿兼谈判助手张佩纶也愤愤地讲，外人要挟直隶、山西停试五年，不准京师乡、会、殿试，将"大失士心"。⑧ 遑论主动奏请全国一律停试五年。事实上，李鸿章等正在为顺天、山西乡试，尤其

---

① 《停试述闻》，《申报》光绪二十七年三月廿七日，第1版。
② 《时事要闻》，《中外日报》光绪二十七年三月廿七日，第1张。
③ 《停考试后必须广开学堂说》，《申报》光绪二十七年三月廿九日，第1版。
④ 参见关晓红《科举停废与近代中国社会》，第51页。
⑤ 《论中国停试事》，《文汇西报》，《中外日报》译载，光绪二十七年五月初四日，第1张。
⑥ 叶昌炽：《缘督庐日记》第6册，光绪二十七年三月初八日，第3410页。
⑦ 《军机大臣致全权大臣奕劻、李鸿章电信》（光绪二十六年十一月初四日），故宫博物院明清档案部编《义和团档案史料》（下），中华书局，1959，第841页。
⑧ 《致鹿兹砚尚书》（约辛丑年三月），张佩纶：《涧于集·书牍》卷6，涧于草堂1926年刻本。

是北京会试努力交涉，① 不可能贸然奏请一律停考五年。至于刘坤一，只要注意到三月初为奏请乡试展期一年，已经小心翼翼地请荣禄由内面奏，就可推知，他更不会奏请一律停科举五年。直到四月初十日，刘坤一尚不清楚李鸿章与外人就停试问题商议到了何种程度。②

因此，若说当时官员、士人、报刊有全国一律停试五年的议论则可，若据此而谓李鸿章、刘坤一奏请全国一律停考五年，奉旨允准，则是不确实的。既然并无此事，若说统一停考五年的主张以及借停考以兴学堂的思路被张百熙的上奏打断，也就与史实不符。③ 如前所述，张百熙所奏乃是针对东南督抚奏展辛丑乡试一年而发，并非针对全国停试五年。

进言之，不必说全国一律停试五年，即刘坤一、张之洞等奏展乡试一年，已在士绅舆论中引起颇多争议。湖南名儒皮锡瑞虽然倾向于废科举、兴学堂，但当他听闻江、皖、湖广请停本年乡试时，却"以为非计"，也是从人心、士心、士子读书进身方面着眼。当听说张百熙奏请仍行本年乡试，朝廷令督抚再行体察复奏后，皮锡瑞论道："不知诸公不护前否。"④ 显然是希望本年乡试仍旧举行。留京的浙籍士人冯汝琪因浙江乡试展期，"南北两闱今年已无指望，此后举行特科，改试策论"，不免觉得"科甲之心可以从此绝望矣"。其浙江亲戚此前也来信"抱屈"。⑤

在南京，据说刘坤一奏展乡试一年后，"一时士林中人谣言四起，爰由省垣某巨绅联合同志会议于某书院中，拟就条陈洋洋二千余言，禀请制军吁乞天恩，照常考试"。⑥ 四日后，以濮文暹（青士）太守、陈光宇（御三）太史领衔的进士、举人二十多人所上禀牍，登上《申报》，吁请本年按期

---

① 参见边文峰《萨道义与〈辛丑条约〉谈判中取消北京会试的问题》，《北京社会科学》2012年第3期，第102～103页。
② 《江宁刘制台来电》（光绪二十七年四月初九日）、《寄南京刘制台》（光绪二十七年四月初十日），顾廷龙、戴逸主编《李鸿章全集》第28册，安徽教育出版社，2007，第222、226页。
③ 相关说法见关晓红《停废科举与近代中国社会》，第51～52页。
④ 皮锡瑞：《师伏堂日记》第4册，国家图书馆出版社，2009年影印版，光绪二十七年三月廿二日、四月廿二日，第380～381、398～399页。
⑤ 《冯汝琪致冯金鉴》（辛丑年六月十四日），《冯汝琪家信》（原件），中国社会科学院近代史研究所档案馆藏，甲203。
⑥ 《请行秋试》，《申报》光绪二十七年四月十八日，第2版。

乡试。其理由有四。其一，再缓乡试，士子将"皇皇如失所恃"，"弦歌之声将辍"，而商民亦以"屡年不举乡试，生计愈艰"。其二，"缓试之故，一因教案牵连，一因票匪蠢动"，但在"宫保大人"英明领导下，"拳匪肇衅之后，本省无一教案。康、梁滋事以后，本省无一票匪之案……苟亦如他省之因教案而停科举，何以劝善"。其三，如谓"两宫尚未回銮，乡试似属不急之务"，然当年洪杨之乱，江苏、安徽大半沦陷，咸丰皇帝允疆臣之请，借闱浙江举行己未江南乡试，"维时两省流离被难之人，读诏书而感泣，事竟亦帖然。今两省皆无恙，而忽然停试，似不足以慰士心"。其四，现在赶办供给，完全来得及举行乡试。最后以强调科举维持士心民风结尾："自近日邪说横行，士心浮动，不复守其业，造作谣言，一倡百和。其所恃以维系者，惟此科举之一途。若复令其绝望，聪明才辨之士进取之心既懈，流弊甚多，于士习民风关系实非浅鲜。"① 与张百熙条奏理由颇有相通之处。

有意思的是，《申报》三日后又发表题为《展缓乡试之善》的社论，似针对前引禀牍。其要点有三。首先，展缓试期可以为科举改章提供时机。科举中八股、试帖和小楷流弊甚大，故"欲取人才，非变通科举不可。然变通必有其机，机之未来，虽有意变通，而必多掣格。戊戌之事其明证也。去岁拳匪事起，外人要约指明闹教之处停试五年。既而朝廷允疆吏之请，各省乡试一律展缓一年。此即变通科举之机也"。因此批评请行乡试者"不识时务、不顾大局"。其次，一一反驳士心、民风、商务、生计等理由，进而指出展缓乡试有三善。其一，省经费，对各省筹款不无小补。其二，匪徒借乡试滋事，停试可以绥靖地方。其三，既奉经济特科之诏，科举必改章，乘此停试时期，士子可以埋头向学，"一旦科举既改，庶不致茫无头绪"。最后，针对停试之意出自外人，未曾闹教的大批士子无端被累，士心难服的质疑，评论解释道："若允外人之请，分别停试，固不足以服士子之心。而此则一概停试，是出自疆吏之深心、庙谟之独运，与外人无与也。"② 意谓一概停试，可以左右逢源。考虑到刘坤一、张之洞此时正在奏请明谕变科举，以便

---

① 《请行乡试禀牍》，《申报》光绪二十七年四月二十二日，第2版。
② 《论展缓乡试之善》，《申报》光绪二十七年四月二十五日，第1版。

一律展缓乡试一年，此社论似在为其张目。① 不过，三天之后《申报》又刊社论，呼吁江南举行乡试。一则称，江南人士与外人和平相处，故"半壁东南最臻安谧"，忽然停试，说不过去。再则谓，云贵等省既举行乡试，则江南停试有失公平。②

西南、西北各省举行乡试的事实，对长江各省产生持续冲击。四五月间，云贵、两广放乡试考官后，四川"士子各怀怨望"，听闻陕西缓至九月乡试，巨绅又请奎俊援案举行。③ 五月，"南京各书院诸生"公恳巨绅致函刘坤一，"请今秋仍举行乡试"，只是刘坤一"坚持不允"。④ 同时，"江、皖绅士亦多以九、十月补试为请"，但均遭批驳。⑤ 张之洞虽然奏称缓试"官绅众论皆同"，⑥ 其实云贵放考官后，湖北省城"各绅邀集学校中人公禀督辕，请仍循例举行"，也认为湖北并未闹教，"今若将秋闱展缓，竟与他省之因教案而罚停科举者无分，深恐民心无从折服"。⑦ 其理由与南京士绅相类。因此，刘、张坚持乡试展期，在东南士绅舆论中颇有争议，似亦不得人心。

五 结论

清末新政伊始，朝臣与东南督抚围绕乡试展期的明争暗斗复杂微妙，远超既有认知。辛丑东南各省乡试最终展期一年，是刘坤一、张之洞立场的体

---

① 目前尚无刘坤一与《申报》幕后交易的直接证据，但早在1898年11月，刘坤一就化名"江南人"，在《申报》登文章反驳康有为对慈禧的攻击（参见崔运武《中国早期现代化中的地方督抚——刘坤一个案研究》，云南大学出版社，2011，第185页）。1901年，刘氏又在上海报界"制造舆论"：删改电报，嘱咐上海道袁树勋"登入洋报"，为荣禄"辩诬止谤"。《刘坤一致荣禄函》（辛丑），《荣禄档六》，虞和平主编《近代史所藏清代名人稿本抄本》第1辑第69册，大象出版社，2011，第286页。

② 《江南仍宜举行乡试说》，《申报》光绪二十七年四月二十八日，第1版。

③ 《成都奎制台来电》（辛丑年五月二十一日亥刻发，二十二日午刻到），《张之洞档》第88册，第202页。

④ 《时事要闻》，《中外日报》光绪二十七年五月廿一日，第1张。

⑤ 《江宁刘制台来电》（辛丑年五月二十二日申刻发，二十四日未刻到），《张之洞档》第88册，第225页。

⑥ 《致西安行在军机处》（光绪二十七年四月十二日子刻发），苑书义等主编《张之洞全集》第3册，第2216页。

⑦ 《志切观光》，《申报》光绪二十七年五月初十日，第2版。

现，是其向清廷坚持己见，对各省串联施压的结果。刘、张之所以如此，主要是因为正筹划新政变法，而改科举为新政首务。如辛丑乡试按期举行，则科举新章颇来不及实施，八股旧科举势必再考一科而延续生命，科举改章的落实必然延后。如此有可能引发连锁反应，影响兴学堂等其他新政次第展开。至于说李鸿章、刘坤一奏请全国一律停考五年，奉旨允准，因张百熙反对而作罢，并不符合史实和情理。

然而，慈禧太后和王文韶、孙家鼐、瞿鸿機等朝臣，根据大乱之后迅速开科的历史经验，希望举行乡试，以固结士心并提振权威，与刘坤一、张之洞意见冲突。张百熙于是代表朝官群体激烈奏驳刘坤一、张之洞，力主乡试万不可再展。但在庚子西狩、东南互保的权力格局下，刘坤一、张之洞、袁世凯在清廷和洋人之间机敏应付，形成第三势力。① 清廷虽有不满，却不得不倚重和迁就。最终东南各省辛丑乡试再次展期，西南、西北等省则按期举行。双方主张均未实现。清廷希望通过科举大典以稳定士心、重拾权威的思路和努力，遭遇重大挑战，其决策受到东南督抚严重制约。从坚持己见并串联东南各省与清廷立异角度看，刘坤一、张之洞的举动实为东南互保的某种延续。两宫回銮后"解决"东南尾大不掉问题，也就成了政局变迁的一支暗流。

---

① 参见王光祈译、刘鑫宁整理《瓦德西拳乱笔记》，中华书局，2009，第152页。

康有为、李炳宪交往和思想关系论考*

——兼及民初孔教运动跨越中韩之传播与取向问题

彭春凌

一 引论:"吾道已东"与以韩为镜

1926年,康有为复韩国儒者李炳宪信,感叹"吾道已东",① 视李氏为自己的衣钵传人。李炳宪(이병헌,1870~1940),曾于1914、1916、1920、1923、1925年五次来中国,问学于康有为。他接受了康有为的经今文学思想,撰述了《儒教复原论》《历史教理错综谈》《孔经大义考》《诗经附注三家说考》《书经传注今文说考》《易经今文考》等,1923年

---

* 感谢朴尚洙、李信澈、李根硕、滨田麻矢、周丽卿等师友在搜集或解读研究资料上给予的帮助。感谢首尔大学李妍承教授惠赐大作。当然,全部文责由本人承担。

这里先解释一下标题中的"韩"(韩国)及"孔教"(儒教)。高宗1897年称帝,改朝鲜为大韩帝国,1910年日韩合邦后,大韩帝国国号被迫取消,重新改称朝鲜。本文主要探讨20世纪初至20年代,半岛人士经常混用"韩国"与"朝鲜",考虑到统一性,标题采用"韩"字,行文中根据原有表述,也使用"朝鲜"。另外,为了"避讳传统'教'字的称谓有误导为'宗教'的可能",在现代语汇中,人们较少使用"儒教"一词(参见陈熙远《"宗教"——一个中国近代文化史上的关键词》,台北《新史学》第13卷第4期,2002年12月,第64页)。"儒教"("孔教")是康有为、李炳宪等人的关键词,他们理解的"儒教"之"教"以传统的"教化"之义为主。本文是在历史意义上使用该范畴的。此外,西方宗教学界也早已意识到"儒教"之"教"不等于 religion,而是"instruction"(指导)、"teaching"(教化)之意。参见 Wilfred Cantwell Smith, *The Meaning and End of Religion* (San Francisco: Harper & Row, 1978), p. 69.

① 《康有为复李炳宪》(1926年11月10日),张荣华编校《康有为往来书信集》,中国人民大学出版社,2012,第180页。

在家乡韩国庆尚南道山清郡建立培山书堂，身体力行，投入儒教改革运动。

韩末儒学在开化与守旧的两极之间，学派林立，理论多元。① 据琴章泰（금장태）《韩国儒学思想史》分析，在1910年日韩合并前后，韩国儒教改革运动以朴殷植（박은식，1859~1925）、李承熙（이승희，1847~1916）、李炳宪的三种尝试最具特色，三者"都与康有为有着直接或间接的关系"。②

朴殷植借鉴梁启超的《德育鉴》，立足阳明学，于1909年组织"大同教"来抵抗亲日的"孔子教"及其前身"大东学会"。1925年，朴殷植在上海被选为大韩民国临时政府第二任总统。李承熙秉承道学派传统，于1913年成立"东三省韩人孔教会"，构成康门弟子陈焕章主持的孔教会之分支机构。李承熙本人与康有为的儒学观念差距较大。他曾批评康有为、梁启超"往往认功利为圣神，艳富强为文明，沉醉别人之风力，转失自家之精神，将恐不免为如来、耶稣之讲和使矣"。③ 和颇有名气的朴殷植、李承熙不同，李炳宪在当时并非韩国闪耀的思想界明星，他在家乡还受到地方儒林的排挤，颇显孤立。但他直接师承康有为，他的孔教改革举措从制度到仪轨均遵循康氏理念，培山书堂也得到曲阜孔教会的认可。康有为民初与韩国学人的交往，李炳宪也往往居中协调，充当联络者或引荐人。如1914年李炳宪在香港首次访康，带去李承熙的问候信，并向康有为介绍了朴殷

---

① 关于韩国儒学思想史的相关问题，中韩有大量研究著作可以参看。中国方面最近的成果有：李甦平《韩国儒学史》，人民出版社，2009。韩国方面的研究，可参见琴章泰《韩国儒学思想史》，韩梅译，中国社会科学出版社，2011；宋荣培《韓末儒學의 兩大潮流：正統의 華夷論의儒教改造論》，《韩国学报》第96卷，1999年；等等。李妍承《韩国近代儒教宗教化运动的思想特色——以李炳宪的孔教运动为主》，刊载于韩国《国际中国学研究》第16辑（2013年），对韩国相关成果整理、分析甚详，可以参看。

② 琴章泰：《韩国儒学思想史》，第210页。关于这三派儒学改革运动的分析，参见该书第207~213页。朴殷植、李承熙与儒教改革运动的研究，中文研究可参黄丽生《日帝时期韩儒朴殷植的开化意识与阳明学》，《台湾东亚文明研究月刊》第8卷第2期，2011年12月，第271~312页；王元周《小中华意识的嬗变——近代中韩关系的思想史研究》，民族出版社，2013。

③ 李承熙：《答李子明（李炳宪）》（1907年），《韩溪遗稿》（4），大韩民国文教部国史编纂委员会编纂发行，서울：전광산업사，1977，第47页。

植。从民初孔教运动外传韩国的角度，李炳宪实为与康有为交往和思想关系最密切的人物。

"取异族之故书与吾国之旧籍互相补正"，乃文史考据之学的基本途径。① 李炳宪《鲁越日记》《中华游记》《中华再游记》《北游日记》，自定年谱《我历抄》及书信等，② 对于确认康有为1914年后的思想、心态，是极难得的参考依据。李氏文献几乎都用汉语书写，但其中部分文献乃以手稿存世，并有修改痕迹，版本复杂，前后表述有颇不一致的地方，需要仔细辨析解读。就方法论而言，本文正是基于辨析解读以实现两国相关文献的互相补正。就此前的研究来看，中国③、韩国、日本三国学界对康有为、李炳宪的儒教改革运动均有关注。④ 关于李炳宪的研究，琴章泰

---

① 陈寅恪：《王静安先生遗书序》，《金明馆丛稿二编》，生活·读书·新知三联书店，2001，第247页。
② 《鲁越日记》是1914年李炳宪第一次中国旅行记录的手写稿（有一部分字迹缭乱，且有修改、增补痕迹）。1916年第二次中国行之后，李炳宪在南通县翰墨林书局铅印了《中华游记》。《中华游记》卷一及卷二前半部分收入了经过缩写、修改的《鲁越日记》，卷二后半部分收入记录李氏1916年中国行经历的《中华再游记》。《北游日记》记录了1920年李炳宪第三次中国行的经历。《我历抄》又名《真庵略历》，是李炳宪自编的年谱，但其临终前的记述明显为后人补叙。所以，李炳宪自述生平往往有多个"版本"，第一次中国行就有《鲁越日记》《中华游记》《我历抄》三个"版本"，其内容并不完全一致，而所做修改、取舍本身，可见作者的一些考量。
③ 在中国，关于康有为及孔教运动的研究成果包括：房德邻《儒学的危机与嬗变——康有为与近代儒学》（台北：文津出版社，1992），干春松《制度化儒家及其解体》（中国人民大学出版社，2003），范玉秋《清末民初孔教运动研究》（中国海洋大学出版社，2006），韩华《民初孔教会与国教运动研究》（北京图书馆出版社，2007）等，均未涉及康、李交往及中韩间的跨国儒教运动。除此之外，马洪林《康有为评传》（南京大学出版社，1998）有专节"康有为与朝鲜新儒学"，介绍了李炳宪来华及其与康有为交往的大略情形（第476～483页）。帅倩《康有为与朝鲜儒士的交往》（《岭南文史》2012年第4期，第30页）整理了康氏与李炳宪、朴殷植等朝鲜儒士交往的情况。
④ 在日本，涉及康、李关系的研究包括：坂出祥伸《李炳憲の孔子教運動——康有為に師事した朝鮮の儒者》，《（改訂增補）中国近代の思想と科学》，京都：朋友書店，2001，第637～652页。中国学者金俊《中国における伝統と近代：康有為の行動と思想を中心として》（广岛大学博士论文，2006年）有专章"康有為の孔教運動と植民地朝鮮"予以讨论。另外，金俊《东亚视角下的孔教运动》（清华大学博士后出站报告，2010年）正文以日文写成，第二、三专章是"康有為と李炳憲の交流"，内容与其博士论文大体相同。

先生贡献尤大。① 总的说来,目前的成果已将李炳宪来华的经历大致梳理清楚,但与康、李两人相关的中韩儒者间的交往,史实尚有许多混淆、不确之处。当前的研究较多关注李炳宪本人的表述,而相对忽视中国的《孔教会杂志》等报纸杂志及舆论环境如何影响他的理论表达,从而难以确认李炳宪儒教改革理论的文献来源。与此同时,还有一系列问题亟待展开。比如,通过李炳宪的视角,康有为的孔教思想乃至中国孔教运动的特色为何;孔教运动如何从民初康有为的逻辑转化为李炳宪的逻辑;康、李间的思想关系如何折射出各自所处的政治社会背景和历来有别的儒学路径,双方取向的差异何在;等等。而这些正是本文关注的中心问题。对于中国文化来说,韩国乃"本是同根生"却拥有大量细微差异的他者。② 本文立足于中国孔教运动的理论与实践,以韩为镜,参考李炳宪的文献,进而辨析中国孔教运动的某些特征,并试图探讨儒教文明作为一个整体在回应西洋近代文明挑战上的一些可能性。

二 孔教运动的跨国传播:李炳宪师从康有为的行迹、机缘与要点

李炳宪在1914~1925年五度来华。以《儒教复原论》(1919年)、《历

---

① 首尔大学宗教系教授琴章泰(금장태)1985年曾在台北《哲学年刊》上发表论文《真庵李炳宪的孔子教思想及其所受康有为之影响》。他为1989年出版的《李炳宪全集》撰写了《真庵全书解题》(《李炳宪全集》上册,第3~16页)。十余年后,他出版了专著『유교개혁사상과이병헌』(《儒教改革思想和李炳宪》),서울:예문서원,2003。此后,韩国学界从不同侧面推进琴章泰对李炳宪的研究,如近期著论有李妍承《韩国近代儒教宗教化运动的思想特色——以李炳宪的孔教运动为主》,刊载于韩国《国际中国学研究》第16辑(2013年),重点研讨儒教的宗教性问题。김순석,「일제강점기 유교의 종교화운동 - 진암 이병헌과 해창 송기식을 중심으로-」(《日帝强占时期儒教的宗教化运动:以真庵李炳宪和海窗宋基植为中心》),刊载于『한국민족운동사연구』(《韩国民族运动史研究》)第77期,2013年),通过比较李炳宪、宋基植来探讨儒教宗教化运动与日本殖民统治政策的关系。허경진,「이병헌 학문의 국제화 노력과 그 성과」(《李炳宪学问的国际化努力及其成果》)(《南冥学研究》第46集,2015年),根据藏于剑桥大学图书馆东亚阅览室李炳宪之子李在教的文献,讨论他如何继承父亲的志向,在英语世界推广今文学。关于李炳宪与康有为的交往和思想的关系,近期的研究则几乎都是援引或参考琴章泰的相关著论。而琴章泰著论对康有为和中国文献的使用很有限,也并未详细爬梳历史文献,以探讨康有为、陈焕章等孔教人士之思想究竟如何影响了李炳宪。
② 葛兆光:《想象异域:读李朝朝鲜汉文燕行文献札记》,中华书局,2014,第25页。

史教理错综谈》（1922年）两部著作的诞生为"刻度"，他与康有为孔教及经今文学思想的关系，略可分为两个阶段。

第一阶段，李炳宪通过吸收康有为的孔教论述，坚定信仰孔子"为地球上独一无二之宗教家"，而孔教"为全世界大同教"。① 彼时，朝鲜传统儒林仍奉朱子学为正统，所谓"醉于宋元群贤之糟粕，不知天地间真有儒教"；② "东风西潮震荡而越激"；新学之辈又"动辄以守旧、顽痼、专制、排外等名词攻斥孔子，不遗余力"，③ 视儒为"落伍之教"。④ 在新旧思潮夹击下，《儒教复原论》（1919年）及此前的《宗教哲学合一论》（1914年）试图做出回应，证明只要"复孔子之原状"，进行改革，儒教就能再次成为体现"天理之真体"⑤ 的人类普遍之教。李炳宪自小研习道学，之后又受到寒洲学派李震相"心即理说"影响，这些都为他接受康有为的孔教论奠定了一些基础。但他的《儒教复原论》等思想成果，与他1914、1916年前两次中国之行有直接关系。他此时与康有为本人的接触不算多，但却浸润在1913、1916年中国两次孔教国教化运动的气氛中。《孔教会杂志》上康有为的作品及北京、曲阜等地孔教论者的言论促使他深入思考保教与保国、保种的关系。因此，这一时期康、李的交往及相关儒教实践乃本文研究的重点。

李炳宪曾屡次讲述《儒教复原论》与康有为的关系，但前后龃龉，难以呼应互证，和史实相较均有或左或右的疏离。1920年后的《北游日记》载，有人质疑李炳宪"推原孔教"，"无乃一从南海康公之学说欤"。李氏辩解道："吾之儒教复原之意，专自一部《中庸》而来，近读《大易》，此意益跃如在前，欲罢不能。又得南海先生《春秋考》与之证左，若合一契。"⑥康有为《春秋考》只是与自己原有观念契合，这样的表述降低了康有为的

---

① 李炳宪：《宗教哲学合一论》，载《鲁越日记》及《中华游记》，参见韩国学文献研究所编《李炳宪全集》上册，首尔：亚细亚文化社刊行，1989，第462、547页。
② 李炳宪：《绪论》，《儒教复原论》，《李炳宪全集》上册，第194页。
③ 朴在九、郑文燮、河凤寿、金仲镐、权道溶、赵显珪、卢普铉：《培山儒会告域中文》（1924年），《李炳宪全集》上册，第158页。
④ 李炳宪：《吾族当奉儒教论》（1921年），《历史正义辨证录》，《李炳宪全集》上册，第368页。
⑤ 李炳宪：《儒教复原论》，《李炳宪全集》上册，第177、184页。
⑥ 李炳宪：《北游日记》，《李炳宪全集》上册，第655页。

价值；1920年李炳宪以神话建构韩国早期民族史，对主体性有迫切渴望，摆脱中国影响的焦虑，于此亦能见端倪。有趣的是，1914年的《鲁越日记》却交代了另一番缘起。旅途前半程，他游览安东、奉天、北京后抵达曲阜，向孔少霑表示"平生只要愿拜圣庙，且欲见康南海"。①《我历抄》1914年条重复此语后加入一句"以宗教思想一吐脑中之蕴"。②这种"倒放电影"、事后追溯与总结，却又易令人误解李氏从行程一开头就抱定决心拜见康有为，探讨宗教思想。这同样不符合李炳宪"邂逅"康有为的实情。

事实是，与同时代的韩国知识人一样，李炳宪最初知道康有为，是通过梁启超的著作。1903年，李氏"忽见坊间有发售清国《戊戌政变记》者"，"始悟东亚大局之变迁，又知康公（有为）以儒者而能通世务，如此乃知儒之不可以守旧排新为自立之计也"。③然而，1914年李炳宪西行中国，初衷却是"驾言出游，以写我忧"。④这是一次文化还乡、抑郁疗治之旅。1912年10月7日，中国全国孔教总会成立，而李炳宪最初接触的是其支会"东三省韩人孔教会"。

朝鲜族人或求"地旷而税轻"，⑤或因朝鲜半岛"风漓俗败，世变民散"而"漂流异国，苟求生全"，⑥他们移居东三省，在民初已形成一定规模。⑦在"东省新附韩民如丧家走圹之畜，骇然无定"⑧的情势下，1913

---

① 李炳宪：《鲁越日记》（手写稿），另见《中华游记》，《李炳宪全集》上册，第476、572页。
② 李炳宪：《我历抄》（1914年条），《李炳宪全集》下册，第598页。
③ 李炳宪：《我历抄》（1903年条），《李炳宪全集》下册，第594页。当然，由于此后康有为对李炳宪思想、人生有重大影响，李炳宪在《我历抄》中其实着意突出了有关康有为的记忆。
④ 原出《诗经·邶风·泉水》及《卫风·竹竿》，见引于李炳宪《中华游记·序》，《李炳宪全集》上册，第523页。
⑤ 李炳宪：《鲁越日记》（手写稿），《李炳宪全集》上册，第449页。
⑥ 李承熙、安孝济、孟辅淳、芮大僖等：《东三省韩人发起孔教会趣旨书并章程》，《孔教会杂志》第1卷第11号，1913年12月，"通信"栏，第8页。
⑦ 原大韩民国临时政府外务总长赵素昂1942年3月1日在《新华日报》发表《韩国独立运动与临时政府》，称彼时韩人移住东三省已有一世纪之久，在东三省之韩侨人口在二百万人以上。杨昭全编《关内地区朝鲜人反日独立运动资料汇编》上册，辽宁民族出版社，1987，第538页。
⑧ 李承熙：《高丽遗老李韩溪先生来书》，《孔教会杂志》第1卷第11号，1913年12月，"通信"栏，第7页。

年,李承熙等19名韩人发起成立"东三省韩人孔教会"。一是通过孔子之教的伦理行为规范,使入会者"有同门之谊,当视以兄弟",以整合朝鲜族人移民社会;二是借助孔子之教的共同礼仪文明,促使"音语不通"的朝鲜人尽快融入中华大家庭,所谓"姑因见在之域,粗合同方之俗……教诲后进,待言文稍熟,往来联络,庶几交化混成,无愧为中华之天民耶"。①

李炳宪从辽塞行至北京,习惯性地凭借流亡韩人的人际圈展开活动。刚到北京,旧历二月二十六日一早②,就去太仆寺街衍圣公府孔教会内拜谒先圣遗像,探问李承熙的消息。在那里,他听说李承熙住在顺治门外大悲禅院,又去探访,却遇见同胞"崔君(内地镇峰人)荣玖,赵君(京城人)元性在此"。二十九日,李炳宪入内城,"往孔教会事务室访会员,详问曲阜程里、距离,路遇全君(起汉,内地人)"。李炳宪了解到,"吾东人之散在燕都者,当不下数三百人,而无室无家,朝来暮往,永无一定生聚之望,资财俱乏,栖屑可哀"。在"一间房一斗室"都难租居的困顿中,孔教会可作他们暂时的栖身之所;在中国,韩人"非洋装则必汉服,虽日相撞见而不能相知",③孔教会又是媒介,助他们在茫茫人海中识别彼此身份。

三月七日,李炳宪前往另一个尊孔组织孔道会馆,"遇薛君及顾君(藩)、谢君(育仁),抽笔批谈",讨论中国学术与政治。十七日,李炳宪去孔道会听讲道,来宾中美国人卫西琴已离去,惟韩人李承熙、赵镛薰在。三月底,李炳宪直奔曲阜拜圣庙圣林,谒见孔少霑,孔氏把他推荐给上海孔教总会探问康有为消息;二十八日在上海海宁路的孔教杂志社,他"遇本社主笔陈君(郁章)","传孔丈书角,问康翁消息,则尚无到沪之期"。之后,李氏游览杭州西湖山水,四月二十一日,闻知康有为在香港,即刻买船票南下;二十七日终偿所愿,在香港阿宾律道拜康。④

---

① 李承熙、安孝济、孟辅淳、芮大僖等:《东三省韩人发起孔教会趣旨书并章程》,《孔教会杂志》第1卷第11号,"通信"栏,1913年12月,第8~9页。
② 李炳宪日记以传统方式纪年月日,与中国传统相同,为方便回查,本文遵循李氏原文,用中文数字表示;涉及年份时,个别地方换算成公历,用阿拉伯数字表示。
③ 李炳宪:《鲁越日记》(手写稿),《李炳宪全集》上册,第456~457页。
④ 李炳宪:《鲁越日记》(手写稿)、《中华游记》,《李炳宪全集》上册,第460~504,543~609页。

勾勒李炳宪沿孔教会的网络认识各国人士，及其从北京、曲阜、上海到香港寻得康有为的行迹，是要说明，孔教会客观上为中国、韩国、美国等各国孔教论者提供了交流、合作、共享的空间，这是近代跨国儒教改革运动的特征之一。这也符合康有为倡办孔教会的初衷，即"教无国界""异国从孔教者，亦皆立会"。① 在民族解放与建立民族国家的近代化潮流之下，涌动着曾享有共同信仰和文明教化之群体打破界限，构筑人际、思想、生活网络的力量。建构自国（自族）与跨国（跨族）的双向认同，于是就成了康有为、李炳宪等儒者因应各自生存危机，进行儒教改革的动力。李炳宪旅华的经验说明了这一点。他汲取康有为儒教构想，也从思想上证明了这一点。

李炳宪行至北京之初，一度流连于"土木之钜丽，人物之殷盛"，尝在瀛台回顾明亡历史，重评李朝尊明攘清意识，在街头阅报，感受新兴共和国勃兴的新闻业。阅读《孔教会杂志》、受康氏思想感染，使他萌发拜见康有为不可遏抑之热望，构成他师从康有为的思想机缘。

三月十一日《鲁越日记》载，"归卧栈内，翻览《孔教会杂志》，现今中国一流人，有孔教非宗教、孔子非宗教家等议论，而杂志中逐号辨驳，已不甚其纷纭矣，然终恐隔靴搔痒，似未中款，故因构草《宗教哲学合一论》"。②《宗教哲学合一论》基本上模仿了《孔教会杂志》的相关议论，李氏批评该杂志"隔靴搔痒"，倒像是在为自己的誊写、整合做掩护，"翻览"一词也太过轻描淡写了。李炳宪后来在《我历抄》中承认自己曾"历观十数回"《孔教会杂志》。③《孔教会杂志》为月刊，从1913年2月到1914年1月的第1卷，一共只有12册。也就是说，李炳宪精心研读过彼时出版的所有《孔教会杂志》，深受影响。从《宗教哲学合一论》到《儒教复原论》，李炳宪不断消化、精炼康氏的孔教论说，终成一家之言。

明乎此，就能解开始终贯穿在康、李思想关系认知中的谜团。所谓谜团

---

① 康有为：《孔教会章程》（1912年10月），《康有为全集》第9集，中国人民大学出版社，2007，第348~349页。
② 李炳宪：《鲁越日记》（手写稿），另见《中华游记》，《李炳宪全集》上册，第46、461、545页。
③ 李炳宪：《我历抄》（1923年条），《李炳宪全集》下册，第609页。

体现在，研究者一面指出康有为1920年才正式传授经今文学给李炳宪，《儒教复原论》"不完全是在康有为今文经学的影响之下写的"，一面又认识到该书"谈论'宗教'、'儒教'和'孔教'的时候"，"基本上沿用康有为的词语和康有为的思考方式"。① 两种判断指涉的事实存在较大的缝隙，原因何在？所谓误区则是，因为李氏创作《宗教哲学合一论》时尚未晤康，就以为该文和康有为《孔教会序（其一）》只是论旨"暗合"。② 本文通过从文献上理清《宗教哲学合一论》《儒教复原论》与李氏研读过的《孔教会杂志》上康有为、陈焕章诸人文章的渊源关系，判断李炳宪接受康有为思想的顺序，乃是先认同康氏依据今文经学提出的孔子为大教主的判断，转而再研究今文经学的学理。也就是说，《儒教复原论》业已受康有为论著的影响，所以才会基本沿用康的词语和思考方式，《宗教哲学合一论》与康氏思想并非"暗合"，而是"明袭"。

《孔教会杂志》第1卷第2号登载了两篇纲领性文章，即康有为《孔教会序（其一）》与《孔教会序（其二）》。两文一略一详，阐述了孔教的内涵、共和体制下政治与教化的关系，以及孔教作为国魂之于中国的意义。而在同期的《〈中国学会报〉题词》以及第1卷第5号的《复教育部书》中，康有为则左右开弓，驳斥论敌。这些文章直接影响了李炳宪。

近代由基督教主导的"宗教"观念更多地指向"神教"和"神道"。而康有为一方面指出，孔子之教"本乎天命，明乎鬼神"。③ 这是确认孔教与高于人的天和神有根本关联，包含"神教""神道"的成分。《中庸》曰："鬼神之为德，其盛矣乎？"《易·系辞上》谓："精气为物，游魂为变，是故知鬼神之情状。"鬼神观念所支持的因果报偿、赏善罚恶心理对大众的道德素养有正面价值。康氏谓"天人一致"，"直指本心，至诚无息，必自

---

① 参见李妍承《韩国近代儒教宗教化运动的思想特色——以李炳宪的孔教运动为主》，韩国《国际中国学研究》第16辑，2013年，第267页。
② 这是坂出祥伸《李炳憲の孔子教運動——康有為に師事した朝鮮の儒者》的观点（《〈改訂增補〉中国近代の思想と科学》，第643页）。金俊《中国における伝統と近代：康有為の行動と思想を中心として》（第29页）根据李氏自己的陈述，只说他一边读《孔教会杂志》，一边写《宗教哲学合一论》，并没有从文献出发，梳理两者的关系。
③ 康有为：《孔教会序（其一）》（《孔教会杂志》第1卷第2号，1913年3月，第1页），《康有为全集》第9集，第341页。按：《康有为全集》第9集误认此文出自《孔教会杂志》第1卷第1号。

慎独发之",① 天命、慎独观念更是塑造君子人格的基础。另一方面，康氏指出，孔教主体"实以人道为教"。② 它阐释了人类社会发展变化及伦理秩序的一般原理："其为礼也，陈之以三统，忠、质、文之迭代也；其变易也，通之以三世，据乱、升平、太平之时出也。体之以忠信笃敬，而蛮貊可行；张之以礼义廉耻，而国维不败；推心于亲亲仁民爱物，则仁覆天下矣。"所以，否定孔子是教主与"妄议孔子只为哲学、政治、教育之名家"，③ 只是"据一端、执一说以论孔子者"。④ 孔教会实际主持者陈焕章将康氏观点总结为："大地诸教皆不脱神道之范围，而孔教独以人道为重"；"中国之教字，本含三义，曰宗教，曰教育，曰教化，惟孔教兼之"。⑤

李炳宪《宗教哲学合一论》的论旨与康有为、陈焕章相同。他指出，在西方观念中，趋向于"真知"的"哲学"与趋向于"迷信"的"宗教"是两分的，而"东方之言宗教者，与哲学而合一"。孔子既"用迷信之途辙"劝人向善，又"据帝衷而循民彝物则之定理"探求真知，"庄严灿烂，无所不备"，乃"哲学合一之宗教家也"。⑥

李炳宪从"教"字的释义入手，批驳近代宗教观对"教"字狭隘化的理解。这一思路袭自康有为，也受到《孔教会杂志》其他文章的影响。

康有为《孔教会序（其二）》曰：

> 中国数千年之言儒释，只曰教而已矣，无神人之别也。夫今人之称宗教者，名从日本，而日本译自英文之厘离尽 Religion 耳，在日人习用二文，故以佛教诸宗加叠成词，其意实曰神教云尔。然厘离尽之义，实

---

① 康有为：《〈中国学会报〉题词》，《孔教会杂志》第1卷第2号，1913年3月，"论说"栏，第42页。
② 康有为：《孔教会序（其一）》，《孔教会杂志》第1卷第2号，1913年3月，第1页。
③ 康有为：《孔教会序（其二）》，《孔教会杂志》第1卷第2号，1913年3月，第11页。
④ 康有为：《〈中国学会报〉题词》，《孔教会杂志》第1卷第2号，1913年3月，"论说"栏，第42~43页。
⑤ 陈焕章：《孔教会序》，《孔教会杂志》第1卷第1号，1913年2月，第2、4页。
⑥ 李炳宪：《宗教哲学合一论》，《鲁越日记》（手写稿），另见《中华游记》，《李炳宪全集》上册，第461~462、545~547页。按："神道设教"本是中国传统说法。《易·彖》曰："观天之神道，而四时不忒。圣人以神道设教，而天下服矣。"李炳宪以"神道设教"指西方宗教，与此语原意不同。

不能以神教尽之，但久为耶教形式所囿，凡若非神无教云尔。夫教而加宗，义已不妥，若因佛、回、耶皆言神道，而谓为神教可也，遂以孔子不言神道，即不得为教，则知二五不知十者也。①

日本现代词汇习惯用两个汉字组成一个词，并受佛教文化以"宗"指称诸宗派的影响，用汉字"宗"与"教"叠加来翻译英文"厘离尽"（religion）。"宗教"取代传统"教"之义，指向"神道"，致使中国士人不愿用"教"来指涉儒教（孔教），不以孔子为"教主"。康有为戊戌政变后十数年间漫游欧、美、印、日，对彼时欧洲的比较宗教学颇有涉猎。其生前未刊行的《英国监布烈住大学华文总教习斋路士会见记》（下文简称《会见记》），尝从语源学角度考索、对比"教"与"religion"，进而剖析孔教的普遍性，《孔教会序（其二）》精练了《会见记》的论述。

《会见记》举"《书》之称'敬敷五教，在宽'，'教胄子'，《易》言'教思无穷'"，作为中国言"教"的来源。康有为观察、总结孔教与耶教中圣人与人群关系的相似性，搬用"教"之义来解释"religion"的本义，称，"厘利尽者，谓凡能树立一义，能倡徒众者之意"，"与中国所谓'教'别无殊异，所含广大"。② 历史比较语言学，是以麦克斯·缪勒（Friedrich Max Muller, 1823 – 1900）为代表的欧洲比较宗教学的拿手好戏。康有为欣赏缪勒（译其名为"麦古士米拉"）的研究，尝谓："（耶教）出于印之教，无可疑易，英之学士多证其然，恶士佛大学教习麦古士米拉作《宗教起元论》，以《新约》证之佛典皆同，尤可为据焉。"③ 康氏模仿比较语言学分析"教"与"religion"，但他判断"教"的本义证据确凿，判断"religion"的本义则是偷梁换柱。《说文·教部》释"教"云："教，上所施下所效也，从攴从孝。凡教之属皆从教"；释"学"云，"斅（学），觉悟也。从教冂。

---

① 康有为：《孔教会序（其二）》，《孔教会杂志》第1卷第2号，1913年3月，第11页。
② 康有为：《英国监布烈住大学华文总教习斋路士会见记》（1904年后），《康有为全集》第8集，第33~34页。
③ 康有为：《意大利游记》（1904年），《康有为全集》第7集，第397~398页。在中国较早引介麦克斯·缪勒的，是艾约瑟（Joseph Edkins, 1823 – 1905）：《西学略述》卷3《教会》（武昌，质学会，1897）。艾约瑟译其名为马斯米勒。麦克斯·缪勒对康有为思想的影响，需另文讨论。

冂，尚矇也。臼声"。① 康氏乃立足于《说文》的释义，以"效"释"教"，从"教"与"学"的相对关系，将孔教之"教"解释为"先知觉后知，先觉觉后觉，一人先立一道术，后人从其道而效之"。康氏将"厘利尽"的本义也解释为"谓凡能树立一义，能倡徒众者"，这其实没有语源学的依据。

在《孔教会杂志》上，颇通西学的日本东京支会会员孙乃湛发表《演教篇》，比较清楚地展示了"religion"的语源学意义。该文将英文"里厘近"（religion）、法文"罗厘洋"（religion）的语源追溯到拉丁文之"来里乔"（religio）。由于拉丁之"来里乔"（religio），乃由"来里奇来"（religere）及"来里杰来"（Religare）二字转成，所以"religio"就包含了"religere"与"religare"两个词语的意义：一者"含斋祷之义，亦即含神人相通之义"，一者"有胶接连合之义，即修道复性之谓"，英字原释为"Bind anew or back"。《演教篇》认为，《中庸》"天命之谓性，率性之谓道，修道之谓教"之"教"完全可以用"religion"的这两个本义来解释。所以，"从字义上解释孔教之谓教，无可疑也"。②

康有为受限于语言能力，无力对"religion"追根溯源。孙乃湛明显受过良好的学术训练，其释义颇循从拉克坦修（Lactantius）、圣奥古斯丁（St. Augustine）、圣托马斯·阿奎那（St. Thomas Aquinas）的西方宗教学传统。③ 但是，康、孙的目的是相同的，即要从相近、趋同的角度来阐释"教"与"religion"，进而重新阐释儒教的普遍意义。康有为打破了因具体教理、仪式的差异而形成的沟通壁垒，指出儒教与基督教在教主自树一义、招徒党传于后世，以及先知觉后知、先觉觉后觉的根本义上是相通的。康有为与孙乃湛释义的方向却并不相同。孙以"religion"为主位，研讨"教"如何与"religion"相近；康以"教"为主位，武断地判断"religion"原义必与"教"相同。康有为以我为主的姿态，源于旅欧后转而对中国文明教

---

① 段玉裁：《说文解字注》，上海古籍出版社，1988，第127页上。
② 孙乃湛：《演教篇》，《孔教会杂志》第1卷第10号，1913年11月，"论说"栏，第26~27页。
③ 参见 Wilfred Cantwell Smith, *The Meaning and End of Religion*, pp. 19–50. 中文译本可参考威尔弗雷德·坎特韦尔·史密斯著《宗教的意义与终结》，董江阳译，中国人民大学出版社，2005，第15~121页。

化愈加有信心。

李炳宪汲取了《孔教会杂志》上康、陈、孙等人文章的精髓，采取了和康有为相似的文化姿态。其《宗教哲学合一论》指出，"教之一字，始于虞舜命契之典"。① "教"最早见于《尚书·尧典》"敬敷五教"之语，"五教"当即《左传·文公十八年》所谓"父义、母慈、兄友、弟恭、子孝"。② 孔子乃"集群圣之大成，为亿代教化之主"。他批评"疑孔子之不可为宗教家"者，皆无异于"达巷党人之见"。③ 数年后撰《儒教复原论》时，李炳宪对康有为愈加熟悉。该书分论儒教之名义、性质、宗旨、伦理、范围、沿革、传布、交际、希望、结果，共十章，浩大的篇幅需要更具逻辑化的丰富学理和文字来支撑，所以，李炳宪直接借鉴、模仿康有为的痕迹愈发明显。《儒教复原论》沿袭《孔教会序（其二）》，声讨日本以"宗教"翻译"religion"，强调"教"之一字最能诠释儒教本身的宽广内涵。④

康、李二人诠释儒教，关注两个问题：一是儒教的普遍性和超越性，一是儒教需要进行制度化的建设和推广。前者关涉的是面对以基督教为象征的西方文明重建自我信心，后者则涉及调适、处理儒教与中韩政治及社会变迁的关系。

首先来看康有为、李炳宪对儒教普遍性和超越性的论说。

一方面，《孔教会序（其二）》指出，儒教立足于人性所建构的社会伦理法则是普遍适用的，"非惟中国为然也"。孔子"因人性以为道；若男女、食味、被色、别声，人之性也，但品而节之，而不绝之"。孔子精准把握并肯定食色诸欲求乃人性之根本，不主张禁止，但提倡节制。婆罗门教禁欲、苦行，墨子节丧、非乐，逆反人性，所行难广，孔教则不同，它是全人类须臾不能离的大道。从个体扩展到人群，孔子之道着眼于维系人类社会长期的

---

① 李炳宪：《宗教哲学合一论》，《鲁越日记》（手写稿），另见《中华游记》，《李炳宪全集》上册，第462、547页。
② 孙星衍：《尚书今古文注疏》，中华书局，1986，第64页；《春秋左传正义》，北京大学出版社，2000，第666页。
③ 李炳宪：《宗教哲学合一论》，《鲁越日记》（手写稿），另见《中华游记》，《李炳宪全集》上册，第462、547页。
④ 李炳宪：《儒教性质》，《儒教复原论》，《李炳宪全集》上册，第179页。

生存及延续，构建了促进人类和谐共处的道德法则与伦理秩序，故康氏谓："凡人之为人，必有生我我生者，有与我并生而配合同游者，有同职事而上下者，则因而立孝慈、友弟、义顺、忠信、笃敬之伦行。"①

李炳宪《儒教复原论》第四章为《儒教伦理》，亦坚持儒教于人世的要务是"明伦而循理"，"五伦之理，可括尽天下万世修己治人之道而无遗蕴"。② 不过有意思的是，他并没有跟随康氏展开论述孔子如何重视食色之人性。这里可见康、李二人对朱子学态度的差异。康有为秉承清代反理学的思潮，曾批评朱子"多言义而寡言仁"。③ 李炳宪则自幼研习道学，引朝鲜道学成就以为傲，故难认同康氏宣扬的解放人性。他曾说："四德五常之理，……赵宋之程朱诸贤，吾邦之退陶李子，发明之无遗憾矣。"④ 李氏心中的真实想法是，康氏"学说之组织完密，往往不逮于宋儒"。⑤ 朴殷植、李炳宪私下交流时，直言康南海"博文约礼，敬直义方，履绳蹈矩，笃实辉光，则诚难并拟于宋儒"。⑥

另一方面，康、李认为，儒教在设计人类社会制度方面有超越性。《孔教会序（其二）》指出，孔教总原则是"观其会通以行其典礼，穷则变，变则通"，"忠、质、文"三统、"据乱、升平、太平"三世之说拟定了人类立宪、民主的制度以及大同的未来。孔教敷教下的中国早就做到了"人民平等而无奴"，东汉光武帝大行免奴，"先于林肯二千年"；法律尚平，"瞽瞍杀人，则皋陶执之，故后世讼狱，则亲王、宰相受法同罪"；重民而薄税，教育普及，"人民皆得入学"，工商、聚会、著书、言论皆自由；甚至"孔子敷教在宽，其有从佛道者，皆听信教自由"。凡此均法国革命"喋血百万而后得之者"，"欧人得此仅数十年"。⑦

康有为阐释孔教，从伦理到制度都确立了相对于西方文明的优势。李炳

---

① 康有为：《孔教会序（其二）》，《孔教会杂志》第 1 卷第 2 号，1913 年 3 月，第 6~7 页。
② 李炳宪：《儒教伦理》，《儒教复原论》，《李炳宪全集》上册，第 181 页。
③ 康有为：《孔子改制考》，《康有为全集》第 3 集，第 3 页。
④ 李炳宪：《天学》，《儒教复原论》附录，《李炳宪全集》上册，第 196 页。
⑤ 李炳宪：《答李震庵（辅相）》，《真庵文稿》，《李炳宪全集》上册，第 136 页。
⑥ 朴殷植：《云人先生鉴》（甲子正月十日），《朴殷植全书》下册，首尔：檀国大学校出版社，1975，第 244 页。
⑦ 康有为：《孔教会序（其二）》，《孔教会杂志》第 1 卷第 2 号，1913 年 3 月，第 8 页。

宪读《孔教会杂志》后，坚执"朝圣"康有为的信念，谓"平生只要愿拜圣庙，且欲见康南海先生"，根本动力在此。在声光化电等器物上，中韩现代化进程明显落后于欧美和日本；康有为从教化文明层面确立孔教面向未来的普遍性与超越性，特别能抚慰两国儒者自卑伤痛的心灵。朴殷植夸赞康氏学说高于宋儒处，在"以世界之眼光，具宇宙之识力，证各教之义谛以广儒道之范，采列邦之政法以备当世之用，综诸哲之理论以成一家之言"。① 李炳宪冀望在社会急剧转变中，儒教继续兴旺蓬勃。康有为学说给李炳宪带来了这样的信念。1914年旧历四月二十七日，李炳宪首次访康，"先生穿白鞋、着素缟，信步而出，透眼一见，举止凝重，视瞻平直"，"可想为东西二十世纪重要人物，而况为今日吾儒教之盟主者哉"。②

梁启超《清代学术概论》十分反感康有为将立宪、民主、自由、大同等现代价值与孔子对接，称"中国思想之痼疾，确在'好依傍'与'名实混淆'"，"此病根不拔，则思想终无独立自由之望"。而这正是康梁思想殊途的一个原因。③ 李炳宪可不这么看。

李氏朝鲜时代，长期的尊华攘夷观念导致了严重的排外思想，两班贵族阶级垄断了社会晋升的阶梯。李炳宪赞叹中国社会可以打破种族、阶级、身份的差异，为个人提供社会阶层晋升的空间，文化与宗教也包罗万象。李炳宪听说广东都督龙济光是苗族，"乃蚩尤之裔也"，感慨道，"今闻龙济光崛起，异哉，亦汉族所当平心待遇也"。而中国政界人物曾文正公国藩"十九代以农业资生"，近日大宦中赵秉钧"起于卒伍"，张謇"系鄙贱之能奋身就位，有匡救国家之力"。④ 此外，李炳宪观察到，北京"神祠则处处皆设，如道观、禅院、圣祠之类，累见不一"。⑤ 深受道学影响、注重伦常秩序的

---

① 朴殷植：《云人先生鉴》(1924甲子正月十日)，《朴殷植全书》下册，第244页。
② 后面一句话，被《中华游记》《我历抄》删去。参见李炳宪《鲁越日记》(手写稿)，《李炳宪全集》上册，第504页；李炳宪《中华游记》，《李炳宪全集》上册，第609页；《我历抄》，《李炳宪全集》下册，第598页。
③ 梁启超：《清代学术概论》(1920年)，《饮冰室合集·专集之三十四》，中华书局，1989年影印版，第65页。
④ 李炳宪：《鲁越日记》(手写稿)，《李炳宪全集》上册，第517~518页。此段《中华游记》中无。
⑤ 李炳宪：《圣地追感录》，《鲁越日记》(手写稿)，另见《中华游记》，《李炳宪全集》上册，第464~465、551页。

李炳宪批评中国"漫无秩序,而经信自由","虽总统之尊,元老之重,指斥姓名"。① 其实,朝鲜使者的燕行记就曾反复记录清国的丧礼与朱子《家礼》差距甚远,缺乏男女、尊卑、贵贱秩序,汉人薙发而胡服,人民不耻从商逐利,上下均有信佛重鬼之风。② 李炳宪的观察较其前辈们有新意,但也有部分重合。③ 康有为游历欧美后,谓得孔教数千年熏陶的中国,已形成信仰自由、经商自由、人民平等、阶级秩序相对宽松等文明特征。康氏说法虽不免有些绝对或夸大,但从朝鲜人的视角看,也并非如梁启超所言乃纯粹的依傍和臆断。

康有为对儒教普遍性与超越性的判断完全感染了李炳宪。李氏自述撰《儒教复原论》之初衷云:"自西势东渐以来,勿论科学与宗教,靡然以为非西方之教化不可,至于孔教,则或目之为政治家,断之为专制派,不可适用于二十世纪。"④ 康有为的儒教论正是近代儒教界大革命的理论基础。李炳宪凭此相信,"前日二千四百年之支那,为孔教之苗圃也;嗣后千万年之寰宇,实孔教之移植场也"。⑤ 李炳宪对儒教性质的判断以康氏学说为圭臬:

> 孔子之所以为孔子,则以其为教主,而其所以为教主者,则以其有配天之量,救万世之民也。盖四代礼乐,三统文质,何莫非圣王之隆轨?一时之美制而能通之万世者,孔子也。自精气、游魂而发鬼神之情况,《大易》之曰"穷神"、曰"尽神"者,无非为性灵界之事。……

---

① 李炳宪:《中华游记》,《李炳宪全集》上册,第552页。
② 参葛兆光《想象异域:读李朝朝鲜汉文燕行文献札记》,第44页。
③ 这里有必要略谈一下李炳宪与小中华意识的复杂关系。一方面,李炳宪努力挣脱小中华意识,他对朝鲜时代的尊明攘清观念不以为然,对明之"衣冠"亦不留恋。如《鲁越日记》谓,"吾自西来,感触于中者,不一其端。而我邦人之所恃以为安身立命之本者有二:头欲必保其发,衣欲必保其袖。然有发而为髻者,则见印度人矣;道袍而有袖者,则见中国僧矣。我邦人之徒以保发保袖为天下第一义者,殆亦未之思乎"(《李炳宪全集》上册,第483页)。另一方面,他心中朝鲜的道学的伦理原则具有不可撼动的地位,瞧不上彼时中国的民俗,又显示了其小中华意识的一面。这恐怕与当时朝鲜半岛小中华意识的整体嬗变是相呼应的。关于小中华意识及其嬗变,参见孙卫国《大明旗号与小中华意识——朝鲜王朝尊周思明问题研究,1637～1800》(商务印书馆,2007)及王元周《小中华意识的嬗变——近代中韩关系的思想史研究》。
④ 李炳宪:《结论》,《儒教复原论》,《李炳宪全集》上册,第194页。
⑤ 李炳宪:《天学》,《儒教复原论》附录,《李炳宪全集》上册,第199页。

故比诸支那之前圣，则多出世间法；而较诸西方之教祖，则多入世间法。此儒教之性质所以异于西教，而政治哲学不过为孔子之余事也。儒教之宗教观念，孔子之教祖地位，于此可见。①

相比于康有为，李炳宪论述儒教在人类制度设计上的优越性堪称有过之而无不及。《儒教复原论》中《儒教沿革》一章，化用理学的"理一分殊"论，以为儒教之真理，"原于太一，冲漠无眹，乘天地之大气，游衍于六合之内"，几乎人类所有的道德伦理、宗教形式、政治哲学等文明成果都是它的衍生形式，"伏羲遇之画八卦，檀帝遇之立神教，尧、舜遇之立四时齐七政……"；"西欧之宪法，北米之共和，骎骎然为《礼运》大同之训诂，《春秋》三世之注脚矣"。儒教真理具体体现在人类所有文明之中，这正是所谓"以精神而言，则一理可以囿万物"。②

三 建立孔教：从康有为到李炳宪逻辑的转换

康有为、李炳宪均力主对儒教进行制度化的建设和推广。他们竭力论证儒教是"教"，可用"宗教"方式进行活动，主要目的在此。从理论上讲，如张东荪所言，"孔教果为宗教与否"，"不在孔教，而在宗教之定义"。③真正有意思的历史问题是，1910年代，康有为、李炳宪为何异口同声地呼吁建立孔教，吁求儒教以制度化方式展开活动。从论述出发点看，如果给予一个简单的概括，康有为偏于"正题反作"，李炳宪却偏于"反题正作"。这里的"反"指建立孔教蕴含的抵抗性、悲情化诉求，而"正"则指对孔教进行正面的制度设计，并建立其与民族存立的关系。由康有为"正题反作"演变为李炳宪"反题正作"的逻辑，正是民初孔教运动经李炳宪一脉，跨越中韩，得以传播和展开的脉络。

---

① 李炳宪：《儒教性质》，《儒教复原论》，《李炳宪全集》上册，第179页。
② 李炳宪：《儒教沿革》，《儒教复原论》，《李炳宪全集》上册，第185~186页。
③ 张东荪的《余之孔教观》罗列了西学当时流行的各种宗教定义以佐证儒教是宗教（《孔教会杂志》第1卷第8号，1913年9月，第36、38~39页）。杨昌济（1871~1920）谓"儒术是教非教之争"，"要由各人下宗教之定义有所异同"，与此相似。参见CZY生（杨昌济）《宗教论》，《甲寅杂志》第1卷第6号，1915年9月10日，第5页。

康有为从儒教文明迎接基督教文明之挑战、适应国民国家现代转轨的意义上，倡导建立孔教，开教会、定教律、专职业以保守之。此一直为康氏改革儒教的核心诉求，可谓"正题"。① 民国建立后，康氏《中华救国论》（1912年）、《参政院提议立国之精神议书后》（1914年）诸文，仍有大开大阖、正面延续其戊戌以降孔教论述的痕迹。然而，《孔教会杂志》及康氏此时期论述的主调，却是奋起抵抗政府及其他反孔教者。建立孔教，被笼罩在一种"势之所不得已，而情之所不容已"②的浓浓悲情氛围中。不修祭祀、不读经典、不行跪拜……政府对任何一项仪式的松懈，都挑战着他们护道卫教的心理底线。康有为痛斥"绝群神之祀，收文庙之田"乃"神怒民怨，天人交恫"之举；③ 姜循理怒言"（不复丁祭）则我中华民国亦当改称中夷民国也可"。④ "予岂好辩哉？予不得已也！"刻意渲染的被动防御性，多少有点掩盖这种论述"出发"之初浩浩然然之建设性和进取心的意思。这就是康氏建立孔教"正题反作"的面向。

虽说光复伊始南京临时政府有废经黜孔之议，各地发生了程度不同的破坏文庙事件，⑤ 但是，随后在北京政府治下，社会整体氛围仍是"尊孔"。⑥ 然而，孔教会与康有为、北京政府与袁世凯以及清末革命党章太炎一系，三方在"尊孔"的思想光谱上却居于不同位置。其冲突表现为是否赞同建立孔教、以孔子为"教主"。这些冲撞，骨子里反映了帝制向共和制转轨初期难以解决的深层问题，即如何在朝野、政府与民间社会之间重新配置权力，各政党派别怎样合理发表差异性理念，争取自身利益。李炳宪对这些复杂关系均有片段记录。

康有为与袁世凯就孔教会是否应当涉及宗教范畴进行权斗。李炳宪初至北京，见报载"大总统府历聘诸元老，而特注重于康南海先生"，就以为

---

① 参见彭春凌《康梁在孔教能否为国民义思想上的分合》，《近代史研究》2011年第5期，第39~60页。
② 《孔教会杂志序例》，《孔教会杂志》第1卷第1号，1913年2月，第9页。
③ 康有为：《无祷》（1913年），《康有为全集》第10集，第111页。
④ 姜循理：《复丁祭议（附书后）》，《孔教会杂志》第1卷第3号，1913年4月，"时评"栏，第2页。
⑤ 《张孟劬先生来书》，《孔教会杂志》第1卷第1号，1913年2月，"从录·通信"栏，第22页。
⑥ 参见张卫波《民国初期尊孔思潮研究》，人民出版社，2006年。

"袁康合作，而后中国之事可有望"；① 这未免太天真了。蓝公武观察到，袁世凯"颇惧南海先生将来权在其上"；② 康有为则谓"猿狖皆吾仇"。③ 双方实乃死敌，其接触多系虚与委蛇。袁世凯任总统后曾连发三电，征召康有为，试探康的政治企图。康氏表明"固无心预闻政治"，绝无政治野心，"更末由北首燕路"，也不会到政治中心北京与袁氏争辉；自己唯一感兴趣的工作是"尊圣卫道"。④ 康有为经营孔教会，利用"废孔之事"来"激导人心"，冀望国会议员十九入教，可"兼操政党内阁之势"，此实有无可讳言的政治企图。⑤ 袁世凯了然于胸。1913年秋，孔教会筹备在国子监举行丁祭，从掌握道统继承权角度，对政府构成了挑战。教育部先是"不许在国学行礼"，后来允许祭孔，但"申明承认个人而不承认团体"，而且"始终不肯借出""各种礼乐器具"。⑥ 说到底，是不允许孔教会成为国家祭孔典礼的主体。李炳宪在香港拜见康有为，彼此熟悉后，他又带领时在香港的朴殷植一起访康。康有为视李炳宪、朴殷植为自己人，放下警惕，痛骂袁世凯"乃操、莽之流"。⑦ 袁世凯给康有为去电，谓"惩于泰西教祸，故提倡尊孔不欲涉及宗教范围"。⑧ 他警告康氏勿借孔教追逐权力，地方官可以保护核准立案的孔道、孔教诸会，自然也有办法打击"涉及宗教"范围的孔道、

---

① 李炳宪：《我历抄》（1914年条），《李炳宪全集》下册，第598页。
② 蓝公武：《致南海任公两先生书》（宣统三年十月二十九日），丁文江、赵丰田编《梁启超年谱长编》，上海人民出版社，1983，第579页。
③ 康有为：《与梁启超书》（1912年7月18日），《康有为全集》第9集，第336页。
④ 康有为：《复袁大总统电》（1913年11月12日），《康有为全集》第10集，第150页。
⑤ 康有为：《与陈焕章书》（1912年7月30日），《康有为全集》第9集，第337页。
⑥ 陈焕章：《按语》，《教育部批（孔教会举行国学丁祭公呈）》，《孔教会杂志》第1卷第8号，1913年9月，"从录·公牍"栏，第2页。
⑦ 李炳宪：《我历抄》（1914年条），《李炳宪全集》下册，第600页。有意思的是，《我历抄》记述康、李、朴三人相会时，康有为大谈彼时政局，点评共和制度，抨击袁世凯、孙中山、黄兴。对照康有为此时期的其他文献，可知这些描写符合康有为的思想，并非李炳宪伪作。然而，在《鲁越日记》（手写稿）和20世纪20年代在中国出版的《中华游记》中，李炳宪却说，"三人鼎坐谈心……（康有为）千言万语，注重乎孔教复原，而无一字道及于政治思想，寔老成谨慎之道"。参见《鲁越日记》（手写稿），另见《中华游记》，《李炳宪全集》上册，第509、616页。此处的记述与《我历抄》完全冲突。其原因可能是当时康有为嘱咐此类言语不可外传，李炳宪也不愿得罪袁、孙等有权势者，故《鲁越日记》《中华游记》均讳莫如深。多年后他手录《我历抄》，却记录了当时会面的实情。
⑧ 《袁总统复康南海再电》，李炳宪《鲁越日记》（手写稿），《李炳宪全集》上册，第510页。

孔教诸会!

彼时,学界讨伐康有为建立孔教论说的主体,是以章太炎为代表的清末革命党人。李炳宪在《宗教哲学合一论》中提到,主张"孔教非宗教说"有两种理据,"一则见泰西宗教家之徒倡神权,全不整理人间世,以为孔教之明物察伦,宁可以政治及哲学名之,不当以出世间之宗教尸之也;一则见泰西政法之流通,科学之修明,骇惶怵迫,以为出于救主之神力,而于东方腐败国之古道,不当以宗教奉之也"。李炳宪析两种逻辑之差别云,"由前之说,则限宗教于偏枯迷信之域,而非儒家之所当讲也;由后之说,则奉基督为万有万能之主,而非儒家之所可及也"。① 李氏的观察非常敏锐。这两种"孔教非宗教说",前者以章太炎及与他有关联的《雅言》《中国学报》为代表,后者则以章士钊及《甲寅杂志》的类似舆论为代表。二章圈子的学者多是清末革命党人,他们与康有为派的分歧贯穿于清末民初十数年的政治与学术纷争。康有为在《孔教会杂志》上发表的《〈中国学会报〉题词》正是对前者的批驳。

康有为加剧孔教论述的抵抗性和悲情化,一则因学界政界对手频频施压,激发其斗志,一则也是他的主动策略。康有为说,"昔日吾国人人皆在孔教之中","则勿言孔教而教自在"。② 张东荪称"中国数千年文明之结晶,即为孔教,则孔教即为中国之国教矣"。③ 但这种依性质做出的推断,并不意味着历史上存在"国教"的名称及建制。孔教会诸公利用"尊孔"民意,许以"进尺""望蜀"之愿,将建立国教的激进命题包裹在"尊孔"的温和诉求中,并构建不支持国教就是不尊孔、不尊孔就会亡国的逻辑联系。孔教总会门前贴着康有为的对联:"亡教即亡国,近睹沧桑,岂不可惊可悲可忧可惧;弘道非弘人,旁观耶佛,宜发大信大勇大智大仁。"④ 既悲情又励志,恰是"正题反作"要制造的舆论效果。

康有为以悲情化的策略来建立孔教,乃至倡导国教,最明显的表现,就是

---

① 李炳宪:《宗教哲学合一论》,《鲁越日记》(手写稿),另见《中华游记》,《李炳宪全集》上册,第461~462、546~547页。
② 康有为:《孔教会序(其一)》,《孔教会杂志》第1卷第2号,1913年3月,第3页。
③ 张东荪:《余之孔教观》,《孔教会杂志》第1卷第8号,1913年9月,"论说"栏,第41页。
④ 《孔教会杂志》第2卷第1号,1915年10月,插图。

他不断举出他国对待宗教的旁证,来类比"中华民国"。《中华救国论》(1912年)以法国革命类比辛亥革命,称法国革命时,"大奋而大破",放弃天主教,革命之后,"未几而复,今大庙之伟丽巍峨,邦人之拳跪膜拜如故",以此证明"宗教关于国命,更于革命无预",孔教应当存留。① 从中法均推翻帝制建立共和的角度,可谓类比恰当。然而,此后他愈倾向用已亡之国比拟新建的民国,可谓拟于不伦,虽然表明他心急如焚,客观上看不免危言耸听。

《孔教会序(其一)》称,立国之基础、民生之所依,应有"大教为之桢干",教化入于民俗,入于人心,"奉以行止,死生以之,民乃可治"。举证说:"夫耶路撒冷虽亡,而犹太人流离异国,犹保其教,至今二千年,教存而人种得以特存;印度虽亡,而婆罗门能坚守其教,以待后兴焉。若墨西哥之亡也,教化文字并灭,今人种虽存,而所诵皆班文,所行皆班化,所慕皆班人之豪杰,则墨人种面目虽有存乎,然心魂已非,实则全灭也。"犹太、印度、墨西哥之例,颇能证明"教"的重要性,但它们均是国亡之后教出现或存(犹太、印度)或亡(墨西哥)的状态,属于国亡而教或相从或不相从的状况。与该文宣称的"恐教亡而国从之"② 相比,两者逻辑顺序悬殊。

在《孔教会序(其二)》中,康有为再次举这三国为例,他修正了此前颇有问题的论述,将前文意指"教亡而国从之"调整补充为"灭国不足计,若灭教乎,则举其国数千年之圣哲豪杰遗训往行而尽灭之……是与灭种同其惨祸焉"。③ 康有为真正想说的是,貌似柔弱无力的"教",是文明的、种族的表征,是心魂意义上的"国"。如只有物质意义上的山川、血脉,"中国"之命义不算完整。这就呼应了《孔教会序(其一)》"国魂"论述的核心命义:

中国立国数千年,礼义纲纪,云为得失,皆奉孔子之经。……今中

---

① 康有为:《中华救国论》(1912年),《康有为全集》第9集,第317页。康有为在《孔教会序(其二)》中同样举法国革命的例子,称"或者以法革命之废教也,岂知法旧教而已,而尊天与基督无异也"。(《孔教会杂志》第1卷第2号,1913年3月,第6页)
② 康有为:《孔教会序(其一)》,《孔教会杂志》第1卷第2号,1913年3月,第2页。
③ 康有为:《孔教会序(其二)》,《孔教会杂志》第1卷第2号,1913年3月,第9页。

国人所自以为中国者,岂徒谓禹域之山川、羲轩之遗胄哉?岂非以中国有数千年之文明教化,有无量数之圣哲精英,融之化之,孕之育之,可歌可泣,可乐可观,此乃中国之魂,而令人缠绵爱慕于中国者哉。有此缠绵爱慕之心,而后与中国结不解之缘,而后与中国死生存亡焉。①

康有为倡导经今文学说。该学说主张,《春秋》"夷夏"之别的标准并非种姓,而是礼仪教化带来的文明道德。康氏尝谓,"中国、夷狄无常辞,从变而移;当其有德,则夷狄谓之中国;当其无道,则中国亦谓之夷狄"。②以文明教化为根据的"国魂"论,乃康氏经今文学"夷夏"论的翻版和升级。

至于康氏喜用犹太、印度、墨西哥等已亡之国来比拟新建的"中华民国",也还别有所指。康氏在1913年的《复教育部书》中痛斥丁祭废弛、文庙遭弃,责问教育部"教者文行忠信,不知以何为教?育者果行育德,不知以何为育"。他再次将笔墨触及已亡之国(各殖民地),但焦点却换到殖民者一方,称"英灭印度、缅甸百数十年,犹不敢废其婆罗门教与回教、佛教而取其祭田"。殖民者灭亡他国,尚知保存当地礼俗信仰。中国人自己建立的政权,并非"外国入主中华","吾今未易新国",竟试图灭亡自己的教化传统,"举数千年之道揆法守乃至祭典尽弃之"。③ 康有为奚落政府、教育部比殖民者还残暴!康氏如此激愤,源于他承受各派斗争而生的焦灼感及其对共和的极端悲观情绪。亡国焦虑是民初较普遍的社会情绪。体制转轨、秩序混乱之中,身临其境者情感冲撞的苦痛、对未来的不确定感,均非外人所可体验。然而这一切,在跳脱开来的旁观者眼中,或许波澜不惊。李炳宪认为,刚刚光复的中国充满了希望。他与广东人张某谈话,张某称"贵国并入日本,现如何优待,我中国现状如此,恐不免各国瓜分"。李炳宪大惑不解,曰:"入中国,每闻此等语,不觉眉头一蹙,鄙人曾是伤于虎者也,

---

① 康有为:《孔教会序(其一)》,《孔教会杂志》第1卷第2号,1913年3月,第2~3页。
② 康有为:《答南北美洲诸华商论中国只可行立宪不能行革命书》(1902年),《康有为全集》第6集,第327页。
③ 康有为:《复教育部书》,《孔教会杂志》第1卷第5号,1913年6月,"论说"栏,第35、39、38页。

公等未尝遭此境遇,不知虎之可怕可恶,故信口说此等话也","每见江南人士所论无精彩,而种种出此等句语,未知其意之所在也"。①

康有为偏激地使用"亡国"之例来类比"中华民国",难言切当。然而,犹太、印度、墨西哥之类例子,用在新亡的大韩帝国身上却相当妥洽。无论是犹太国亡,犹太教存续两千年而人种得存的正面范例,还是墨西哥亡国后教化文字并灭的反面暗示,都切中要害。对李炳宪来说,建立孔教,首先是一个抵制日本殖民统治,因反抗性而生成的"反题"。他接受了康有为的"国魂"论述,希望国亡而教不亡、因教未亡而国终有复兴之日。但由于"孔教"系由中国传入朝鲜半岛,在宗藩秩序崩解的情势下,新一代韩人不仅不能接受以中华为母国,而且必以中华为建构自国之他者。这就是为何李炳宪颇不满自认中华"天民"的李承熙,哂其"今日事势甚不娴悉,而方拘诸儒俗见"。② 也就是说,在康有为这里,以孔教为"国魂"理所当然,到了韩儒李炳宪(还包括朴殷植)那里却并非不证自明。为何以及如何以"孔教"为韩国之"国魂",成为他必须正面经营、倾力论证的命题。建立孔教之论,从康有为的"正题反作"演变为李炳宪的"反题正作",理论上的关节就在这里。

1920年第三次中国之行后,李炳宪创作了《北游日记》,谓韩国近代"儒教厄会"可分两期。第一期,"自今日溯而上之至并合之际,此十年为日本人(并旧韩官吏)扑灭儒教之时代"。首任总督寺内正毅使出铁腕,打击韩国道学偶像,侦察监视草野耆儒。日帝儒教政策及其排摈儒教之宗旨可归纳为:"宗教令出,而儒教削除;乡校财产管理规则行,而圣庙几废;共同墓制太无区别,而死亦无可归之所:此虽外托改革之名,而实行扑灭之计。"③ 1915年的《布教规则》将儒教排斥在"宗教"之外,儒教也就不能享有拥有教会、财产等权利。1910年的乡校财产管理规程,将乡校财产主要充作公立学校经费。政府改造儒教传播的基层单位私塾学堂,增设公立学校,落实日文同化政策。1912年第123号府令禁止在规定的公共、共同墓

---

① 李炳宪:《鲁越日记》(手写稿),《李炳宪全集》上册,第501~502页。
② 李炳宪:《鲁越日记》(手写稿),《李炳宪全集》上册,第459页。
③ 李炳宪:《儒教感想录》,《北游日记》,《李炳宪全集》上册,第647~648页。

地外行葬埋之事，并鼓励火葬。① 多项举措并行，至于"儒教为生前之命脉，而生无希望之点；墓地为死后依归之所，而死无可归之地"。②

李炳宪首次行于中国，一路都沉浸于亡国哀痛中，游西湖时竟"一望东云，不觉悲动于中，而失声恸哭，袍袖尽湿"。③ 在前途一片灰暗之际，康有为以孔教为国魂、国亡而教不亡的论说，如黑暗中的光亮，令他再次觅得生命的意义与事业的方向。1914年旧历五月二日李炳宪在香港访康，"于宗教问题，略缀己见，以求善后之策"。康有为叮嘱"千言万语，当以儒教为宗"。五月三日，李炳宪携朴殷植同访康有为（这是朴殷植和康有为的首次晤面）。李炳宪记曰，"三人鼎坐谈心，其与白岩语者，略与昨日告我者同"，"千言万语，注重乎孔教复原"。④ 多年后，李炳宪撰《我历抄》，把五月二日、三日两次见康有为的经历合并，更清晰、完整地阐述了祖国前途和宗教问题。其文道：

> （康）先生曰，中国比则父母国也，高丽比则兄弟国也，今父母国未得救，何暇问兄弟国乎？然国家之命脉，在于民族之精神，团结民族、维持精神之方，则有惟一无二之宗教也。中丽两国之宗教，则儒教是也。以儒教为自国之生命，救教为救国之前提，则已亡之国，庶乎其有望也。英人之治印度也，束缚可谓已甚，而印人暗寓政治思想于佛教，以资活动。我在犹太时，日午见士女拜哭于大辟王所罗门庙，泪如泉涌，泣之甚哀。因觅示游耶路撒冷撮影一端，曰，千言万语，以教为党，以保教为救国，因昔犹太之法，亦今印度之法也。我适在缅甸时，一切会党皆有禁，我为请于英长吏，许立佛教会，

---

① 相关文献参见卢吉明等著《韩国民族宗教运动史》，许哲明、李梅花译，金勋校，中国社会科学出版社，2009，第118页。朝鲜総督府编《增補朝鮮総督府三十年史［1］》，第一期"寺内総督時代"第十五"教育制度の樹立"、第十八"民生の向上"，東京：株式会社クレス，1999，第178、222~223页。相关记述参考朴殷植（署"太白狂奴"）《韩国痛史》，大同编译局，1915，第154页；李炳宪《儒教感想录》、《北游日记》，《李炳宪全集》上册，第651~652页。
② 李炳宪：《我历抄》（1917年条），《李炳宪全集》下册，第603页。
③ 李炳宪：《鲁越日记》（手写稿），《李炳宪全集》上册，第498页。
④ 李炳宪：《鲁越日记》（手写稿），另见《中华游记》，《李炳宪全集》上册，第507、509、612~613、616页。

今已甚大云云。①

康有为建议韩国建立孔教会，暗寓保存国家命脉、民族精神的政治思想。李炳宪闻之心动。他接受康氏保教以保国之说，并以此作为理解和品评时局的出发点。自1916年旧历六月始，李炳宪第二次游华。其时康有为已迁居上海，夏日间正在西湖杨氏庄避暑。李炳宪多次在杭州谒见康有为。李氏《中华再游记》未记载访康细节。从《我历抄》的记述来看，康有为殆已显示出参与复辟之意。②孔诞前夕，李炳宪赴曲阜，总会长康有为"以孔教会之事有托"。③彼时教育部改订祀孔礼，废跪拜而行鞠躬，孔教会发起抗争，掀起了第二次"孔教国教化"运动。李炳宪从康有为那里现学现用，称："勿论某国，国有特产之宗教而不立以为国教，则未有能保其国者，释教被逐于印度而印度邱墟，耶教见黜于犹太而犹太澌灭，窃愿中国之人，幸勿以印度犹太之待释迦基督者对待孔子也。"④

在曲阜，李炳宪"自悲国之亡由教之未明"，"夜操祷告文一篇，读于孔子神位前"。他立下誓愿："愿学夫子之道，归诸东方以救学儒而守株者，更求为天地之全人、父母之顺子，以招祖国之魂。"⑤建立孔教，实现了从康有为到李炳宪逻辑的转换。⑥

李炳宪1916年中国行的最后一站是南通，在南通他访问了寓居此地的朝鲜著名文士金泽荣（1850~1927），二人"论讨诗文，检讨《鲁越日记》"。⑦金泽荣为《中华游记》作序，以孔子精神劝慰李炳宪不必过于伤

---

① 李炳宪：《我历抄》（1914年条），《李炳宪全集》下册，第599页。
② 《我历抄》（1916年条）称，对康有为参与复辟之事，"已猜着八九分，抑宣统帝再上舞台欤，念中国物议，恐难做成耳"（《李炳宪全集》下册，第603页）。
③ 李炳宪：《中华再游记》（1916年），《李炳宪全集》上册，第621页。从康有为托李炳宪带给曲阜孔祥霖的信件可知，应该是安排八月二十七日的圣诞祭祀活动。参见《康有为致孔祥霖》（1916年）、《孔祥霖复康有为》（1916年），《康有为往来书信集》，第35页。
④ 李炳宪：《中华再游记》（1916年），《李炳宪全集》上册，第629页。
⑤ 李炳宪：《中华再游记》（1916年），《李炳宪全集》上册，第623~624页。
⑥ 朴殷植与李炳宪多次一同访康，其《韩国通史》的"国魂"观，也颇受康有为启发。限于篇幅，此处论述从略。
⑦ 李炳宪：《我历抄》（1916年条），《李炳宪全集》下册，第603页。

痛,谓孔子见逐于鲁,而歌"优哉柔哉,聊以卒岁",未有悲伤,"反若有乐存"。① 其原因在于,夫子以道为乐,"天下国家之亡已非一世,而道未尝或亡,孔子未尝没","既乐归夫子矣,其亦姑引袂拭其涕"。如果真以"道"来安顿身心,李氏崇信的体现"天体之真理"的夫子之道未尝灭亡,李氏就应该擦拭涕泪,游哉卒岁。金泽荣点出,李炳宪"其志也不止此",即不止于卫道护教,他的伤痛是国家灭亡的伤痛,他一切之"所待"都围绕民族之独立展开。②

"儒教为支那之教,孔子为支那之圣人",③ 儒教属于韩国魂吗?这是李炳宪、朴殷植作为近代韩国知识人面临的首要问题。朴殷植的解答颇显智慧。其《韩国痛史》云,各教无论"创于本地",还是"来自他方",只要"历史既久,信力俱深",都为韩国"国魂所托"。话虽如此,秉承李朝时期实学派的传统,李瀷(1681~1763)言朝鲜宗教"出于檀君",丁若镛(1762~1836)视桓因、桓雄、檀君为"人民之始祖",④ 朴殷植将信奉民族始祖檀君的大倧教摆在国魂之首,之后依时间顺序,才有箕子之礼教、少连大连之伦教、三国时代之通俗五教、新罗始祖高句丽始祖以神仙为教,以及三国时代、高丽王朝及朝鲜本朝之儒佛二教。其间民族自我认同与保护意识愈发清晰,"创于本地"之教比"来自他方"之教更显亲和。

对李炳宪来说,儒教乃韩国之魂,是建立孔教必须解决的理论问题,也是康氏思想在韩国落地生根的先决条件。《儒教复原论》以主、副两条线索进行论证。主线从儒教价值立论。李炳宪相信,"教之在天下,得其真理者,最能久存而远传"。孔夫子之教"非迷信派,而以真知为至","非自尊派,而以礼让为主","非排外派,而以大同为主",乃"最善"之教。而"勿论何教",当"择其善者而从之"。⑤ 康有为大同学

---

① "优哉游哉,聊以卒岁",参见《孔子家语·子路初见》篇的记载。陈士珂辑《孔子家语疏证》,上海书店出版社,1987年影印版,第133页。
② 金泽荣:《〈中国游记〉序》(1916年),《李炳宪全集》上册,第521页。
③ 李炳宪:《儒教范围》,《儒教复原论》,《李炳宪全集》上册,第183页。
④ 朴殷植:《韩国痛史》,第179页。
⑤ 参见李炳宪《儒教复原论》第五、七、九、十章《儒教范围》《儒教传布》《儒教希望》《儒教结果》,《李炳宪全集》上册,第183、189、191、192页。

说再次赋予儒教以普遍的意义,这是李炳宪以儒教为韩国最优选项的底气所在。① 其副线则是解决韩国奉儒教是否名正言顺的问题。他在《儒教复原论》的"儒教结果"一章中略提了一笔:"窃又念伏羲氏为儒教发祥之源,而亦出乎震。震乃东方,则吾东之奉儒教,名义俱正。"② 根据《周易·说卦》"帝出乎震",李炳宪偏执地从发祥地角度判断韩国奉行儒教乃名正言顺之举。③

四 李炳宪对儒教改革实践的命名及跨域取向的差异

李炳宪的儒教改革实践包括民立文庙、独奉孔子、尊祖与尊圣并行,这些显然受到了中国的灵感启发,他也自称模仿中国。实际上,他根据自身在韩国所处环境,有选择地表彰和践行了中国孔教运动的部分举措。《儒教复原论》借鉴康有为的主张,谓传布儒教有三个方法,"一当营建教堂以诚心事孔子,一当另择译书以圣经布天下,一当择定教士以经说开演于天下"。④ 1918年,李炳宪就构想通过家族力量"设立文庙、独尊教祖"。⑤ 1920年,他第三次赴中国前,主要考虑到自己"草野寒生",能力有限,所以就动员大东斯文会郑万朝、鱼允迪、宋之宪、李范喆四君,以及李退溪先生后裔李忠镐,同时致书曲阜公府及康有为。他期望中国方面认证和襄助自己的文

---

① 对比李炳宪与朴殷植的论述,略可见两人对儒教态度的差异。首先,尽管他们都认同"勿论何教,凡为教主,皆以范围世界、普度众生为宗旨",不能"囿于一国一族之区域",但朴氏更偏向各教"因其地方与风俗各立教门","为其国性族性者"的一面(《韩国痛史》,第178~179页)。朴殷植还立足于现状,强调儒教有弊端,应该"生育儿孙""发明新理";参见《云人先生鉴》(1924年),《朴殷植全书》下册,第242~243页。朴殷植《儒教求新论》,与李氏《儒教复原论》是两条改革思路。事实上,李炳宪的"复原"有"文艺复兴"以复古为革新的意味。李氏继承康有为经今文学说的关键,就是承认孔子至高无上的大教主地位,孔子原本的学说包含天下至善的大同公理。儒教是"复原",而非"革新",才见其重要。
② 李炳宪:《儒教结果》,《儒教复原论》,《李炳宪全集》上册,第192页。
③ 李炳宪在《历史教理错综谈》中有更详细的论述,《李炳宪全集》上册,第358页。
④ 李炳宪:《儒教传布》,《儒教复原论》,《李炳宪全集》上册,第189页。
⑤ 李炳宪:《我历抄》(1918年条),《李炳宪全集》下册,第604页。

庙，并计划"模圣像、购真经"，奉安于丹城培山书堂。① 1922年，他"收士林之议，合宗族之谋，营建培山文庙及道东祠"。1923年初，工程竣工，李炳宪第四次赴中国，购得圣像、经书，正式"奉安圣像于文庙，行释奠礼；奉安先贤先儒神位于道东祠，行腏享仪"。② 康有为为李炳宪撰《培山书堂记》，谓"朝鲜所传为孔教者，实刘歆伪篡之经，朱子割据之教，非孔子本教之真也"，③ 一手打击韩国地方传统儒林，一手扶植李炳宪的孔教实践。

李炳宪在家乡的儒教改革实践，招致地方儒林郑汶铉、安孝镇集中安乐书院、灆溪书院力量的抨击。用李氏自己的话说，一时间，"声讨之举四起，百踢俱至"。④ 李炳宪将抨击他的文件收集到《培山文庙及道东祠奉安遭变后日志》中。从这些文献看，分歧主要表现在，李炳宪大胆攻击朱子，安乐书院则"如差朱子一步地，则便目之为异端"。⑤ 李氏筑第一座民立文庙，建道东祠尊贤尊祖，连跟他情谊颇厚的陶山书院都批评说，"文庙亦出于国学之尊称，切非儒林之所敢私设"；世人更斥言此举"为李门一家事"。⑥ 批评者"或聚于邑市，要人捺章，或分行村里，请其绝交于李炳宪"，更"印刷校院间声讨文字，播告十三道乡校及各书院"。⑦

1931年，李炳宪开始编纂《辨订录》，以集中回应地方儒林的抨击。中

---

① 李炳宪：《我历抄》（1920年条），《李炳宪全集》下册，第605页。《北游日记》1920年5月5日（旧历三月十七）载，康有为得大东斯文会及李忠镐的信后，分别给二者回信，交李炳宪带回（《李炳宪全集》上册，第644、645页）。这说明康氏《致大东斯文会郑君等书》时间应是1920年5月。然而，《康有为集》（书信卷，第631页）却将该信的日期误为1923年，《康有为全集》（第11集，第246页）、《康有为往来书信集》（第926页）延续了这个错误。
② 李炳宪：《我历抄》（1922、1923年条），《李炳宪全集》下册，第607、615页。李炳宪设立的培山书堂依山而建，从上到下有三幢建筑物。最顶上是文庙，独奉孔子。中间为道东祠，奉退溪先生（李滉）、南冥先生（曹植）以及李炳宪先祖清香堂（李源）跟松堂（李光坤）、竹阁（李光友）。最下面是培山书堂，匾额为康有为所题。
③ 康有为：《培山书堂记》（1923年8月16日），《康有为全集》第11集，第260页。
④ 《李炳宪致康有为》（1923年冬），《康有为往来书信集》，第178页。
⑤ 《安乐书院文》（癸亥年十月），《培山文庙及道东祠奉安遭变后日志》，《李炳宪全集》上册，第305页。
⑥ 《陶山书院文》（癸亥年十一月），《培山文庙及道东祠奉安遭变后日志》，《李炳宪全集》上册，第309、301页。
⑦ 李炳宪：《再致咸阳乡校书》（1932年），《辨订录》，《李炳宪全集》上册，第340页。

国孔教运动是他为自己辩护的依据和理论资源。他说:"十数年前久游中国,观察儒教,教之中自分新旧两派。有乡校式儒教,是谓旧派;有教会式儒教,是谓新派。"① 他编订了《新旧儒教对照表》,将康有为经今文学指导下的孔教理念,诸如"独尊孔子以配上帝"、孔子为宗教家、大同主义、三世进化、至公无外学说等,统统归入"新派"——"教会式儒教"的范围。而与"新派"相对,"本乎六朝唐宋元明帝王家已定之典礼"、"尊奉诸贤以配孔子"、非大同、尊君专制的消极的儒教,则都属于"旧派"——"乡校式儒教"。② 李炳宪以"教会式儒教"命名康有为主导的孔教运动,新颖而锐利。此一命名,虽只隐约勾勒了中国孔教实践的外形,却呈现了李炳宪在家乡展开孔教运动的诉求和困境。从"教会式儒教"的命名出发,很能见出相异社会历史语境下双方的儒教改革实践在取向上的差别。

首先,是对手之不同。李炳宪认为"新派"——"教会式儒教"的对手是"旧派"——"乡校式儒教",并非中国实情,应该是吻合他在韩国遭逢的困境。

戊戌前,康有为发表《新学伪经考》《孔子改制考》,的确受到一些理学家的抨击,1891~1894年间,他与广雅书院山长朱一新还就性理学问题展开激辩。然而,民初孔教运动的对手却并非传统书院,而是政府及民间各派否定孔教的力量。在趋新的时代风潮下,中国孔教运动是以整合儒学的不同派别为鹄的。孔教会同仁呼吁"程朱陆王之异同,汉笺唐疏之繁赜,概置从缓"。③ 李炳宪疑惑,"未闻中国现有以今古文学说为之卞者",并且"尊孔派之属先生门人者",如陈焕章、梁启超"尚不肯为今古文之辨"。康有为坦言,"尊孔"与否,而非经今文学,才是划分敌友的界限。康氏感慨,"陈焕章知尊今文,然所与为孔教会者,皆旧儒也,能知尊孔子则已幸矣,何暇论古文之为伪;梁启超所见,日月不同,多趋社会主义,今则亦尊孔子"。④

而李氏朝鲜一直以朱子学为正统,清代中期兴起的经今文学运动在此并

---

① 李炳宪:《咸阳乡校宋朝六君子殿内升享时致禀单子》(1931年),《辨订录》,《李炳宪全集》上册,第325页。
② 李炳宪:《新旧儒教对照表》(1931年),《辨订录》,《李炳宪全集》上册,第326~329页。
③ 狄郁:《释经》,《孔教会杂志》第1卷第1号,1913年2月,"论述"栏,第25页。
④ 李炳宪:《我历抄》(1923年条),《李炳宪全集》下册,第609页。

未产生影响力,半岛社会亦未形成对经今文学"习以为常"的脱敏感受。李炳宪诸般论议和举措,如于静潭中投下巨石,激起波澜,可想而知。然而所谓新旧两派儒教的对峙,并非仅限于学理问题,从李氏存留文献看,实际上还牵涉日本统治者与海外独立运动两种政治势力拉拢、控制儒林的角力。

  一方面,日帝试图改变朝鲜半岛儒教的形态,培植亲日的御用儒教团体。① 即便是有抵抗殖民者统治意图的儒者,也有谋求在体制内生存的一面。② 李炳宪曾屡次"陈情于上府,请儒教之认可而求复乡校财产";③ 他还向日本政府及总督府进呈《对鲜根本政策专在儒教论》,试图保存儒教。为壮大声势,1920年,他联合斋藤实治下的亲日御用儒教团体大东斯文会,致信康有为及曲阜孔家。吊诡的是,灆溪书院讨伐李炳宪的文章,篇首即指李氏"来往上海,飘忽踪迹",暗示他和大韩民国临时政府有染;他们还"暗投密书于各道警察部、山清及咸阳警察署",④ 冀望借殖民政府之"刀"铲除异己。

  另一方面,韩国流亡中国从事独立运动的革命青年,则深受新思潮影响,"见支那新闻之对孔子已行死刑宣告",以儒教"于独立运动为障碍物"。1920年,李炳宪在上海被时任大韩民国临时政府警务局长金九扣押。根据他身上就共同墓制及校产规则改正事项而"陈述于朝鲜总督及经学院及日本政府与大隈重信"的文书⑤,临时政府批评他是"甘作敌之奴隶"的"儒教中毒者"。⑥ 后来,李炳宪与临时政府和解。1923年,金九帮助他用

---

① 参见姜大敏《韓國의鄉校研究》,第二篇《日帝의鄉校運營과儒林組織의變化》,釜山:慶星大學校出版部,1992,第309~340页。
② 김순석,「일제강점기 유교의 종교화운동 - 真庵 李炳憲 과 海窓 宋基植을 중심으로-」(《日帝强占时期儒教的宗教化运动:以真庵李炳宪和海窗宋基植为中心》)一文,比较李炳宪与宋基植的儒教宗教化实践,指出,他们体现了日帝统治时期的儒林在"亲日"与"反日"之外的第三种趋势。在1915年《布教规则》颁布,儒教被排斥在"宗教"之外的情况下,他们努力建立宗教化的儒教,既是抵抗殖民统治政策,但又有在体制内求发展的局限性(『한국민족운동사연구』,《韩国民族运动史研究》77,2013,第229~264页)。
③ 李炳宪:《再致咸阳乡校书》(1932年),《辨订录》,《李炳宪全集》上册,第336页。
④ 李炳宪:《培山文庙及道东祠奉安遭变后日志》,《李炳宪全集》上册,第307页。
⑤ 李炳宪:《北游日记》,《李炳宪全集》上册,第646~647页。
⑥ 参见《孔子를尊尚키為하야는敵의奴隸를甘作하는儒教中毒者李炳憲의行》,《獨立新聞》,1920年5月27日,第3版。李炳宪在上海被大韩民国临时政府扣押的始末,参见《北游日记》,《李炳宪全集》上册,第645~647页。

西法将孔子圣像放大而画之，金九、朴殷植、李始荣、赵琬九等还为培山儒会题词，殷殷送别李炳宪归国。李炳宪区分自己的"教会式儒教"与其他"乡校式儒教"，应该也有对大韩民国临时政府喊话，标榜自己是"新派"，以与保守或亲日的旧派儒林区隔的意味。

其次，到20世纪20年代，此次跨国儒教改革的主要实践都是民立圣庙、尊圣尊祖。李炳宪《海外书牍抄》全文转载北京孔教总会会刊《昌明孔教经世报》1922年8月第1卷第7号所刊陈焕章《劝导人民多立孔庙说》及其附录，并加入陈氏批注的元代刘因《高林重修孔子庙记》。中国就是榜样。事实上，发展到这样的行动路线，双方有各自不得不为的苦衷。

康有为、陈焕章虽说长期致力于普及儒教，但鼓励民众在家庭空间祀孔，并非他们兴办孔教会最初的着力点。① 中国孔教运动之初始方针，是走最有推动力的社会上层路线。"不依国主，则法事难立"，② 国教化运动试图将孔教写入宪法，就是共和立宪制度下"依国主"的根本方案。在组织形式上，孔教会模仿行政机关，从中央（孔教总会所在地先后是上海、曲阜、北京）到地方市乡依层级设立办事机构，进行自上而下的纵向管理。③ 在有组织的推动下，孔教会的支分会曾发展到近300个。④ 从参与人员来看，孔教会广泛结交军政要员和地方权贵，山西的兄弟机构宗圣会更得到地方首长阎锡山、赵戴文的扶植。

孔教会开展到民间去的下层路线，是上层路线受挫后的选择。由于国教化运动失败，康有为参与张勋复辟而舆论哗然，新文化运动掀起反孔批儒浪潮，以及新教育陆续推广等因素，孔教运动受到遏制。依靠权贵，也招引投机者混入会中，导致人事纷争和内耗。陈焕章感喟，晚近士大夫"全无心肝，更无信仰，浮华机变，习为固然"，"背叛孔教者有之，反攻孔教者亦

---

① 陈焕章1916年发表《孔宅诗序》，宣称自己1898年"在高要创昌教会，即设圣位于砚洲乡之陈氏祠"（《宗圣学报》第2卷第4册，1916年5月，第4页）。一则，将圣位设在家族祠堂与民立文庙有区别；再则，陈焕章这段回忆真伪难辨。
② 释道安语，参见释慧皎撰《高僧传》，汤用彤校注，中华书局，1992，第178页。
③ 《孔教会续定章程》（曲阜大会议决宣布），《孔教会杂志》第1卷第9号，1913年10月，第1页。
④ 参见张颂之《孔教会始末汇考》，《文史哲》2008年第1期。

有之"。① 1917年孔教大会决议，"定祀孔配天之礼，立昊天上帝神位、大成至圣先师孔子神位而并祀之，凡祠庙公所原奉别神者，皆可加立两神位而崇奉之，其在家庭，亦可与祖先同祀"；② 陈焕章已号召家庭祖、圣同祀了。康有为呼吁，"吾国民于所在地祀天及圣，以其神及祖先配之可也"。③ 1920年，康有为更明确"祀孔废拜跪，学校废读经"，儒教在公领域节节退守，故转入私领域，"若社会人心不死，私家祀圣能行拜跪，私塾犹能读经"，或"尚能补救于万一"。④ 彼时孔教会将"祀天祀圣祀祖以崇三本"列为教规之首。⑤ 1922年，康有为做出示范，在上海愚园路家中修筑了"三本堂"，奉安神明昊天上帝，至圣孔子，列祖妣、先考妣之神灵。

比较而言，在殖民地朝鲜，李炳宪虽屡次上书，但难以走政府上层路线推行儒教，⑥ 日本殖民者要推广的是崇信天皇的"国体论"与神道教。寺内正毅时代，民间的儒教活动也受到抑制。"三一"运动后，新任总督斋藤实改变了统治策略，推行文化政治，还付乡校财产，撤废共同墓地。统治环境稍微宽松后，民间的儒教活动拥有了一定空间。

再次，在具体的崇奉形式上，双方也有差异。康有为、陈焕章等号召民立文庙，推崇天、圣、祖三本同祀。中国孔教运动始终把"祀天"摆在首位。孔教论者以为，"敬天"乃世界各教"殊途而同归"、"惟一之大本大原"，"废天"就是废除孔教的根柢。⑦ 而李炳宪建培山书堂，其中文庙独尊

---

① 陈焕章：《劝导人民多立孔庙说》，《昌明孔教经世报》第1卷第7号，1922年8月，第20页。
② 陈焕章：《丁巳大成节第五届曲阜大会报告书》，《北京时报》1917年12月3日，第5版。
③ 康有为：《人民祭天及圣袝配以祖先说》，《不忍》第9、10册，1918年1月，第6页。《康有为全集》第10集收入该文时，谓其写作时间为1914年12月下旬，第200～202页。
④ 张伯桢：《南海康先生传》，《康有为全集》第12集，第499页。
⑤ "孔教教规"共五条："一曰祀天祀圣祀祖以崇三本；二曰念圣念经以敛五福；三曰致中致和以立一贯；四曰出货出力以行大同；五曰养名养魂以至极寿。"参见《宗圣学报》第3卷第1号（1920年12月）广告，又见《昌明孔教经世报》第1卷第7号（1922年8月）广告。
⑥ 李炳宪当然有孔教由上推行的愿望。其《对鲜根本政策专在儒教论》一文，将"政府注重儒教，黜宋元之派，演至宋时中之义"推为"上策"。但政府如能做到"下策"，即"引列强统治属领保存在来宗教之例，认儒为教"，使孔庙大祭、修理等经费，可在乡校财产中支用，他应该就较为满意了。参《儒教感想录》，《北游日记》，《李炳宪全集》上册，第650页。
⑦ 狄郁：《孔教平议下篇》、张尔田：《祀天非天子之私祭考》，《孔教会杂志》第1卷第5号（1913年6月），"论说"栏，第25、11页。

孔子，道东祠供奉先贤先祖，并未单设神明昊天上帝的位置，从建筑结构和崇奉对象上，跟康有为、陈焕章号召的"三本堂"有不小的差别。康有为、李炳宪理解儒教"天"的义理，细节上容或有些出入，① 但他们在大端处即拥有"对越在天"的宗教体验上，却并无不合。② 文庙是否单设神明昊天上帝的位置，这一崇奉形式的差异，主因不在儒教义理层面。与传统官立文庙相比，民立文庙整体上是创新的。双方的关键差异在于，是偏重于打破还是偏重于整合过往的习俗。

康有为、陈焕章号召于家庭中天、圣、祖三本同祀，这就打破了帝制社会天子才有的祭天特权，体现了共和国人人平等的诉求，"凡圆颅方趾之黔黎，莫不为天之子，非独乘黄屋、戴左纛、垂冕琉而被山龙者，然后为天

---

① 关于康有为、李炳宪的儒教思想与儒学义理中"天道""人道""神道"的关系，韩国学者李妍承在《韩国近代儒教宗教化运动的思想特色——以李炳宪的孔教运动为主》（韩国《国际中国学研究》第16辑，2013年）中提出，"他们没有提出'天道'，而只用'神道'和'人道'来说儒教，是被西方宗教的影响力所拘束的结果"（第266页）。这个判断值得商榷。首先，外在而高于人，且囊括政治哲学、伦理价值、宗教体验等意义的"天""天道""天命"等观念，在康有为那里代表儒教最为核心的价值。康有为《意大利游记》《废淫祀折》确曾用神道和人道来描述孔教与其他宗教之差别，称孔子乃"不假神道而能为教主者"，所以是"真文明世之教主"。李著据此得出了康有为只用"神道"和"人道"来说儒教的结论。但是，康有为一直都把"天道"置于"人道"之上，视"天道"为"人道"之最终根源和保证。比如《论中国宜用孔子纪年》（1910年）解释孔子"所以为文明之教主"，原因在于"孔子之道，大之弥于天地，小之始于夫妇，言天而不离人"（《康有为全集》第9集，第162页）。以"天道"论证"人道"，其实这是儒家天道观的主流倾向。而在李炳宪的儒教思想中，"天道"也并非不重要，唯其诠释"天道"的方式与程朱理学略有差别而已。李氏《儒教复原论》所附《天学》一文集中讨论"天"的学问。他肯定董仲舒对策所说"道之大原出于天"，认为在科学昌明的时代，从"据实探源"的角度，儒家的"天"学不及西哲，从"人神尽性"的感知、体验角度来理解"天"，儒家则远胜西学（《李炳宪全集》上册，第205页）。李炳宪倾向于将"天"内化到人的心灵体验之中，是对《中庸》"莫见乎隐，莫显乎微""君子慎其独"之类内在体验的继承，也接受了寒洲李震相"心即理"学说的影响（李妍承文讨论了李炳宪受李震相学说影响的情况，第264~265页）。李炳宪与康有为言"天学"的主要差别在于，康有为始终相信外在的、可以寄托人的感情或把个人立场不断相对化的"天"存在，而李炳宪则更倾向于将"天"内化为心灵体验。所以，李炳宪评价康有为"天游"境界时曾称，"海翁之天游，每以为他星界望吾地球，亦一天空之星球，故以是为天游。然吾所谓天游者，物累尽处即天界也"（《我历抄》1925年条，《李炳宪全集》下册，第618页）。

② 比如康有为在三本堂落成后撰写祭文，谓"恪共祭祀，上虔对越，上帝昭事，配圣与祖祢，以率其妇子，以永其福祚"，参见《三本堂落成奉安昊天上帝至圣先师祖先祭文》（1922年3月10日），《康有为全集》第11集，第182页。而1925年李炳宪曲阜祭孔，"默祷于昊天上帝、至圣先师之下"（《我历抄》1925年条，《李炳宪全集》下册，第618页）。

子"。① 李炳宪文庙和道东祠的设计，整合了朝鲜过往作为国家机关的"乡校"（文庙供奉孔子、先贤）与民间机关的"书院"（祠宇供奉先贤）两套祭祀制度，由此产生了一种"特别独特的形式"。② 李炳宪未单独列出神明昊天上帝的位置，一是与旧有习俗不符，再者在日本的帝国体制中，天皇才是万世一系的天子，其余皆属"皇民"，家族祭天与政治显然有"违和感"。依托家族力量修建文庙以祀孔，建设道东祠以供奉先祖，尊圣与尊祖勾连，则符合韩国的社会经济状况。韩国社会家门势力强大，家门祭圣，一则能解决儒教脱离国家祭祀系统后的资金来源问题。再则，家门可以通过勾连祖先与道统的关系，获得荣誉感、凝聚力乃至在地方的象征资本，这让他们有兴办文庙的动力。③

五　余论

李炳宪与康有为思想关系的第二个阶段，是他将新儒教纳入韩民族古代史的叙述脉络中，坚持"吾族当奉儒教"。"三一"运动之后，民族主义思潮席卷韩国思想界。④ 倡导独立运动的新一代民族主义者以儒为"非自国之教"，视之如仇雠。韩"儒教厄会"进入了第二期，即"青年辈打破儒教之时代"。⑤ 李炳宪《历史正义辨证录》（1921 年）、《历史教理错综谈》（1922 年）着力解决这一问题。他将教理与历史错综并轨，借助经今文学的

---

① 康有为：《人民祭天及圣祔配以祖先说》，《不忍》第 9、10 册，1918 年 1 月，第 1 页。
② 参见琴章泰（금장태）《儒教改革思想和李炳宪》（『유교개혁사상과이병헌』），第二章"李炳宪的儒教改革思想和孔教运动"，"培山书堂和孔教运动的体现"小节，第 127 ~ 132 页。
③ 值得参照的是李炳宪在地方的仇敌和竞争者安孝镇的活动。安孝镇乃高丽朝时期大儒安裕（1243 ~ 1306）的裔孙。他 1917 年前往曲阜，谒见衍圣公孔令贻，并"建道统祠于砚山，奉至圣像，配以朱子，而从祀以安子"（安孝镇：《华行日记》，林中基编《燕行录全集》第 99 册，首尔：东国大学校出版部，2001，第 582 页）。李炳宪与安孝镇有矛盾，但他们在私奉孔子、通过曲阜授权、建构先祖与孔圣的关联上，有异曲同工的地方。道统祠孔教支会的情况，参见李鍾洙（이종수）《1910 ~ 1920 年代韩人孔教运动研究》（博士论文，延世大学，2010），第 90 ~ 102 页。
④ Michael Edson Robinson, *Cultural Nationalism in Colonial Korea*, 1920 – 1925（Seattle: University of Washington Press, 2014）.
⑤ 李炳宪：《儒教感想录》，《北游日记》，《李炳宪全集》上册，第 647 页。

部分理论,对儒教发展的历史脉络做了全新论述:"原于包犧,备于虞舜,成于孔子,变窜于新而大经已乱,偏安于宋而微言已绝";儒教由普遍之教,衍变为韩国"自国产出之教""国粹所寓之教"。① 李炳宪在《吾族当奉儒教论》《儒教为宗教哲学集中论》等著作中,试图将儒教编织进韩国早期民族史。这些主张缺乏客观性,也欠缺说服力,李氏的主观意图是提高"亡国的民族矜持,并把民族精神与儒教结合",② 以期解决近代韩国儒学关于"民族性"认证的问题。③

李氏此阶段的成果夹杂在他1920年第三次以及1923年第四次中国行之间。1920年,康有为读《儒教复原论》,谓"书中之语,多为伪古文所乱"。④ 就是说,李氏儒教复原的观点虽受康氏影响,论证却缺乏经今文学的学理支撑。于是,康有为向李炳宪正式授学。《我历抄》载,1920年,"先生将《伪经考》《论语注》《春秋笔削大义微言考》《大同书》以赠"。至此,经今文学一脉由中国传入朝鲜半岛。李氏回国后,"专用心于今文经学及东方历史,务欲疏通于现时大势,颇事论著",于1922年完成了《历史教理错综谈》。1923年李炳宪第四次来中国拜见康有为时,师徒之间爆发了一场冲突,进而以笔谈展开笔战,李炳宪失望慨叹"言愈多而意愈隔"。⑤同样是经今文学,康、李的分歧,主要是在处理"教理"与"历史"的关系时,选择分而断之、错杂综之的不同方式。这也是一个可以继续展开的论题。

---

① 李炳宪:《吾族当奉儒教论》(1921年),《历史正义辨证录》,《李炳宪全集》上册,第368、369、370页。
② 琴章泰:《真庵李炳宪的孔子教思想及其所受康有为之影响》,台北《哲学年刊》1985年第3期,第322页。
③ 关于近代韩国儒学与民族性问题的探讨,可参见权相佑《从日本统治时期"民族性与儒学的关系"问题的研究成果看"韩国儒学"的整体特点——以高桥亨、申采浩、郑寅普的观点为中心》,《韩国学论文集》第21辑,2012年,第177~189页。关于20世纪韩国各派思潮的儒学话语,参见 John B. Duncan, "Uses of Confucianism in Modern Korea," in Benjamin A. Elman (eds.), *Rethinking Confucianism: Past and Present in China, Japan, Korea, and Vietnam* (Los Angeles: University of California, 2002), pp. 431 - 462。关于近代韩国的民族史观,参见王元周《韩国人的历史观与中韩关系》,《国际政治研究》2009年第4期,第138~155页。
④ 李炳宪:《北游日记》,《李炳宪全集》上册,第643页。
⑤ 以上分别见李炳宪《我历抄》1920、1922、1923年数条,《李炳宪全集》下册,第606~607、610页。

虽然20世纪20年代之后，在论述儒教为韩国魂的途径上，李炳宪对"名义"之"副线"的经营压倒了"主线"。但李炳宪终其一生坚信儒教具有普遍、最高价值，此"主线"是他信仰儒教并认为韩国应以儒教为本的根源。他临终时给孩子留言称，"他教皆由迷信的神秘宗教，至于儒教，非迷信真神妙的宗教"。① 康氏经今文学重新确立了儒教在面对西洋近代化时的普遍之道，这成为李炳宪建筑儒教民族化叙事的基础。从某种程度上讲，在民族国家的独立运动中，中国作为儒教发源地以及曾经的宗藩秩序中心，在思想上承担着坚守儒教普遍化价值、持续保持其开放性的义务。只有这样，儒教才不会因为在现代中国成为民族文化的象征而失去在儒教圈其他国家和地区被纳入民族化议程的可能性。这是梁启超在《南海康先生传》中表彰康有为有"世界的理想"时其洞见所在，又是他批评康有为缺乏"国家主义"② 时其盲点所在。

---

① 《我历抄》(1940年条)，此条由李氏后裔补叙，《李炳宪全集》下册，第623页。
② 梁启超：《南海康先生传》(1901年)，《饮冰室合集·文集之六》，第66页。

民国初年司法官群体的分流与重组

——兼论辛亥鼎革后的人事嬗变

李在全

一 引言

光绪三十二年（1906）清廷推行官制改革，仿照立宪国建制，改大理寺为大理院，作为最高司法审判机关。清末官制改革中诞生的大理院，可谓中国第一所具有现代意义的司法机构，人员多数调自法（刑）部，很多拥有较高学衔与功名，不乏进士、举人者，新式法政人员则很少。① 现代中国的"新式"司法官群体缘此产生。组建独立、专业化的司法官队伍是清末宪政改革的重要内容之一。② 至宣统元年（1909），京师、直隶、奉天等地新式司法机构相继设立，但此时司法官数量很少，多为原本存在于体制内的候补候选佐杂人员经速成"学习"改造而来的"熟谙新旧法律及于审判事理确有经验者"。宣统年间，司法官选任逐渐走上规范化的考选之路。在新政后期，法政教育勃兴，培养了大批法政人员。经宣统二年全国规模的司法官考试，大量法政毕业人员加入司法官队伍中，外在形塑且内在改造着清末司法官群体结构。及至宣统二、三年，在全

---

① 《大理院为本院奏请试署推事各缺期满各员补授事致民政部咨文》（光绪三十三年八月二十日），中国第一历史档案馆藏民政部档案，档案号：1509/6/002、006。该档案共开列27人，新式人员仅1人。
② 本文所言司法官，主要包括审判人员与检察人员，不包括书记官等司法辅助人员，因为研究关联，部分也涉及司法行政官员。

国范围内组合而成一千多人规模的新式司法官群体。无疑，这是一个中外新旧交杂的法律职业群体。①

宣统三年，经由辛亥革命、民国肇建、清帝逊位等一系列重大事件，中国从帝制走向共和，从帝国嬗变为民国。政权更迭之际，清末数年间形成的新式司法官群体何去何从，如何分流、重组？毋庸置疑，这是探究民初司法领域人事变动不可回避的问题；广而言之，这也是在解答革命引发的政权更迭后人事如何嬗变、权势如何转移的一个较佳视域。②

二 辛壬之交：逃散与维持

武昌起义后，京师震动，清廷官员纷纷离职，各部官员多为暂署或兼任。辛亥年（1911）九月，皇族内阁解散，袁世凯受命组建内阁。在袁阁中任法部大臣的沈家本在日记中记载：壬子年正月初五，"王炳青兼署法副"；七日，"王炳青兼署副大臣，又以终养辞，并乞开去少卿底缺"；九日，"许玑楼暂管法副，徐季龙理少，王书衡总检察，皆系暂行管理"；十一日，"玑楼又辞法副，请开缺修墓。季龙暂管法副，书衡兼理少"。③ 显而易见，辛壬变政之际，司法中枢已成"看守"性质。加之，法部原本即清廷中的非权力核心部门——清冷衙门，人员亦多不安心任事。对此，有报纸报道："北京旧部，除外、邮、陆军等部外，其余各部司员情状极为瑟缩"；④ 在各部所发津贴中，法部、大理院垫底，从"正月起即不名一钱"。⑤

京外状况有过之而无不及。如广东，该省高等审判厅厅丞史绪任（河

---

① 参见拙文《亲历清末官制改革：一位刑官的观察与因应》，《近代史研究》2014 年第 2 期；《制度变革与身份转型：清末新式司法官群体的组合、结构及问题》，《近代史研究》2015 年第 5 期。
② 关于这一问题的既有研究尚不多见，李超：《清末民初的审判独立研究——以法院设置与法官选任为中心》（法律出版社，2009）第四章"民国元年对法院、法官的改组"论述及此问题，但考察时间限于民国元年，未能通观民初数年的变化；拙文《民国初年的司法官制度变革与人员改组》（《福建师范大学学报》2008 年第 5 期），亦涉及此问题，但仅数千言，过于简略，尚存进一步申论之必要与可能。
③ 徐世虹主编《沈家本全集》第 7 卷，中国政法大学出版社，2010，第 856 页。
④ 《旧学部之窘况》，《申报》1912 年 4 月 4 日，第 2 版。
⑤ 《北京各部之现状》，《民立报》1912 年 4 月 28 日，第 7 版。

南人，原为清末大理院推事），辛亥革命后，卸职回籍；高等检察厅检察长文需（满洲人，原亦为大理院推事）也"弃官而逃"。① 广东司法司呈报："窃自光复以后，省地及商埠各级审判厅检察厅及旧提法使署官吏，半皆逃去。司法主权，几至无所系属。"② 宣统年间在河南法政学堂就读、后任民国司法官的马寿华，晚年忆述："武昌起义，各省响应。开封人心惶惶，客籍候补者纷纷回籍。"③ 由革命引起的无序、混乱也导致不少司法官去职。1912年3月《申报》刊载如此一事：江苏兴化县公民李绮园等以"审判厅各员开支公费过巨"为由，另举魏鼎新任审判长，禀请江苏都督核示；苏省都督斥其"荒谬"。④ 这说明，在混乱时局中，不少地方借"革命"之名，以种种理由让现职司法官员去职，另委他人。

1912年1月，南京临时政府成立，前清修律大臣伍廷芳出任临时政府司法总长，此可视为两个政权之间法制继承的象征。伍廷芳表示："窃自光复以来，前清政府之法规既失效力，中华民国之法律尚未颁行，而各省暂行规约，尤不一致。当此新旧递嬗之际，必有补救方法，始足以昭划一而示标准。"鉴于此，南京司法部拟将前清制定之民律草案、第一次刑律草案、刑事民事诉讼法、法院编制法、商律、破产律、违警律中，"除第一次刑律草案，关于帝室之罪全章及关于内乱罪之死刑，碍难适用外，余皆由民国政府声明继续有效，以为临时适用法律，俾司法者有所根据"。⑤ 由于南京政府的临时性质，伍氏无法对"大清律法"进行"革命"，只能稍做变通；政权更迭的"法制手术"，只能留待其后的北京政府了。需指出的是，南京临时政府颁布的《临时约法》，特别是其中第48～52条关于法院制度的规设，从根本大法层面规定了司法权在民国初期政权体系中的地位。此后北京政府的司法改组与相关改革无不受此影响。

1912年2月13日，接任临时大总统的袁世凯在北京布告内外文武衙

---

① 汪祖泽、莫擎天：《辛亥前后的广东司法》，中国人民政治协商会议广东省委员会文史资料研究委员会编《广东文史资料》第8辑，1963，第165～166页。
② 《广东司法司呈报办理及进行之种种》，《广东司法五日报》1912年第1期，公牍，第1～2页。
③ 马寿华：《服务司法界六十一年》，台北：马氏思上书屋，1987，第18页。
④ 《苏都督批斥玫评法官》，《申报》1912年3月25日，第6版。
⑤ 丁贤俊等编《伍廷芳集》下册，中华书局，1993，第510～511页。

署：政府事务不容一日间断，"在新官制未定以前，凡现有内外大小文武各项官署人员，均应照旧供职，毋旷厥官。所有各官署应行之公务，应司之职掌，以及公款公物，均应照常办理，切实保管，不容稍懈"。① 这是维持新旧政权过渡中的必要举措。关于新旧政权的法制继承问题，3月10日袁世凯宣布："现在民国法律未经议定颁布，所有从前施行之法律及新刑律，除与民国国体抵触各条应失效力外，余均暂行援用，以资遵守。"② 易言之，清朝法律总体上在民国依然暂时有效，这与前述伍廷芳所言一致。不过，此时伍氏已经去职，3月30日革命党方面的王宠惠被任命为北京临时政府司法总长；4月4日，清朝旧吏、此前暂署法部副大臣的徐谦被任命为司法次长。因王氏尚未抵京，部务暂由徐谦主持。

临时政府由南迁北，袁世凯由清廷内阁总理大臣变为民国临时大总统，很多清朝臣僚也自然变为民国官员。由清朝旧吏出任司法次长的徐谦，为表"革命"之意，更清晰地表明与前清旧政划清界限，想法与做法亦更趋新。早在徐谦被任命为司法次长之前，徐即拟将大理院、京师各级审检厅人员一律遣散，每处只留一人预备交代，为各部所未有之事。③ 被任命为司法次长后，徐氏提出用人方法：关于司法行政人员，将来属官新官制确定，缺额均选用中外法政专门毕业人员补充，而且留用法部的旧员，也要定期先行考试，以定去留；④ 关于司法审判人员，此前的司法官多有不堪任用者，拟俟总长王宠惠到京后再商定，将原有法官全部甄别，甄别方法分为三项：出洋留学法政有毕业文凭者、在本国法政法律学堂毕业而有裁判才智者、于新旧法律人情风俗均皆透彻而又于裁判上富有经验者，除此三项外，无论系何项出身，概不留用。⑤ 徐谦这种完全摒弃"旧人"的做法，在司法部引发风潮，徐谦认为必须先将法部旧员全部解散，另委欧美留学法政出身者，后徐氏接王宠惠函电，告以组织司法机关，所有人员新旧参用，但徐在司法部宣告"王总长来电，不委任旧员"，不料，此事被部中人员获悉披露，部员与

---

① 《全权组织临时共和政府袁布告内外大小文武官衙》，《临时公报》（北京）1912年2月27日，通告，无页码。
② 《临时大总统令》，《临时公报》（北京）1912年3月11日，命令。
③ 《北京近讯摘要》，《神州日报》1912年3月20日，第3版。
④ 《司法次长之政见》，《顺天时报》1912年4月9日，第7版。
⑤ 《司法人员大恐慌》，《民立报》1912年4月28日，第8版。

徐氏大起冲突。① 4月29日，旧法部全体司员向袁世凯呈请两事：其一，提出全体辞职；其二，要求补发欠薪。袁世凯当即交国务院调和此事。后国务院议定，王宠惠来京之前，旧司员不容令其辞职，至于欠薪，理当设法补发。袁世凯、唐绍仪"当即责成徐谦一力维持"，赶紧补发欠薪，平息事端。②

与徐谦相比，革命党人、留美法学博士王宠惠的做法显得较为稳健，他指示：各级审检厅不可轻易更动，暂留旧人，将来再行甄别。③ 5月1日，王宠惠抵京，开始主导交接、整理司法事务。王氏布告："自共和宣布以来，全国统一，在北在南凡经服务之人，均属尽力民国，本总长同深敬佩，毫无歧视。兹经本总长派员接收前法部事务，无论新旧各员，未经指派者，均暂缓进署，听候另行组织。"④ 早在1912年4月北京政府就颁布《法部通行京外司法衙门文》，公布新刑律删修各节，要求京外各司法机关遵照执行。⑤ 但法院改组、人员去留最为关键的法律——《法院编制法》尚未议定。5月，司法部致函负责起草修订法律的法制局：据3月10日大总统令，必须尽速修正《法院编制法》，因为"现在民国法院亟待组织，而法律之根据一日未定，即一日不能成立，于司法进行实多妨碍"，请法制局速备修正案，以便提议。⑥

就在立法机关尚未制定司法官任用资格、标准之时，5月18日，前清大理院人员向民国政府提请辞职，获总统批准，且令司法部重组大理院。司法部表示，重组必须从两方面着手。一方面，重组必须于法有据，"由本部将该院另行组织，惟法院编制必须根据法律，而前清时代之编制法，又与民国国体多有不合，自应先行修正，拟由本部速行预备修正案，提交参议院"。另一方面，选派素谙法律人员接收大理院，接收后大理院行政事务直接由司法部管理，"原有各推事检察官及其他职员等，暂不解散，俟编制法

---

① 《司法部冲突之种种》，《顺天时报》1912年4月27日，第7版。
② 《新旧各部近状记》，《申报》1912年5月5日，第2版；《法部补发欠薪》，《民立报》1912年5月5日，第3版。
③ 《京华政局丛谈》，《神州日报》1912年5月20日，第4版。
④ 《司法部令》，《政府公报》第8号，1912年5月8日，部令，无页码。
⑤ 《法部通行京外司法衙门文》《法部呈请删修新刑律与国体抵触各章条等并删除暂行章程文》，《临时公报》（北京）1912年4月3日，通行文件。
⑥ 《司法部致法制局公函》，《政府公报》第19号，1912年5月19日，公文。

修正案通过后，再行组织"。通过如此办理，"司法机关既无间断之虞，而该前院卿等亦不致久负责任。"① 同日，袁世凯任命许世英为大理院院长，6月14日，许氏到院视事。②

三 京师司法改组与资格确定：法政三年毕业且有经验者

辛壬之交，各地各自为政，司法官资格要求存较大差异，这要求中央政府（主要是司法部）予以规范，全国性的司法官任免资格被提上议事日程。1912年5月，司法部在答复广西方面的电文中，要求广西选任法官应暂时参照前清《法院编制法》办理，对擅自根据广西军政府法令改变法官任用规定的做法予以否定③。同月，司法部在回复广东、江西司法司函电中，准允他们"参照《法院编制法》及前法部法官考试章程，除与民国抵触各条及应考资格考试科目另行酌定外，余准援用，以资甄录"。④ 即司法官选任可援用前清之规定，但对江西自定法官考试条件的做法，即年满25岁以上普通人及现充法官者一律允许参加法官考试的做法，予以否定，并训示该省不要仓促举行考试。⑤ 言下之意，司法官选任依据前清《法院编制法》，但对于司法官考试则强调听候中央统一安排，地方不可自行其是。

问题是，司法系统内部的问题处理，受限于时局的变化。辛亥、壬子年之交，在接收清朝官衙与组建民国中央政府过程中，由于南北、新旧、财政等原因，暗潮涌动，冲突频发。⑥ 1912年6月，上台仅三个月的唐绍仪内阁结束，王宠惠于7月辞职，全国范围内司法改组的重任只能交付继任者。7月，前清旧吏、此前担任大理院院长的许世英，出任陆征祥内阁司法总长。许氏上任之初，首要任务就是处理因内阁纠纷而迁延多时的司

---

① 《呈请准大理院正卿刘若曾等辞职拟派员接收文》（1912年5月18日），《司法公报》第1年第1期，1912年10月15日，公牍，第6页。
② 《大理院院长许世英呈报到院视事日期文》，《政府公报》第53号，1912年6月22日，公文。
③ 《司法部复桂林司法司长电》，《政府公报》第17号，1912年5月17日，公电。
④ 《司法部令广东司法司长电》、《司法部令江西司法司长电》，《政府公报》第23号，1912年5月23日，公电。
⑤ 《司法部致江西司法司长电》，《政府公报》第17号，1912年5月17日，公电。
⑥ 桑兵：《接收清朝与组建民国》，《近代史研究》2014年第1、2期。

法改组问题，当务之急是改组大理院及京师各级审检厅。8月24日司法部呈请大总统任命姚震、汪懋芝、廉隅、胡诒穀、沈家彝、朱献文、林行规、高种、潘昌熙、张孝栘、徐维震、黄德章为大理院推事（姚、汪兼充庭长），任命罗文干、朱深、李杭文为总检察厅检察官（罗为检察长）。随即任命京师高等、地方、初级审检厅的推检人员，任命江庸为京师高等审判厅厅长，李祖虞、朱学曾、郁华、陈经、张式彝为推事；任命刘蕃为京师高等检察厅检察长，匡一、蒋棻为检察官；任命汪懋芝暂行署理京师地方审判厅厅长，刘豫瑶、张兰、张宗儒、潘恩培、赵丛懿、胡为楷、陈彭寿、徐焕、王克忠、李在瀛、李文燾、叶在均、林鼎章、冯毓德署京师地方审判厅推事；任命朱深暂行署理京师地方检察厅检察长，尹朝桢、蒋邦彦、龙骞、林尊鼎署京师地方检察厅检察官。① 26日司法部接续呈请任命京师第一、二、三、四初级审判检察厅推检12人。② 核查上述人员相关履历，均为新式法政人员，且多为留洋归国人员，故司法部称："大理院暨各级审判检察厅，业已改组，所有简任荐任各司法官暨办事员，均系法律或法政毕业人员。"③

在京师审检人员初步任命后，许世英说明此次改组的宗旨、任人标准、旧法官处置等问题，谓："法官资格，法定綦严，必须以法律毕业而富于经验者为合格，倘非法律专门，则所谓经验者，不过如从前资深之说，恐究非有本之学也。"对于当时存在的新人、旧员问题，许氏云："以为统一进行之预备，固非有舍旧从新之见，亦决无丝毫偏私之心。"他解释道，此前在大理院以下各级审检厅、未经法律毕业各员，实际上不乏"贤劳之选"，若都不录用，任其投闲散置，甚为不妥，于是他"将办事多年勤劳尤著之员酌量调部办事，并分派各厅充当书记官"，这样也难免有所遗漏，故司法部拟举行旧法官特别考试。许氏特别指出：举行旧法官特别考试是权宜办法，"盖专为此次解散各员而设，果其学识经验确有可凭，则将来考试合格，自

---

① 《临时大总统令》(1912年8月24日)，《司法公报》第1年第1期，1912年10月15日，命令，第5页。
② 《呈请荐任署理京师初级审判厅推事检察厅检察官文》(1912年8月26日)，《司法公报》第1年第1期，1912年10月15日，公牍，第12页。
③ 《令地方以上各级厅员呈验毕业证文》(1912年8月30日)，《司法公报》第1年第1期，1912年10月15日，公牍，第41页。

应分别部登用，以为过渡时代救济之方"。①

通过8月份的司法官任命，京师司法事务得以延续，但人员还是不足。1912年9月，司法部继续任命京师各级司法官；②对于已在审检厅任职但未获实缺的法政人员，司法部的办法是大部分仍留原厅继续任事。③同时，司法允准法政毕业学生可入厅实习，但由于职位不多，吸纳人员也有限。1912年9月，铨叙局迭次把北京法政专门毕业生曹寿麟等18人开单送司法部，司法部复函：司法机关"需材甚众，惟本部与京师各法院业已改组就绪，实无悬缺可以位置多人"，并劝各员另谋他职，"不必专候本部任用"。④民国元年京师法政学堂毕业生吴朋寿的求职经历，颇能详解这一问题。吴先找到铨叙局局长张国淦，在张的指引下，学生们请求教育部，将京师法律学堂、京师法政学堂之未就业者百余人材料咨送铨叙局，铨叙局再咨送中央各部。各部接到咨文，多置而不理，司法总长许世英则定期传见，许说："法院即将改组，非法律三年毕业，不合司法官资格，你们均是三年毕业，我一定要用，可稍候几日，不要远离。"十余日后，北京各法院改组已将就绪，仍无任用消息。学生们推举代表去见许氏，许说："我用人的标准是经验与学业并重，既有经验又有学业，我要先用，只有学业而无经验的，应俟有经验者尽行登用，而有缺额时，方能择用。你们亦不必在此久候，可以各谋生业。"在这种情况下，很多学生退而求其次，或请求在法院中练习实务，或谋其他出路。1913年，京外各级审判厅改组，很多学生回籍各谋出路，吴朋寿由同学推荐在河南高等审判厅充当法官。⑤

京师法院改组中的司法官任用标准是新式法政人员，这势必造成许多旧式司法官离职。对这一人事分流，许世英采取两种方法。第一种是"将办事多年勤劳尤著之员酌量调部办事，并分派各厅充当书记官"，

---

① 《批国务院交奉大总统发下京师各级审检厅呈请任命法官须学识与经验并重由》（1912年8月30日），《司法公报》第1年第1期，1912年10月15日，公牍，第48~49页。
② 《呈请任命补署总检察厅及京师高等以下各级厅法官文》（1912年9月25日），《司法公报》第1年第2期，1912年11月15日，公牍，第4~5页。
③ 《命令》，《司法公报》第1年第1期，1912年10月15日，命令，第9页。
④ 《命令》，《司法公报》第1年第2期，1912年11月15日，命令，第6页。
⑤ 吴朋寿：《京师法律学堂和京师法政学堂》，中国人民政治协商会议全国委员会文史资料委员会编《文史资料选辑》第142辑，中国文史出版社，2000，第171~172页。

1912年8月，未得到任命的前大理院推事、京师审检各厅推检14人调司法部办事，即由司法审判系统调任司法行政系统，但通过这一渠道安置的人员毕竟是少数（多半是依人脉关系）。对大量未能安置的旧式司法官，许世英的第二种解决之策是举行"旧法官特别考试"以定去留。这项工作，司法部确实在推进，旧法官特别考试法案已经提出于国务会议，议决后即送参议院表决，① 许氏本人对此也颇有信心。但问题恰恰出现在参议院表决中。在参议院由南京移往北京后，在"未议决各案一览表"中，与司法相关的《法院编制法案》《法院编制法施行法案》《司法官官等法案》《司法官官俸法案》《书记官官等法案》《书记官官俸法案》《旧法官特别考试法案》《司法官考试法案》《司法官考试法施行法案》等均因"审查未毕"而未能决议通过。② 这些草案未能完成立法程序而成为正式法律，严重影响了此后的司法改革。如此一来，那些原本仅是暂时援用的前清律法，在北京政府时期则被长期适用。这是许世英事先未曾预料到的。

京师司法经此番改组，人员变动甚巨。比对1911年夏与1913年初的两份大理院及京师各级审检人员名单，可见一斑。1911年大理院正缺推事29名（含正卿、少卿）中无一人在1913年的大理院留任，仅有1人（冯寿祺）在1913年的京师第二初审厅署推事。1911年的总检察厅正缺检察官7人（含厅丞）中也无一人留任，仅1人（陈延年）在1913年的京师第一初审厅署推事。1911年大理院额外司员61人中仅6人在京师审检机关留任：沈家彝（日本帝国大学毕业）、张孝栘（日本早稻田大学毕业）在1913年大理院中留任，江庸出任京师高审判厅长，陈兆煌调任京师高检厅检察官，李在瀛、王克忠在京师地审厅署推事。1911年的京师高等、地方、初级审检厅62人中，仅原地审厅的4人在1913年的京师各级厅中留任：龚福焘调任高审厅推事，张兰、张宗儒留任地审厅，赖毓灵调任京师第三初审厅署监

---

① 这些草案，如《法院编制法草案》《法院编制法草案施行法草案》《司法官官等法草案》《司法官官俸法草案》《书记官官等法草案》《旧法官特别考试法草案》《司法官考试法草案》《司法官考试法施行法草案》等，详见《政府公报》第363号，1913年5月11日，呈批。

② 《参议院未议决各案一览表》，《参议院议决案汇编》（乙部第5册），中国社会科学院近代史研究所图书馆藏。

督推事。① 人事变动之巨，不难想见。此后京师司法官职位绝大多数被新式法政人员占据，② 仅在政务性质岗位依然存有旧式人员（如许世英曾任大理院院长）。

四 京外司法改组与风潮

1912年、1913年之交，京外司法改组全面铺开。1913年1月，根据大总统令，③ 原先各省的司法司、提法司统一改称各省司法筹备处，长官统称处长，由司法总长经由国务总理呈请大总统简任，这是许世英开展全国司法改组的重要步骤。"筹备"二字意思甚明，即负责筹组各地审检机关。很快，各省司法筹备处处长人选确定，④ 京外司法改组随即展开。2月19日，许世英发布第五十二号部令，命令各省司法筹备处处长及高等审检两厅厅长"将已设而未完备之法院，迅即妥商改组，毋稍延误"；⑤ 次日，发布第五十三号部令，命令各省高等审检厅厅长将高等以下各厅厅员文凭成绩认证考验。⑥ 这两道命令成为京外司法改组的主要文件。具体办法是由各省司法筹备处处长、高等审检厅厅长负责将所属司法官的文凭证书及办事成绩"认真考验，出具切实考语"，汇报司法部，由司法总长核定后，分别呈请大总统任命，以符合《临时约法》第48条之规定。这自然导致许多不符上述资格要求的现任司法官（含前清法官）的激烈反应。

实际上，早在京师法院改组时，一些地方司法机关的"旧人"，已意识到按照如此标准改组将影响自己的出路与生计问题，故而出面理论或抗争。吴庆莪，浙江人，以刑幕人员资格参加清宣统二年（1910）法官考试，考

---

① 清华大学图书馆、科技史暨古文献研究所编《清代缙绅录集成》第93册，大象出版社，2008，第54~55、64~66页；《职员录》第1期，印铸局刊行，1913。
② 《职员录》第1期，印铸局刊行，1913；李超：《清末民初的审判独立研究：以法院设置与法官选任为中心》，第133~134、136页。
③ 《公布划一现行中央直辖特别行政官厅组织令》，刘路生、骆宝善主编《袁世凯全集》第21册，河南大学出版社，2013，第342~343页。
④ 《呈请简任各省司法筹备处长文》（1913年1月16日），《司法公报》第5号，1913年2月15日，公牍，第6~7页。
⑤ 《令各省司法筹备处长及高等两厅长迅速将已设未完备之法院妥商改组文》（1913年2月19日），《司法公报》第7号，1913年4月15日，公牍，第9页。
⑥ 《令各省高等两厅厅长将高等以下各厅员文凭成绩认证考验文》（1913年2月20日），《司法公报》第7号，1913年4月15日，公牍，第9~10页。

取最优等，并曾在绍兴法政学堂校外毕业，为清末安徽高等审判厅试署推事。① 吴氏对自己的法官资格被否定很不满，② 上告大总统，袁世凯批示："所陈不为无见，交司法部查核办理可也。"③ 总统批示之倾向很明显，因为袁氏自身即从前朝旧员转变而来。但司法部并未顺着总统的倾向性意见办理，其在随后批文指出："刑幕性质与学校不同，校外程度亦与校内有别。至援从前考取法官之资格，欲行留用或咨回本省任用，查现在《法院编制法》及《法官任用施行法》业经国务院提出参议院会议，一俟通过，即当颁布施行，是任用法官应以合于将来法定资格为准，且京师各法院改组已经月余，额满人溢，无从位置。"对吴氏请求以法官资格回原籍浙江任职的要求，司法部批示："浙江为该员等桑梓之邦，尽可自向该管各官厅呈请服务，本部亦未便咨送"；结果是，司法部对吴氏"所请留京分厅录用或咨回本省任用之处，均难照准"。④ 可见，司法部对这类人员基本采取自谋生路的态度。后来，吴庆莪等人多次向原籍所在地的浙江临时议会呈请变通法官资格，请求承认自己在前清考取的法官资格，浙江临时议会答复："民国光复，前清资格早已消灭，岂能以曾经考取法官为词，况历来刑幕以援例比附为能，安识法学精意。"⑤ 显见，在地方当局看来，前清法官资格已经失效了。不难推想，与吴庆莪情况类似的旧式司法官应不在少数，他们的结局，我们无法一一考究，但多半应该与吴氏相仿。

除个别理论外，团体抗争也不少。在京外司法改组过程中，东北地区反应尤其激烈。吉林各级审判厅公开电呈中央政府，要求转饬司法部取消法院改组命令，措辞强硬，指陈："新《法院编制法》尚未颁布，旧《编制法》尚然继续有效，且旧法官考试法已交院议，未得通过，遽行改组，是以命令变更法律。司法部为司法最高机关，首先违背约法，殊骇听闻，况元年九月

---

① 《审判检察各厅等缺职员衔各清单及考生统计册等》（考试法官题名录，宣统二年），中国第一历史档案馆藏，档案号：31677（第3号）。
② 《司法部部令》，《政府公报》第18号，1912年5月18日，命令。
③ 《批吴庆莪等陈请文》，刘路生、骆宝善主编《袁世凯全集》第20册，第31页。
④ 《司法部批吴庆莪等请留京分厅录用或咨回本省任用呈》，《政府公报》第176号，1912年10月24日，呈批。
⑤ 《临时议会咨复蒋都督废弃前清法官资格文》，《浙江公报》第119册，1912年6月10日，电牍、批示，第14页。

十四日司法部通函各省现充法官者,候特别考试后分别去取,载在公报,举国皆知。今竟朝令夕更,自相矛盾,风声所播,全国哗然。"故请中央政府饬令司法部"取消改组通令,另筹妥善办法,渐图进行,以维大局"。① 奉天的抗争不亚于吉林,并组成司法维持会,该会"以此次法院改组,司法部违背约法,除先后电知大总统、国务院外,近又公举代表梁君子章、曹君吉甫进京与司法部提起行政诉讼",梁、曹两代表于3月31日启程赴京。② 其他地方也纷起抗争,在全国范围内形成一股不小的风潮。

许世英虽已估计到改组可能带来的问题,但未预料到会如此严重,不过,他也不愿在改组、任人资格等原则问题上让步。3月,许世英发布命令,表示"南山可移,此案决不可改",重申法院改组法官任用"务照本部第53号训令办理"。③ 针对多地代表指责司法部的法官任用没有法律依据、剥夺法官职务之行为违反《临时约法》,许世英答复:"该代表等不能相谅,断断争论,以前清《法官考试任用暂行章程》第4条各款之资格为词。④ 试问国体变易,政局一新,前清机关无不改组,岂司法界之文职举贡独能继续有效?习大清律之刑幕亦得号称法学家乎?"至于抗争者援引《临时约法》第52条为据,许氏认为,该条款所指法官,"系对于入民国后曾经任命为法官而言,与前清任用之法官了无关系",许氏指斥:该代表等"自称法官,按照约法第48条之规定,究竟何时奉大总统及司法总长之任命?若未经约法第48条之任命,则其所谓法官者又岂能受约法上第52条之保障?"⑤

---

① 《吉林各级审判厅呈请中央政府转饬司法部取消法院改组命令文》,《中华民国新文牍汇编》(司法类),上海棋盘街中广益书局发行,1913,第6~7页。
② 《司法维持会代表晋京》,《盛京时报》1913年4月6日,第6版。
③ 《令各省司法筹备处/高等审检厅长法院改组法官任用务照本部第53号训令办理文》(1913年3月14日),《司法公报》第7号,1913年4月15日,公牍,第16~17页。
④ 宣统元年十二月二十八日,清政府颁布《法院编制法》,同时颁布相应的《法官考试任用暂行章程》,章程第4条规定,凡得应第一次考试者,除《法院编制法》第107条第一项(即凡在法政法律学堂三年以上,领有毕业文凭者,得应第一次考试)所定资格人员外,所有下列各项人员,准其暂行一体与试:(1)举人及副拔优贡以上出身者;(2)文职七品以上者;(3)旧历刑幕,确系品端学裕者。
⑤ 《国务院批第十八号(原具呈人奉天法官代表梁寿相等)》,《政府公报》第363号,1913年5月11日,呈批。《临时约法》第48条规定:法院以临时大总统及司法总长分别任命之法官组织之。法院之编制及法官之资格,以法律定之。第52条规定:法官在任中不得减俸或转职,非依法律受刑罚宣告,或应免职之惩戒处分,不得解职。惩戒条规,以法律定之。

1913年3月，司法部多次与奉天方面交涉，指示司法官任用资格相关问题。首先，司法部指出，此次改组于法有据。"民国成立，凡属官厅俱已改组，司法何能独异？且查从前《法院编制法》，法官资格，规定綦严，前清法官，多未依法任用，此次组织，正系遵照约法及元年三月十日大总统令援用旧法，切实办理"。① 其次，明确否定前清《法官考试任用暂行章程》之法律效力，"查《法院编制法》法官任用各条，均以法政法律三年以上毕业者为衡，（来）电所称旧法，即系指此。至前清适用之《法官考试任用暂行章程》，多属变通办法，与《编制法》第106条所谓另定之考试任用章程不同，且既曰暂行，即非永久之法，其中资格尤多与国体抵触，应失效力，不得藉口援用"。② 5月，国务院也批文，确认京外法院改组不能执行清朝《法官考试任用暂行章程》，不可引为保障。③ 最后，司法部采取适当的变通举措。例如：在职司法官若为法政速成人员，或法政教育年限不足三年者，如审检厅确实需员，司法部同意酌情留厅办事，"速成毕业充学习法官者，碍难认为合格。如果实在需员，得由该厅长酌令暂时留厅"。④ 这一变通办法也适用于吉林等省份。⑤ 事实上，法政教育年限不足者继续留厅办事为多数省份所援引，四川司法筹备处呈请把"现任法官之法政两年毕业而确有经验者"暂行留厅，司法部令准"由该长官酌令暂行留厅"。⑥ 奉天高等审检厅呈请把旧法官中法政教育年限不足者送入"奉省或该员本省法律或法政学校，按照原短年限，插班补习，以资深造。俟毕业后，尽先录用，以彰劳励"，司法部表示"所呈各节尚属实在情形，应如所请办法，以期深造，而资鼓励"，并咨请教育部批准这类人员插班

---

① 《致奉天高等审判厅转法官谢桐森等此次改组遵照约法办理电》（1913年3月1日），《司法公报》第8号，1913年5月15日，公牍，第32页。
② 《复奉天司法筹备处高等审判厅前清适用之法官考试任用章程应失效不得藉口援用电》（1913年3月5日），《司法公报》第8号，1913年5月15日，公牍，第33页。
③ 《国务院批奉天法官代表梁寿相等关于京外改组法院办法不能执行前清法官任用章程引为保障文》（1913年5月10日），《政府公报分类汇编》1915年第16期，第11~12页。
④ 《复奉天高等审判厅速成毕业生碍难认为合格电》（1913年3月1日），《司法公报》第8号，1913年5月15日，公牍，第32页。
⑤ 《复吉林司法筹备处高等审检厅如实在需员准予暂任一年以上毕业生充当法官电》（1913年3月6日），《司法公报》第8号，1913年5月15日，公牍，第33页。
⑥ 《复四川司法筹备处暂准留用两年毕业之法官电》（1913年5月20日），《司法公报》第10号，1913年7月15日，公牍，第52页。

补习。① 但是，若完全是旧式刑幕者，司法部再次明令不可担任司法官。1913年3月，湖南司法筹备处呈文司法部："湘省筹办法院，推检需员。查有李追、来盛烈二员，均系前清廪贡生，充当刑幕多年，拟委以相当推检，呈请察核立案。"司法部回复："查法官资格，《法院编制法》规定綦严，该员等既非法律毕业人员，自未便准以推检录用，所请立案之处，应毋庸议。"② 司法部意思很明确：司法官必须是受新式法政教育之人，若教育年限不足，尚可通融；若非法政人员，则无变通之可能。

奉天此后的司法人员任命，大体遵照司法部资格要求行事。从1913年3月底4月初奉天公布的全省新任推检人员简况来看，共105人，全部毕业于新式法政学校（毕业于日本者15人、国内者90人）；从修习年限来看，满三年者达92人，不满三年者仅13人，且特别声明："二年以下毕业各员，除外国学校毕业，曾充教习或法官者外，均系遵照部电，由厅暂行委署。"③

问题是，风潮既起，纷纷扰扰，不易迅速平息，况且社会舆情多半不站在许世英为首的司法部一方。《盛京时报》报道："自各级法院改组告成以后，新法官之笑史，亦几于书不胜书矣。"④ 两天后，该报直接以《审判厅愈改愈坏》为题，报道："奉天地方审判厅，当未改组之先，民刑案件虽不克讯断如神，然积案尚少。自改组以后，迄今一月有余，积案已至二百余起，并未闻判决若干。"⑤ 显见，舆论未必赞同许世英的法院改组办法。不过，最让许世英担心的是，一些手握实权的都督也不甚支持其司法改组方案。江苏都督程德全、直隶都督冯国璋等人质问司法政策取向，程德全呈文大总统，对民初司法制度提出严厉批评：所立法律不从社会风俗习惯中来，司法未能切实保护人民生命财产，不顾现实财政、人才状况，只求扩展审检

---

① 《致教育总长奉省旧法官中有于法政法律毕业年限所短不多者请准其插班补习函》（1913年3月29日），《司法公报》第8号，1913年5月15日，公牍，第46页。
② 《令湖南司法筹备处长据请将前清廪贡生李追来盛烈二员委以相当推检资格不合自未便准文》（1913年3月5日），《司法公报》第7号，1913年4月15日，公牍，第23页。
③ 《奉天各级法院新任法官表》，《盛京时报》1913年3月27、28日，4月2、4、5、6日，均为第2版。
④ 《论法官贪赃枉法案之披露》，《盛京时报》1913年4月18日，第1版。
⑤ 《审判厅愈改愈坏》，《盛京时报》1913年4月20日，第6版。

厅数量,"此设一厅,彼组一庭,俨然自号于众曰:司法独立、司法独立"。① 直隶都督冯国璋也咨问司法部,要求变通改组办法,对此,许世英只能不断解释"内中曲折情形",争取对方理解。②

在京外司法改组过程中,许世英也着手筹划县级司法改革。1913年2月,司法部公布《各县帮审员办事暂行章程》,规定帮审员由以下人员充任:考试合格者、曾充或学习推事检察官一年以上者,若具上述资格之一者,由县知事呈由司法筹备处委任,但仍需报告于司法总长。③ 3月初,司法部公布《各县地方帮审员考试暂行章程》;④ 3月底,命令各省司法筹备处长迅速委派各县地方帮审员。⑤ 为此,很多地方举行了帮审员考试。⑥ 若严格按法规行事,合符规定者不多,故有些许变通之举。1913年4月,直隶司法筹备处请示司法部:直隶临时法官养成所一年半之毕业人员,"可否与法政法律一年半以上毕业者同论,准予免考,得为帮审员";司法部回复:"该所既系年半毕业,其课程科目,亦尚完备,核与帮审员考试章程第六条第一款资格相符,应准由该处长认真询考,酌量委派。"⑦

许世英,并非新式法政人员,乃旧式科举出身,历充前清刑曹,但其在任上之所为颇呈"革命"、趋新色彩。客观地说,在民国初年的司法总长之列,许氏属有所作为者。但是,民初时局变幻莫测,使许氏不安其位。1913年3月,宋教仁案发生,举国震惊,各方势力围绕宋案之争执迭起,身为司法总长,许世英曾因解决宋案之纷争而提出辞职,在许氏看来,自身"反

---

① 《江苏都督程呈请大总统饬部核议变通江苏司法制度文》,《中华民国新文牍汇编》(司法类),第5~6页。
② 《复直隶冯都督请维持司法改组变通办法函》(1913年3月15日),《司法公报》第7号,1913年4月15日,公牍,第45页。
③ 《各县帮审员办事暂行章程》(1913年2月28日),《司法公报》第7号,1913年4月15日,法规,第7~8页。
④ 《各县地方帮审员考试暂行章程》(1913年3月3日),《司法公报》第7号,1913年4月15日,法规,第8~10页。
⑤ 《令各省司法筹备处长委派各县地方帮审员文》(1913年3月22日),《司法公报》第8号,1913年5月15日,公牍,第12~13页。
⑥ 《定期考试帮审员》,《盛京时报》1913年4月19日,第6版。
⑦ 《令直隶司法筹备处直隶临时法官养成所年半毕业人员准由处长酌量委派帮审员文》(1913年4月2日),《司法公报》第8号,1913年5月15日,公牍,第24页。

因遵守法律之行为，而受范围以外之责任"，① 但未获准。此时，革命党人与袁世凯北洋派矛盾日剧，"二次革命"已是山雨欲来风满楼。随着赵秉钧（后为段祺瑞代理）内阁结束，1913年7月，许世英再次呈请辞职，② 9月初正式去职。他在《留别京外司法界人员辞》中，自认于己任上"司法事业得以日臻统一，逐渐改良"，③ 看似自满，实则承认诸多遗憾。毋庸置疑，在年余的司法总长任上，不论得失成败，许世英在中国近代法制变革史上留下了自己的印迹。

五 司法官甄拔："以消极的紧缩主义行积极的改进精神"

1913年7月"二次革命"爆发，月底熊希龄出任国务总理，组成进步党人为主的"名流内阁"。在各方角力与"谅解"中，9月初梁启超出任司法总长。由于梁氏此前并无法政教育背景，亦无司法履历，故其出任司法总长，多少有些出人意料。于此，梁氏确实也遇到一些麻烦，梁致康有为函中言："弟子初入司法部，部员即群起谋相窘，以向来未尝服官之人，公事一切不谙，部员稍恶作剧即可以令长官闹大笑话，全国哗然。"不过，梁氏似已预料到此问题，故在荐选次长人选时颇为慎重，最终选定江庸。在同函中，梁言其"力挽江君，江亦感激。知己肯出而相助，今乃大得其力"；"幸吾所荐次长，久于法曹，而道德极高。吾乃得坐啸画诺而专注精神于国务，而部中政令亦翕然无间"。④ 这说明，梁启超司法时期，部中事务多由江庸处理（既存研究似未认识此点）。这是由于梁本人对司法事务不甚了解，反向言之，梁氏因之得以超越具体部务，能将更多精力关注于更高、更广的国务问题（梁之抱负非仅限于司法领域），这自然包括涉及全局的司法建制问题。

---

① 《本部许总长呈请辞职文》（1913年4月25日），《司法公报》第10号，1913年7月15日，公牍，第3页。
② 《本部许总长呈请辞职文》（1913年7月17日），《司法公报》第12号，1913年9月15日，公牍，第1页。
③ 《前司法总长许世英留别京外司法界人员辞》，《政府公报》第494号，1913年9月19日，通告。
④ 丁文江、赵丰田编《梁启超年谱长编》，上海人民出版社，2008，第440~441页。

在熊希龄内阁《政府大政方针宣言书》（实由梁启超主稿）中，初步表达了梁氏对当时司法制度的观感与对策。梁氏首先承认"立宪国必以司法独立为第一要件"，问题是"我国之行此制，亦既经年，乃颂声不闻，而怨吁纷起，推原其故，第一由于法规之不适，第二由于法官之乏才。坐此二病，故人民不感司法独立之利，而对于从前陋制，或反觉彼善于此"。在梁氏看来，解决之道是：一方面，"宜参酌法理与习惯，制度最适于吾国之法律，使法庭有所遵据"；另一方面，"严定法官考试、甄别、惩戒诸法，以杜滥竽，而肃官纪"。至于当前司法行政方针，梁氏表示："拟将已成立之法厅改良整顿，树之风声，其筹备未完诸地方，则审检职务，暂责成行政官署兼摄，辟员佐理。模范既立，乃图恢张，以消极的紧缩主义行积极的改进精神。"① 不难推测，早在出任司法总长之前，梁氏对司法现状已观察多时，并有自己的思考。故《申报》报道："任公于司法界之黑暗，久不满意，此次入阁，即抱定改良宗旨，拟以积极的方法创建一法治国模范。"改良分为两层：对内，除积弊选贤才，更定监狱制度，最终完成司法独立；对外，改良领事裁判制度，收回法权。②

1913年9月17日，司法部呈请大总统裁撤各省司法筹备处。③ 23日，袁世凯命令："所有各省司法筹备处应即一律裁撤。"④ 各省司法筹备处裁撤后，该处应办事宜改归该省高等审检厅各自办理或会同办理，并规定了具体划分办法。⑤ 如前文所述，各省设立司法筹备处，职掌司法行政，推进法院筹备事务，本是许世英任内推行司法建设的重要举措，如今被废止，表明梁启超对许世英司法举措之反拨。此外，在许世英任上已筹划多时的派遣司法官员出洋修习考察事宜，也被梁氏叫停，梁认为"固不宜以惜费而蔽塞聪明，亦岂容以糜费而涂饰耳目"，"所有已派未派各员，统由部详细调查，

---

① 梁启超：《政府大政方针宣言书》，《饮冰室合集·文集之二十九》，中华书局，1989，第121~122页。
② 《梁总长政见》，《申报》1913年9月27日，第3版。
③ 《呈请裁撤各省司法筹备处文》（1913年9月17日），《司法公报》第2年第2号，1913年11月15日，公牍，第1~2页。
④ 《大总统令》（1913年9月23日），《司法公报》第2年第1号，1913年10月15日，命令，第1页。
⑤ 《令各省高等审检厅筹备处裁后应办理事宜应改归各该审检厅分别办理文》（1913年10月4日），《司法公报》第2年第2号，1913年11月15日，公牍，第8~10页。

妥筹办法，以资收束",① 为此，司法部致函外交部，说明撤回理由。② 所有这些举动，均说明梁启超、江庸出掌司法行政权后，实行"以消极的紧缩主义行积极的改进精神"。

如果说，许世英司法时期之特征是扩展的话，那么梁启超司法时期则是收束。个中缘由，颇为复杂，这既与梁启超对当时法律与司法问题的判断有关，"我国司法因上年进行太速，致生无限之阻力，近来各省几致全然办不动"；③ 也由于"二次革命"爆发后，北京政府军事行动频繁，财政紧张，实行减政主义，并获得不少国人之赞同。④ 时任铨叙局局长的许宝蘅在日记中写道："闻院议裁并部局各署，铨局亦将裁并，现在冗官实过于清末，裁汰归并正是紧要政策。"⑤ 冗员太多，财政吃紧，自然要简政裁员。落实到司法系统，裁并审检厅便应运而出，"当此国库如洗，司法一事，机关固极当尊重，而冗滥则在所必裁"。⑥ 从司法部与各地机关往返函件中，⑦ 也可窥见此时司法经费确实异常紧张。

具体到司法官问题，梁启超指陈：现在司法"良绩未著，谤议滋多，天下摇摇，转怀疑惧"；综言弊端有数条，其一便是司法官问题，"朝出学校，暮为法官，学理既未深明，经验尤非宏富，故论事多无常识，判决每缺公平，则登庸太滥之所致也"。⑧ 在此前后，袁世凯也意识到司法领域的严重问题，他在国务会议上特别谈论及此，认为最明显的问题就是"司法官

---

① 《呈请派往各国修习员另筹办法文》（1913年9月22日），《司法公报》第2年第2号，1913年11月15日，公牍，第3~4页。
② 《致外交部开送撤回派赴各国修习员名单希转达各公使查照函》（1913年10月15日），《司法公报》第2年第2号，1913年11月15日，公牍，第28~29页。
③ 丁文江、赵丰田编《梁启超年谱长编》，第443页。
④ 杜亚泉：《再论减政主义》（1913），周月峰编《中国近代思想家文库·杜亚泉卷》，中国人民大学出版社，2014，第119~122页。
⑤ 许恪儒整理《许宝蘅日记》第2册，1913年6月30日，中华书局，2010，第445页。
⑥ 《致福州高等审检厅裁并各厅所已电饬刘民政长电》（1913年9月25日），《司法公报》第2年第2号，1913年11月15日，公牍，第25页。
⑦ 《致福州民政长高等审检两厅积欠薪俸希拨款维持电》（1913年10月28日），《司法公报》第2年第3号，1913年12月15日，公牍，第28页；《复杭州高等厅长勉为其难所请辞职碍难照准电》（1913年10月31日）、《复杭州高审厅长不准辞职余三十一日部电办理文》（1913年11月5日），《司法公报》第2年第3号，1913年12月15日，公牍，第29页。
⑧ 《呈大总统详论司法急宜独立文》，《司法公报》第2年第4号，1914年1月15日，公牍，第1页。

办事迁延，而审决案情又不能切合事理"。在袁氏看来，当前中国存在三大弊害，其一即"各级审判厅之流弊，司法官不得其人，往往滥用法律以殃民，且经费浩大，民间更加一层负担"。① 问题如此严重，势必要解决。1913年12月，据梁启超条陈，袁世凯下令整顿司法，称司法独立之大义，始终必当坚持；法曹现在之弊端，尤顷刻不容坐视，"今京外法官，其富有学养，忠勤举职者，固不乏人，而昏庸尸位，操守难信者，亦在所多有，往往显拂舆情，玩视民瘼……岂国家厉行司法独立之本意哉"，斥陈司法问题症结所在："新旧法律，修订未完，或法规与礼俗相戾，反奖奸邪，或程序与事实不调，徒增苛扰"；"法官之养成者既乏，其择用之也又不精"；"政费支绌，养廉不周，下驷滥竽，贪墨踵起"。② 简言之，即法律、人才、财政问题所致。不难看出，袁世凯此令暗含对许世英时期司法官任用"择人不精"的批评，亦表明对梁氏推行司法官甄拔措施之支持。

司法官甄拔，意即审查辨别现任司法官，选拔才优胜任者。③ 1913年11月，司法部公布《甄拔司法人员准则》，声明："法院改组以来，任用司法官仅就法院编制法施行法草案所定任用司法官各项资格为暂行任用标准。惟资格与人才究属二事，具有法官之资格者，未必即胜任法官之任，若长此因循，漫无考验，当滋群流竞进之时，实无以辨真才，以重法权而厌民望。"为此，司法部制定此准则，"藉为救济方法，意在拔用合格而能胜任之人才，以谋司法事业之进步"。④ 据该准则，受甄拔人员以下列资格者为限：（1）在外国大学或专门学校修习法律或法政之学三年以上，得有毕业文凭者；（2）在国立或经司法总长、教育总长认可之公立大学或专门学校修习法律之学三年以上，得有毕业文凭者；（3）在国立或经司法总长、教育总长认可之公立、私立大学或专门学校充司法官考试法内主要科目之教授

---

① 《在国务会议上谈司法之政见》、《对某政治家谈当前中国三大弊害》，刘路生、骆宝善主编《袁世凯全集》第24册，第163、556页。
② 《令整顿司法事宜》（1913年12月28日），《东方杂志》第10卷第8号，1914年2月1日，中国大事记，第15~16页。
③ 其实，许世英亦有推行司法官甄别之意，但未及实行。《复国务总理拟具答复蒙议员经质问书函》（1913年7月25日），《司法公报》第12号，1913年9月15日，公牍，第31~32页。
④ 《制定甄拔司法人员准则布告》（1913年11月18日），《司法公报》第2年第3号，1913年12月15日，公牍，第25页。

三年以上者；（4）在外国专门学校学习速成法政一年半以上，得有毕业文凭，并充推事、检察官，或在国立私立大学、专门学校充司法官考试法内主要科目之教授一年以上者。甄拔活动由设置于司法部内的甄拔司法人员会（由司法界高层级、资深人士组成）执行，内容与方法是：（1）就学校讲义考试答案及考列等次，考察其学业之程度并逐年及卒业时之成绩；（2）就卒业后之经历及其主办事务之内容，考察最近之学况并事务上之成绩及能力，但入学前经历有足备考者，并应调查之；（3）就向来之言行状况，考察品学性格才能及体质能否为司法官，并宜充何种职务之司法官；（4）举行甄拔考验，以测知学问之程度并运用能力为宗旨。甄拔合格者由司法总长指派审检机关实习，且由司法总长依现行任用司法官之标准，随时呈请任官。①

不难看出，与许世英时期看重资格（是否法政毕业）不同，此次甄拔除了资格外，还看重能力与品质，意在拔用"合格而能胜任之人才"。客观地说，在人员选入标准上，确有进步。不过，甄拔规则也存有问题，如把私立法政学校毕业生、公立法政学校别科生排除在外，自然引起这部分人员的反对。②

1914年1月23日，司法人员甄拔考验在北京象坊桥众议院举行。但在此次甄拔结果公布之前，由于熊希龄内阁结束，梁启超随之去职，继任者为章宗祥。梁氏任内很多举措延及章宗祥任上施行（有些未施行）。1914年3月，司法部公布甄拔合格人员名单，共计171人，其中笔述合格者134人，口述合格者32人，补考合格者5人。③ 随后，合格者被分发各地实习。④ 在《申报》看来，此次司法官甄拔，参考者一千多人，经层层筛选，最后被录取者仅为少数，系采"极端的严格主义"；并认为，录取人数之少与梁启超司法计划案有密切关系，因为此计划拟把各省审检厅分别归并停办，机关少了，人员自然无须过多。⑤

---

① 《甄拔司法人员准则》（1913年11月8日），《司法公报》第2年第3号，1913年12月15日，法规，第7~9页。
② 《批神州大学代表张家森呈请甄拔司法人员各节由》（1913年11月21日），《司法公报》第2年第4号，1914年1月15日，公牍，第44~45页。
③ 《司法部甄拔人员会致司法部报告受验员成绩函》（1914年3月），《政府公报》第661号，1914年3月11日，公文。
④ 《分发甄拔合格人员一览》，《司法公报》第2年第8号，1914年5月31日，杂录，第19~20页。
⑤ 《法官甄试后之司法思潮》，《申报》1914年3月13日，第6版。

梁启超卸任时呈报大总统的《司法计划十端留备采择文》,① 成为章宗祥任上必须面对的问题。袁世凯将此案交由政治会议讨论，政治会议对梁之司法条陈"大体表示赞同，惟其中窒碍难行之点亦不少";② 议长李经羲总体上也赞成梁之办法。③ 此时担任约法会议议员的许世英"以向与梁任公反对，故将其司法条陈根本驳斥"。④ 不过，从此后实际情况来看，梁启超很多建议被采纳，如梁氏等人倡导的司法官回避制度，于1914年2月推行，很多省份司法官重新任命。⑤ 司法部颁布《司法官考绩规则》，加强并规范对各级司法官业务考核，规定：各衙门长官就所属司法官的品行、履历、学历、执务、交际、健康、性格、才能、志愿及其他参考事项，随时调查编制报告书，于每年六月、十二月，经由上级长官添附意见后，呈报司法总长。⑥ 裁并初级审检厅，实行县知事兼理司法制度，司法部于1914年初颁布《县知事兼理司法事务暂行条例》，规定凡未设法院各县的司法事务委任县知事处理，但县知事审理案件由承审员助理,⑦ 配套的《县知事审理诉讼暂行章程》也随即公布。⑧ 1914年各地纷纷裁并审检厅，以京师为例，1914年5月京师初级审检厅裁撤，事务归并地方厅办理，相关人员大部分调入地方厅，小部分人员开缺候任。⑨ 因裁并、回避本籍等而免官者，司法部表示：考核在案，遇有缺位随时任用。⑩ 裁并审检厅与实行县知事兼理司法对此后的中国司法影响久远。

---

① 《梁前司法总长呈大总统司法计划十端留备采择文》(1914年4月27日)，《司法公报》第2年第8号，1914年5月31日，杂录，第1~4页。
② 《司法机关将来》，《申报》1914年3月13日，第6版。
③ 《李议长与章总长论司法书》，《申报》1914年3月16日，第6版。
④ 《专电》，《申报》1914年3月28日，第2版。
⑤ 《呈大总统谨将应行回避之河南等省高等厅长官互相调用人员开单请鉴核施行文》，《司法公报》第2年第6号，1914年3月30日，公牍，第3~4页。
⑥ 《司法官考绩规则》，《司法公报》第2年第6号，1914年3月30日，法规，第1~4页。
⑦ 《县知事兼理司法事务暂行条例》，《司法公报》第2年第7号，1914年4月30日，法规，第2~4页。承审员由县知事从以下人选中呈请高等审判厅长审定任用：在高等审判厅所管区域内之候补或学习司法官、在民政长所管区域之候补县知事、曾充推事或检察官半年以上者、经承审员考试合格者。
⑧ 《县知事审理诉讼暂行章程》，《司法公报》第2年第7号，1914年4月30日，法规，第4~17页。
⑨ 《大总统令》，《司法公报》第2年第9号，1914年8月30日，令饬，第5~6页。
⑩ 《通告此次司法改组被裁人员毋得率行陈请文》(1914年7月21日)，《司法公报》第2年第11号，1914年8月30日，公牍，第16页。

1914年6月，司法部颁布新订的《甄拔司法人员规则》，1913年11月颁布的《甄拔司法人员准则》即行废止，并声明"本规则自公布之日实行至司法官考试实施之日废止"。① 1915年6月，在清末《法院编制法》基础上，北京政府公布新的《法院编制法》，明确规定各级推检人员必须经过司法官两次考试合格才能任用。9月袁世凯颁布《司法官考试令》和《关于司法官考试令第三条甄录规则》，对司法官考试的科目、内容、程序做出具体规定。从整个北京政府时期的司法官考录情况来看，均采"严格主义"，群体规模不大，有司法人员后来忆述：北京政府司法官录用非常严格，"宁缺毋滥"，虽然举行若干次考试，录取一些司法官，但"人数究属过少……各司法机构有缺无人的情况，所在皆是，尤以边远地方为甚"。②

六 结语：政权更迭与人事嬗变

1912年上半年，无论是伍廷芳，还是王宠惠，由于任职时间甚短，无法进行司法改组，重任交给了许世英。在许氏任上，法院改组、司法官重新选任在全国各地铺开。此次改组依据《临时约法》，尤其是第48条，"法院以临时大总统及司法总长分别任命之法官组织之"。司法官任用标准是援用清宣统元年颁布的《法院编制法》，③ 该法第106条规定："推事及检察官，应照法官考试任用章程，经两次考试合格者，始准任用。"第107条规定："凡在法政法律学堂三年以上，领有毕业文凭者，得应第一次考试；④ 其在京师法科大学毕业及在外国法政大学或法政专门学堂毕业，经学部考试给予

---

① 《甄拔司法人员规则》（1914年6月2日），《司法公报》第2年第10号，1914年7月31日，法规，第5~9页。
② 任玉田：《民国的法律、法院与司法人员》，中国人民政治协商会议陕西省汉中市委员会文史资料研究委员会编《汉中市文史资料》第3辑，1985，第15~16页。
③ 《宪政编查馆奏核订法院编制法并另拟各项章程折》《法官考试任用暂行章程》，《政治官报》第826号，宣统二年正月九日，奏折，第3~24页。
④ 此项规定效法日本，日本《登用判事、检事之试验规则》[明治24年（1891）司法省令]规定：审判官、检察官与考者，须为"在官立学校或司法大臣所指定之公立、私立学校修法律学三年而领有卒业证书者"。南洋公学译书院初译、商务印书馆编译所补译校订《新译日本法规大全（点校本）》第3卷下册，孟祥沛点校，商务印书馆，2008，第656页。

进士举人出身者，以经第一次考试合格论。"其实，第 107 条第 1 项（第 2 项因国体变更而失效）所列只是司法官考试的应考资格，而非出任司法官的充分条件，但在许世英主持的司法改组中资格变为条件，虽然许氏也强调司法经验之重要，但毕竟笼统、模糊，事实上，很多仅具有法政文凭者即可担任司法官。民国元年（1912），二十岁的马寿华因为拥有法政三年毕业文凭，出任河南开封检察官，马氏晚年忆述："余凭法政学堂毕业成绩，政府认为有法官资格，初任开封地方检察厅检察官。"马本人亦承认："余于听讼并无经验。"①

司法本是一种特别讲求实践经验的职业，可以想见，刚走出校门的法政青年掌管司法事务，问题自是不少。民国元年初由湖北内务部委任黄安县书记官的朱峙三，本职为辅助县知事行政兼理司法事务，及至六月，依照司法规划，各县筹备司法独立，湖北黄安设立初级审检厅，司法人员也陆续到任，在与这些新到司法人员业务交接及交流中，朱氏发现："来者均初出茅庐，问之司法事，均不内行，皆欲请余帮忙指示，非谦词亦实情也"；数日后，朱氏观察到，这些人员"无甚能力判案"，导致当地士绅"大说坏话"；月余后，朱氏又深感"（审检）两厅主官均不识时势之人，法政毕业初次做官，社会人情不懂，遑问将来断狱"。② 显而易见，将司法事务委托这些无经验的法政毕业青年，问题丛生，甚是不妥。与此同时，那些审案经验丰富的老法官却只能离职。清末任大理院推事、辛亥革命前任广东高等审判厅厅丞的史绪任，审案严谨，经验丰富，民国建立后离职了，时任该厅刑事庭长的法政青年汪祖泽，在数十年后依然惦念着这位前清老法官，说："（史氏）遇有重大案件，必定先将全案卷宗审阅，如发现有重要罪证或其他疑问时，又必加以标记，俾承办者知所注意，当承办人制成判决书送其批阅时，更反复详加推勘，其有不中肯者，则向承办人详细说明，使之自行更正，其处事精神，与后任的司法长官只知画阅签章者相较，迥然不同。"③ 感怀之念，跃然纸上。

---

① 马寿华：《服务司法界六十一年》，第 21 页。
② 朱峙三：《朱峙三日记》第 2 册，1912 年 6 月 26 日、6 月 30 日、8 月 25 日，国家图书馆出版社，2011，第 459、460、476 页。
③ 汪祖泽、莫擎天：《辛亥前后的广东司法》，《广东文史资料》第 8 辑，第 165 页。

正是意识到司法人事变动中这一问题，梁启超等人指出："自去岁法院改组以来，专以学校文凭为资格标准，然其成效，亦既可睹矣。徒使久谙折狱之老吏，或以学历不备而见摒，而绝无经验之青年，反以学历及格而滥竽，法曹誉望之堕，半皆由是。"① 1915年袁世凯也承认："当时折狱老吏，引避不遑，推检各官，多用粗习法政之少年，类皆文义未通，民情未悉，才苦不足，贪则有余，枉法受赃，挤虐无忌"，积压办案，更是京外司法官的通病，"藉口于手续未完，证据未备，名为慎重，实则因循，疲精力于嬉游，任案牍之填委"。② 多年后，曾任北洋政府大理院院长、司法总长的董康对此也批评曰："法官概用青年，阅世未深，无可讳言"，并指出民初司法问题的原因是"由于法律繁重者半，由于能力薄弱者亦半"。③ 梁启超等推行司法官甄拔工作，主旨就是解决这一问题。

1915年4月，梁氏继任者章宗祥回顾民初司法官选任办法演变时，云："法院改组之初，需员既殷，取才尤隘，毕业资格，束缚甚严，往往有朝出学校暮入仕途者"，司法部正是考虑到这些人员"学识之疏"，故举行司法官甄拔考试，"入选而后先予分发实习，择其优者乃授以事"。除此之外，对于那些未经甄拔而曾任法官者，"必实有成绩者，方许酌量任用，犹虑其经验之浅也"，于是，司法部有"用人方法暨详荐厅员办法之通饬，用人办法大致责以举贤，详荐办法大致重在成绩"，具体办法是"每用一人先派试署六月，而成绩可观者始予以荐署，满一年而成绩可观者始予以荐补"；司法部还考虑到各地详荐未必可信，于是"又有调核办案之通饬，大致荐任以前必先考察，考察之道不尚虚文，必以调阅办案文件为之进退"。司法部坦言："谆谆文告，不惮烦劳，行之数月必试可而后登荐，否则宁缺毋滥。"④ 为解决司法官问题，司法部可谓颇费苦心，从实际运作状况而言，也基本做到"宁缺毋滥"。有司法人员后来就指出：北洋政府对司法官录用"采取宁缺毋滥的政策"，"把民元以后，各省司法司所派的司法官，严加甄

---

① 《梁前司法总长呈大总统司法计划十端留备采择文》（1914年4月27日），《司法公报》第2年第8号，1914年5月31日，杂录，第1~4页。
② 《大总统令》（1915年4月29日），《政府公报》第1069号，1915年4月30日，命令。
③ 董康：《民国十三年司法之回顾》，《法学季刊》第2卷第3期，1925年1月。
④ 《司法部呈恪遵申令严行监督司法事务并将年来办理情形缕陈钧鉴文并批令》（1915年4月29日），《政府公报》第1085号，1915年5月16日，呈。

别，淘汰了一批"。①

从长远着眼，许世英司法改革举措有利于建设法治国家，推进司法专业化、职业化和传统审判模式的现代转型。以民国元年上海为例，司法官均为国内外法政学校毕业者，在他们的推动下（当然，还包括其他因素，如律师、社会舆论等），审判模式逐步从传统的超能动主义向中立主义转型，尤其是刑事领域，这是此后司法发展的方向。② 许氏举措也符合鼎革后不"除旧"难以"布新"的时代语境。问题是，在新旧过渡年代，不宜操之过急，"旧人"不去，固不足以建设，若尽用"新人"，亦未必稳妥。民国元年，一些有识之士就告诫："夫政治之设施，必思想与经验，二者相辅而行，始能发展其作用，而达良好之结果……大抵旧日官吏，积习相沿，虽无政治思想，而老成者流，守分安常，其间饶有政治经验者，固不乏人。其新进之士，富有政治思想者，虽占多数，然茫于政治经验者，恐亦不免。"如今民国肇建，"若悉委托之于一般旧人，固无异令哑者以演唱，驱瞽者以临池，其不蹈于前清之覆辙者，能乎不能？然若委托之于一般新进，又何异乎以危樯独舟狎惊涛骇浪，驾驭者既无相当之经验，临事始谋，其不张皇失措，俾全舟生命沦没于泽国者，鲜矣"。③ 所言可谓中肯，"新"与"旧"如何平衡乃一大时代课题，高明的当政者自应慎重处理这一问题。

实际上，此后北洋司法中枢对前清刑幕与法官并未完全排斥。1915年前后，民国政府聘请前清刑名人员，如吉同钧、张廷骧等参与修订法律；④ 1915年7月公布《司法部拟订荐任法官资格》，规定"曾充督抚臬司等署刑幕五年以上，品学夙著，经该署官长或同乡荐任以上京官证明者"，可参加司法官甄录考试；同年底公布的《各级审检厅任用学习生章程》，也同意前

---

① 任玉田：《民国的法律、法院与司法人员》，中国人民政治协商会议陕西省汉中市委员会文史资料研究委员会编《汉中市文史资料》第3辑，1985，第15页。
② 王志强：《辛亥革命后基层审判的转型与承续——以民国元年上海地区为例》，《中国社会科学》2012年第5期。
③ 李振铨：《论政府用人之宜慎》，《顺天时报》1912年5月10日，第2版。
④ 闫晓君整理《乐素堂文集》，法律出版社，2014，"整理说明"第4页；《电聘刑幕协修法律》，《申报》1915年3月11日，第2张第7版。

清法官考试及格者任审检厅学习生。① 但是，历史变迁对"旧人"自有其淘汰机制与转化办法。1916年6月，黎元洪继袁世凯之后出任总统，段祺瑞任总理，组成内阁，司法总长之位，段原拟董康，这时，张国淦建议"何不用几个新人"，并举荐王宠惠、张耀曾二人，最后，段氏选定"新人"张耀曾。② 这虽是近代史上一微小细节，未必有普遍解释作用，但足以提示：一方面，在北洋政权系统中，主体是"旧人"，"新人"仅为点缀品；另一方面，在"物竞天择，适者生存"颇成时潮的近代社会中，"新人"优胜于"旧人"，时代留给"旧人"的机会不多，亦不广。易言之，"旧人"退出历史舞台只是一个时间问题。其实，这一时间并没有后人想象的那么漫长。就司法人员而言，1922年初，北京政府法律顾问、法学博士岩田一郎在考察中国司法状况后，就指出中国"旧式之法官，已不见一人"。③ 民国建立仅十年，旧式司法官已难觅踪影，可见司法人事新陈代谢之速。当然，清末民初法政教育勃兴，培养了大量新式司法官的后备人员，也是推动这一人事新陈代谢的原因之一。

学界一般认为，经由辛亥革命，中国实现了从清朝到民国的政权更迭。"革命"其实更多的是妥协，因此，两个政权之间的承续性非常明显。这种承续性首先体现在人事系统中，尤其是中央政府，无论是国务院，还是内务部、外交部、司法部等，人事承续甚是显著。④ 例如，民国元年国务院直属机构（秘书厅、法制局、铨叙局、印铸局）职官中，大多数沿用"清廷的内阁官员和旧部属员"。⑤ 其实，这种承续性，不仅体现在袁世凯时期，在后袁时代也很明显。研究表明，1916~1928年民国政府117名内阁成员中，88名为前清官僚，占内阁总人数的75.21%。⑥ 不过，值得注意的是，在承

---

① 蔡鸿源主编《民国法规集成》，黄山书社，1999，第9册，第37~38页；第10册，第37页。
② 张国淦：《中华民国内阁篇》，杜春和等编《北洋军阀史料选辑》上册，中国社会科学出版社，1981，第201页。
③ 《岩田顾问之司法改善谈》，《申报》1922年2月13日，第4张第14版。
④ 桑兵：《接收清朝与组建民国》，《近代史研究》2014年第1、2期；缪树红：《论北洋军阀统治下的文官主体——以国务院为考察对象》，硕士学位论文，北京大学历史系，2007；川岛真：《中国近代外交的形成》，田建国译，北京大学出版社，2012，第86~89页；等等。
⑤ 缪树红：《论北洋军阀统治下的文官主体——以国务院为考察对象》，第24~25页。
⑥ 鲁卫东：《军阀与内阁——北洋军阀统治时期内阁阁员群体构成与分析（1916~1928）》，《史学集刊》2009年第2期。

续性的面相之下，某些隐性的"革命"悄然发生。有学者以民国初年的外交部为个案，研究表明，辛亥鼎革后，重新组建的外交部，其班底虽来自清末外务部，但其人员结构已发生根本性变化：科举出身的总理衙门章京大量离职，仅有少许留任；举贡人员被裁撤殆尽；译学馆学员也仅有少数留任；外交部职员以留学生居多，且多有在驻外使馆任职的经历，从此外交部逐渐形成自己独立的用人系统。① 由此观察，外交部人事变动情况与司法审判系统颇为相似，因为二者均为专业性很强的职业，非一般人员可胜任。大体而言，越是专业性的领域，辛亥鼎革后的人事嬗变越大。

除"专业"外，还需注意"层级"问题。若从清政府到民国政府的上层人事观察，二者之承续性非常明显，最显著例证就是如前所引，1916年至1928年民国政府117名内阁成员中，前清官僚占据75.21%。但是，中下层就未必如此。具体到民初司法系统，中枢人员（如司法总次长、大理院院长等）大体可分为两种：前清旧吏，如许世英、徐谦、董康等；法政新人，如章宗祥、江庸、张耀曾等，他们在清末就已进入体制内。司法中枢如此，各省司法长官状况也差不多，1913年初各省司法筹备处处长21人中，大多数为前清司法官吏。② 可见，司法高层人事承续性之明显。但中下层状况未必如此，如前文所述，而是以法政毕业青年居多，变动甚巨。由此可言，越是层级高者，鼎革后的人事变动越小，反之，则越大。其实，"专业"与"层级"并不矛盾，而是交叉互涉，因为较高层级者，多半属政务官性质，对专业要求未必很高；中下层级者，多半为事务官性质，对专业要求可能反而较高。要言之，考察辛亥鼎革后的人事问题，除关注"承续"与"断裂"面相之外，尚需留意"专业"与"层级"因素。

---

① 李文杰：《继承与开新之间——清末民初外务（交）部的人事嬗替与结构变迁》，《社会科学》2014年第6期。
② 《呈请简任各省司法筹备处长文》（1913年1月16日），《司法公报》第5号，1913年2月15日，公牍，第6~7页。

关于国民党左派问题的再思考
（1924～1931）

李志毓

一 引论

什么是国民党左派？这是一个海内外学术界存在分歧的问题。一般来说，中国大陆学者多认为：国民党左派是指在 1924 年至 1927 年，即第一次国共合作期间，拥护孙中山在国民党一大前后事实上确定的"联俄、联共、扶助农工"三大政策的国民党人，其主要代表人物为廖仲恺、宋庆龄、邓演达、何香凝等。① 也有学者认识到，第一次国共合作期间的国民党左派比较复杂，经历了一个分化演变的过程，除廖仲恺、宋庆龄、邓演达外，汪精卫政治集团和"拥汪"军人唐生智、张发奎等也曾以国民党左派面目出现，但他们是"假左派"。② 港台和海外研究者对国民党左派的认识与此有所差别：第一，在时段上不限于 1924 年至 1927 年；第二，不做真、假左派的区分。汪精卫集团不但在 1924 年至 1927 年间被认为是国民党左派，国共分裂之后，以汪精卫、陈公博、顾孟余为首的国民党改组派，也被认为是国民党左派。③

---

① 参见尚明轩《孙中山与国民党左派研究》，人民出版社，1986；莫志斌《大革命时期国民党左派问题论略》，《湖南师范大学社会科学学报》1996 年第 2 期；等等。
② 参见张光宇、钟永恒《大革命时期国民党左派的演变和共产党的政策》，《武汉大学学报》（社会科学版）1991 年第 3 期。
③ 参见 Arif Dirlik, "Mass Movements and the Left Kuomintang", *Modern China*, Vol. 1, January, 1975；〔日〕山田辰雄《中国国民党左派の研究》，慶应通信，1980；So Wai-chor, *The Kuomintang Left in the National Revolution 1924 – 1931*（Oxford University Press, 1991）；曾玛莉《经济民族主义：30 年代国民党国家的经济建设计划》，〔加〕卜正民、施恩德编《民族的构建：亚洲精英及其民族身份认同》，吉林出版集团有限责任公司，2008。

这种认识分歧，一方面表现出中国大陆与港台、海外学术界对何为国民党左派的不同判断标准，另一方面也表现出国民党左派本身诞生、发展过程中的复杂性。作为一个政治问题、一个历史概念，国民党左派产生于1924年至1927年的第一次国共合作时期。当时，共产国际和苏联政府为了在中国扶持一个亲苏、亲共的政治势力，造成激进的中国革命形势，以服务于苏联的远东战略，曾主导过一种政治策略——在国民党的党、政、军高层领导人和基层党员中发展一个亲苏、亲共的左派，进而通过扶植和维护这一派别，将国民党改造成一个亲苏、亲共的群众型政党，以此发动国民革命，夺取中国政权。因此，关于什么是国民党左派，话语权首先掌握在共产国际和中国共产党手中。至于谁是左派、怎样发展左派，都不是确定的，相反，是随着形势的发展而不断变化的。国民党左派从诞生的那天起，就处在不断的流变与复杂的斗争中。

1924年至1927年间国民党的联共政策，对国民党的组织、成分变化和党内权力结构的重组，都产生了至关重要的影响。联共与反共的纷争加深了国民党内部原本存在的矛盾与派系斗争。改组初期，蒋介石支持联共政策，是共产国际认定的左派，但北伐开始之后，他日趋反共，遂丧失了左派地位。汪精卫在整个"联共"期间都积极左倾，更借助共产国际的支持登上了国民党政治权力的顶峰。反共的西山会议派被认为是国民党右派的代表……总之，这一时期的国民党左派和右派，主要是共产党的一种话语，联共的就是左派，反共的就是右派。国民党内部对此话语却未形成共识。一些国民党人（如吴稚晖、胡汉民等）明确指出，左右两派的说法是共产党分裂国民党的工具；一些人（如汪精卫、甘乃光等）虽然行动左倾，但不承认自己是左派，也不承认国民党内有左右派之分。

然而，1927年7月武汉"分共"、国共分裂之后，以汪精卫为首的政治派系却接过了"联共"时期共产党赋予他们的"左派"标签。1928年至1931年间，"汪派"明确以国民党左派自居，提出"在夹攻中奋斗"的口号，一边反对共产党，一边反对蒋介石为首的南京国民党中央，有意识地打造了一套独立的国民党"左派"理论，在以党治军、民众运动等问题上，都提出了与南京国民党不同的主张。其左翼经济思想和民主话语则一直延续到1932年汪蒋再度合作、汪精卫出任行政院院长之后。因"左派"倡导恢复 1924 年国民党"改组精神",成立了"中国国民党改组同志会",因此时人和后世多以"改组派"称之。

系统梳理国民党左派在历史中的生成、流变及其在不同时期的领导人物和政治组织,是深入研究国民党左派的第一步,也是以国民党左派为线索,深入研究第一次国共合作时期各种社会力量生成消长、各种政治势力交错斗争的复杂历史过程的第一步。历史是流动的、丰富的,充满各种可能性,国民党左派从无到有的发展、于左右夹攻中的斗争,正体现出历史的生动展开。观察、梳理国民党左派的领导人、基层群众和他们的政治路线,还可以在国共两党的党史叙述之外,开辟一个新的观察 20 世纪上半期中国革命的视角。

二 "联共"时期的左派(1924~1927)

1924 年至 1927 年间,按照共产国际的要求,中共党员以个人身份加入国民党。他们在国民党内的一项重要工作,就是执行共产国际的策略,通过发展国民党左派,来影响国民党的决策。代表共产国际和苏联政府实施对华政策的苏联顾问鲍罗廷,指导中共积极运用发展国民党左派的策略,以争取共产党对国民革命的领导权,扩大中共的社会基础和政治实力。发展国民党左派,成为 1924 年至 1927 年间共产国际影响中国革命的主要方式。通过确认、扶植、发展国民党内一批在国际上倾向于联俄、在国内倾向于扶助下层的政治势力,使其成为国民党中的主流派,共产国际和苏俄政府希望促成国民党的整体激进化,使之变成一个近似共产党的"人民的""工农的""雅各宾式的"党。[①] 1924 年 1 月 1 日,在上海举行的共产党和青年团联席会议上,鲍罗廷对中共进行工作部署时指出:当前中共的任务,就是使各地的国民党组织中都有自己的同志,在国民党的组织中贯彻共产党的决议。在 1 月 18 日的共产党党团会议上,他又指出:共产党所走每一步,都应该是巩固国民党左派,尽可能地使它更明朗。要在组织上把国民党扶植起来,帮助它

---

① 《共产国际、联共(布)与中国革命档案资料丛书》第 1 卷,北京图书馆出版社,1997,第 12 页。

制定党的纪律。①

扶植国民党左派的第一步,是在国民党上层寻找亲苏、亲共的政治人物和军事将领,利用苏俄在华势力和鲍罗廷的影响力,帮助他们取得国民党和国民政府的领导地位,以此推动国民党的整体"左转"。在1924年1月到1925年3月之间,孙中山是国民党的唯一领袖,最能代表国民党的"联共"路线。虽然他不是什么左派,但他支持国共合作,因此,鲍罗廷要求中共利用孙中山的左倾,"利用他的威信,利用他建党的愿望,以便号召国内现有的真正革命分子投入实际生活,把他们无条件地团结在国民党左派的周围"。②孙中山逝世之后,廖仲恺成了共产国际认定的国民党左派的领导核心。他是国民党内最早与苏俄政府代表越飞接触的人,主张联俄、联共最坚决,他的追随者有汪精卫、陈公博、甘乃光等很多人。蒋介石在当时也是左派,到中山舰事件以后才被视为右派。1925年8月廖仲恺遇刺之后,汪精卫的地位开始攀升。1926年1月国民党二大召开时,他已成为公认的左派领袖。1926年2月15日和17日,鲍罗廷在联共(布)中央政治局使团会议上做报告说,自从许崇智、梁鸿楷和胡汉民被排挤出广州国民政府之后,广东有了一个统一的政权,"这个政权的首领是始终最忠诚最积极的工作人员汪精卫",以及"明确表示自己是国民党左派信徒,甚至可以说是极左派信徒的蒋介石和湘军将领谭延闿"。③

从1925年7月广州国民政府改组、中华民国国民政府成立到1926年3月中山舰事件爆发前,以及1927年4月至7月的武汉国民政府时期,汪精卫扮演了国民党左派中最重要的角色。他先是以国民政府主席和军事委员会主席的身份积极支持和维护联共政策,推动国民党统治区域内群众运动的开展和农工政策的实施,宁汉分裂之后,又倒向国共合作的武汉阵营,成为武汉政府的领袖。④另一位在北伐中崛起的著名左派是邓演达,他是武汉政府中的实权派,但中共在利用国民党左派的旗帜时却并不重视他。周恩来后来

---

① 《共产国际、联共(布)与中国革命档案资料丛书》第1卷,第442、445页。
② 《共产国际、联共(布)与中国革命档案资料丛书》第1卷,第434页。
③ 《共产国际、联共(布)与中国革命档案资料丛书》第3卷,北京图书馆出版社,1998,第116页。
④ 关于共产国际对汪精卫的扶植及汪精卫如何借助中共的力量走向国民党的权力高峰,参见李志毓《论汪精卫1925~1927年"联共"的策略性》,《史林》2009年第2期。

总结国共合作的教训时说:"在武汉时,若以邓演达为中心,不以汪精卫为中心,会更好些,而当时我们不重视他。"大革命失败后,"假如邓演达没有走,仍与他合作,是还可以用国民党旗帜的"。① 除汪精卫、邓演达之外,孙科、徐谦,以及拥护武汉政府的军事将领唐生智、张发奎等人,也都曾是共产国际积极团结和发展的高层国民党左派。②

在高层扶植左派领袖的同时,共产国际还指导中共进行了大量的发动群众的工作,帮助国民党左派从右派手中夺取群众,发展左派的群众组织,扩大他们的群众基础,试图以此增强国民党左派领袖的力量,减少他们的动摇性。在发动基层群众之外,中共还进行了大量的制造左派"中层势力"的工作——培养国民党左派的革命青年,设立各种党校、宣传员讲习所、工人运动讲习所、农民运动讲习所等,造就能接近群众、组织群众的国民党左派人才,打通国民党与民众之间的隔阂。事实上,由于中共党员的身份隐蔽,入党审查也比较严格,国民党则公开活动,因此,大部分投身革命的青年都被安排进了国民党左派的组织。国民党改组之后,工、农、商、学各界群众运动蓬勃开展,大批革命青年被吸收到国民党中来,成为国民党左派,在这个过程中,中共发挥了巨大的作用。

为了发展一个有领袖、有纲领、有群众、有力量、有政权、有党权的国民党左派,中共中央曾指示基层共产党,不惜以"苦力"的身份去帮助国

---

① 《周恩来选集》上卷,人民出版社,1980,第167页。
② 有学者指出,第一次国共合作期间,国民党左派经历过复杂的分化、演变过程,大致可分为以下几个阶段:(一)从国民党一大至中山舰事件之前,是国民党左派的形成发展阶段。这一时期的领袖是廖仲恺和汪精卫,其特点是支持国民党改组,拥护"联俄、联共、扶助农工"三大政策。1925年8月廖仲恺遇刺后,汪精卫借助蒋介石的军事实力巩固了领袖地位,蒋介石则借助汪精卫的政治庇护成为军事领袖,形成汪蒋合作局面,直至中山舰事件爆发。(二)从1926年3月中山舰事件爆发,随后汪精卫出走,到1926年10月,这是国民党左派的受挫阶段,左派势力受到蒋介石的打击,组织涣散、彷徨无主。(三)从1926年7月北伐战争开始,国民党左派进入复兴阶段,形成了以宋庆龄、邓演达、徐谦为政治首领,张发奎、唐生智为军事支柱的新的国民党左派。其主要任务是反蒋和发动"迎汪复职"运动。1926年10月,国民党左派在广州召开国民党中央执行委员及各省区党部联席会议,规定了左派的四条政纲:(1)拥护总理联俄、联共政策;(2)拥护孙(中山)、廖(仲恺)农工政策;(3)反对西山会议派;(4)拥戴汪精卫为领袖。(四)1927年4月汪精卫回国之后,在政治上拉拢陈公博、甘乃光、顾孟余、孙科等人,在军事上取得唐生智、张发奎的支持,最终"叛变革命"。参见张光宇、钟永恒《大革命时期国民党左派的演变和共产党的政策》,《武汉大学学报》(社会科学版)1991年第3期。

民党左派，在有左派的地方就去扶植左派，在没有左派的地方就去"制造"左派。① 为什么中共如此重视制造国民党左派的工作？就共产国际而言，通过发展国民党左派来促成国民党的整体激进化，是一个总体性的战略设计；就中共自身而言，分化对手、保存自身，也是一个重要的策略性考虑。如果国民党中不能分化出一个左派，那么当共产党试图推行的激进政策遭到各种守旧势力反对时，年轻的中共就只能独自面对这些势力的攻击。有了国民党左派作为中共的"外围组织"，依靠左派占领国民党各种机关并与右派进行斗争，中共的压力就会减轻。

中共中央在《关于国民党左派问题决议案》中明确指出：如果国民党中没有左、右派的分别，"我们和右派冲突时，便表现出来是 C.P. 和整个的国民党冲突"，帝国主义者及国内一切反动派都愿意我们走这条路。② 因此，中共中央坚决主张巩固和发展国民党左派，左派的力量越稳固，中共的活动空间就越宽广。另外，在当时中国的基层社会，普通民众对于"共产"一词还普遍存在误解，特别是在农村，一般农民观念守旧，又听信反共势力的宣传，往往以为共产党就是"公妻共产"，视之如同洪水猛兽。1927 年 3 月初发生在湖北的"阳新惨案"，就是因为当地土豪劣绅造谣惑众，说共产党"要挖祖坟""劈祖宗牌子""共产共妻"，煽动红枪会包围县城，抓去省农协特派员和县党部机关中的九名共产党员，捆绑在城隍庙内，以煤油干柴烧死。③ 以中共为核心，发展出一个国民党左派，在国民党的旗帜下，发动工、农、商、学各阶级联合的国民革命，在当时被设想为一种代价较小的革命途径。

鉴于国民党左派的形成与中共的关系，反共的国民党人都否认在国民党一大前后存在所谓的国民党左派。吴稚晖、胡汉民等人声称，左、右两派是中共为分裂国民党而制造出来的。胡汉民说："一般人平日也不知道什么是'左派'，什么是'右派'，听了人家怎么喊，他们也就怎么传。喊了几阵，便把国民党整个的党分拆成几个互相怀疑的派别。"又说："左右派这一把刀，它的锋芒所到几乎是无坚不摧，无微不入，虽小到两个人的团体，或朋

---

① 《中共中央文件选集》第 2 册，中共中央党校出版社，1989，第 318、638 页。
② 《中共中央文件选集》第 2 册，第 574 页。
③ 邓初民：《九十述感》，《湖北文史资料》第 3 辑，内部资料，1981，第 13~14 页。

友,或弟兄,或父子,或夫妇,也得把他们一刀两断,拆作一左一右,使他们互相对抗斗争起来。"① 这种说法代表了国民党内反共派别的观点,他们认为,所谓的国民党左派,只是中共对国民党的一种政治斗争策略。

虽然发展国民党左派是共产国际主导的试图借此进入中国、控制国民党的政治策略,但国民党并非完全处于被动的地位。借助共产国际发展国民党左派的策略,国民党也曾经试图绕开中共,直接与共产国际建立密切的关系。② 1926年2月,胡汉民致书共产国际执委会,代表国民党提出了加入共产国际的请求。他写道:中国革命是世界革命的一部分,中国国民党在1924年改组之后,已决定同全世界无产阶级和各国被压迫民族联合起来进行斗争,并力求完成从国民革命过渡到社会革命的任务。文中称,共产国际的口号是唯一正确的口号,国民党认为,它有必要加入共产国际的队伍。③对此,共产国际方面经过讨论后,认为时机尚不成熟,没有批准。1926年11月,邵力子再次以国民党左派的名义向共产国际执委会表示,"国民党强烈希望与共产国际建立更加密切的关系",并建议共产国际与国民党之间互派代表,"共产国际驻国民党中央委员会的代表应当在所有党的事务和革命策略问题上给党以忠告和指导。国民党驻莫斯科的代表应当参加国际革命的工作"。④

在积极联俄之外,国民党内部还持续存在着一种自觉建设左派理论和组织、反对共产党控制国民党左派的努力,例如1926年底在广东成立的以甘乃光、陈孚木、王梦一等人为代表的国民党"左派同盟"。这个组织成立后,对中共形成了一定的挑战,"左派同盟"的字眼一度频繁出现在共产党的文件中。共产国际的一份报告曾指出:"左派同盟"有几十个人,几乎包括了广州所有著名的国民党左派。按社会成分来说,他们都是"资产阶级知识分子",大半是大学生,和群众没有组织联系。它的领导人甘乃光经常同陈延年等中共在广东的领导人谈论群众问题,责备中共从国民党左派那里

---

① 蒋永敬编《北伐时期的政治史料——一九二七年的中国》,台北:正中书局,1981,第388~389页。
② 关于这一问题的详细论述,参见杨天石《邵力子出使共产国际与国共两党争夺领导权》一文(杨天石:《蒋氏秘档与蒋介石真相》,社会科学文献出版社,2002,第153~176页)。
③ 《共产国际、联共(布)与中国革命档案资料丛书》第3卷,第91~92页。
④ 《共产国际、联共(布)与中国革命档案资料丛书》第3卷,第638页。

夺走了群众,而中共广东省委的领导也试图利用"左派同盟"来反对他们所认为的反动派。①

"左派同盟"的主要领导人和理论家甘乃光,政治上与汪精卫比较亲近。1927年4月,蒋介石发动"清党"之后,曾任命甘乃光为国民党中央农民部部长及广东省政府委员会委员兼农工厅厅长,但他没有就职。甘乃光在1924年至1927年间,以建设"左派"理论和支持农民运动闻名,曾编写过《孙文主义发凡》《孙文学说驳议之驳议》《以党建国》《中国国民党几个根本问题》《怎样做农工行政》等多部阐释国民党理论和策略方法的著作。甘乃光在理论上吸收了许多马克思主义的观点,他运用阶级分析方法分析中国社会,拥护国民党的农工政策,重视农民的力量。他认为占全国人口85%以上的农民是中国革命的基本力量,要使国民革命成功,非动员农民起来不可,并将农军看成"国民党和国民政府的根本势力之一"。②

1926年3月,甘乃光任国民党中央农民部部长时,曾聘请毛泽东担任第六届农民运动讲习所所长。第六届农讲所与前五届相比,不但招生规模和地区有所扩大——学员来自全国20多个省区,大都是热心农民工作的青年,共计320余人,而且授课时间最长,开设的课程最多——授课时间为13个星期,共开设25门课程,内容都是围绕中国革命的基本知识,其中关于农民运动的课程占八门,毛泽东亲自讲授"中国农民问题""农村教育""中国社会各阶级分析"三门课。③ 毛泽东、周恩来、恽代英、林伯渠、阮啸仙、罗绮园等中共重要领导人都是第六届农讲所的教员。甘乃光本人也是第六届农讲所的教员,在当时农民部主办的《中国农民》和《农民运动》两

---

① 参见《共产国际、联共(布)与中国革命档案资料丛书》第7卷,中央文献出版社,2002,第77~78页。该报告认为,"左派同盟"实际上是敌视群众的,从思想上来说很接近戴季陶。其主要任务是同共产党进行斗争,政治纲领的核心是"阶级合作",以"全民族革命"而非"阶级革命"作为国民党的纲领。报告得出结论,"左派同盟"按其阶级本质来说是代表民族工商业资产阶级的利益的,按其社会地位来说是小资产阶级,他们在同帝国主义、军阀、官僚、豪绅和各种封建余孽的对抗中有其革命性,但对工农暴动和共产主义幽灵的恐惧超过了他们"虚假的革命性"。这份报告代表了共产国际对"左派同盟"的基本看法。
② 甘乃光:《怎样做农工行政》,中国国民党农工行政人员讲习所编印,1927,第243页。
③ 参见广东农民运动讲习所旧址纪念馆编《广州农民运动讲习所资料选编》,人民出版社,1987,第92、333、334页。

个刊物上发表过大量有关农民运动的文章。《农民运动》的发刊词也出自甘乃光之手。

甘乃光重视工农运动,但不主张因此而忽视中小商人、"智识阶级"和海外华侨的利益,反对阶级斗争,主张阶级调和。他重视民众运动和国民党的组织建设,认为在当时要做一个真正的革命党,就不能再像从前那样——拿手枪、抛炸弹,运动军队,出生入死即可,而是必须要做一个民众运动者,使民众有政治觉悟,能自身运动起来以谋解放。能够使民众运动起来的组织就是党。① 因此,必须重视党的建设,使党有严密的组织纪律和强有力的指挥能力,不但能指挥党员和各级政治机关,还要有能力动员民众。党内应实行民主集中制。② 尽管有自觉的"左派"理论并成立了"左派同盟"的组织,甘乃光却公开反对共产党对国民党左右两派的划分。他不以国民党左派自居,而是站在整个国民党的立场上,声称自己所提出的问题是"中国国民党几个根本问题",并且在自己著作的序言中说:"如或有谓这只是左派的理论者,则予欲无言矣。"③ 这说明,在联俄、联共之外,国民党左派还有更深的内涵,它代表着国民党政权内部一种自觉的意识形态建设。

在第一次国共合作期间,随着联俄、联共、扶助农工政策的发展和北伐的展开,国民党左派和激进的农工政策在国民党中越来越居于主导地位。在革命的策源地广东和后来的"赤都"武汉,左倾成了一种时代潮流。1925年12月18日的《广州民国日报》曾发表社论说:"不妥协不苟安便是左,不左倾的并不配说是革命党……国民党当此革命时期,只应有左派,不应有右派。因为革命党都是向左的,向右的便不是革命党。"④ 在这时,左倾具有当仁不让的政治正确性,谁代表左派,谁就代表革命,就能获得权力。

这种争相向左的局面,导致国民党中形成了一种激进的气氛,虽然中共的纲领比国民党激进,但在国民革命期间,共产党的青年却并不比国民党的青年更左。因为中共有严密的组织纪律,对党员有相对严格的要求,而国民党则不然,所以在实际行动中常常更为激进些。陈公博在回忆录中讲到宁汉

---

① 甘乃光:《中国国民党几个根本问题》,杭州民智书局,1927,第6页。
② 甘乃光:《以党建国》,中山大学训育部编辑科编印,1927,第6页。
③ 甘乃光:《中国国民党几个根本问题》,"序言"第2页。
④ 陈孚木:《左倾与右倾》,《广州民国日报》1925年12月18日。

分裂时期两湖地区没收地主土地的问题时就说:"这个行动的中间自然还夹杂了许多国民党的左派。这班先生自然不是共产党,但以为国民党要胜过共产党,应该更要比共产党来得凶。"① 1927年5月,在武汉国民党中执委会议上,汪精卫和恽代英也讨论了国民党左派左倾过火的问题。恽代英说:"纯粹国民党的左派太跑上前去了,全校尽贴的是'共产党万岁''第三国际万岁'的标语。说话稍一不慎,就要被他们捉住关起来。这并不是好的现象,因为他们没有很稳固的立脚点,反而把中立的弄得莫明其妙。"汪精卫说:"他们比共产党还要凶。"恽代英接着说:"他们还骂共产党有妥协性。"②

这种国民党左派比共产党还要左的现象,说明直至1927年7月武汉"分共"时,所谓的国民党左派,无论是在国民党高层还是在基层党员中,无论是在思想上还是在组织上,都是混乱的、涣散的,远未达到共产国际所期待的效果。国民党左派既没有建立起自己的意识形态,也没有明确的组织和纪律来约束党员,并巩固自己在群众中的影响。国民革命的形势使国民党在政策上整体趋于激进,不但那些左倾的领袖和将军热衷玩弄左的辞藻来表明自己的立场,一般基层党员也唯恐自己不左。这激化了国民党内部的矛盾,带来了包括西山会议派出现、汪蒋对立、宁汉分裂等一系列政治后果,加重了国民党派系政治的痼疾。

综上所述,研究1924年至1927年间的国民党左派问题,至少应考虑以下几个相互关联的方面。第一,共产国际在中国发展国民党左派这一策略的制定和实施过程。第二,苏联顾问和中共在国民党高层分化、策动左派领袖,在国民党基层发展左派群众的过程。在具体的斗争环境中,根据政治形势的变化和短期政治目标的调整,共产国际和中共对国民党左派的定义和谁是国民党左派的判断,都在随时变化之中。研究者需要揭示这个变化的过程,需要对国民党左派产生、发展过程中的策略性与流动性保持关注,这将有助于我们更加贴近历史真实,更加准确地了解第一次国共合作时期的政治状况。第三,基层左派青年群体。国民党左派问题不仅涉及国共斗争与国民党高层派系斗争,还涉及广大的国民党基层党员和群众运动,甚至整个时代

---

① 陈公博:《苦笑录》,现代史料编刊社,1981,第81页。
② 中国第二历史档案馆编《中国国民党第一、二次全国代表大会会议史料》(下),江苏古籍出版社,1986,第1154、1155页。

青年的整体生存状况与命运，而以往的国民党左派研究往往局限于国共斗争和国民党的高层派系斗争，对此缺乏关注。

三 国共分裂后的国民党左派（1928~1931）

1927年7月，"左派"主导的武汉政府宣布"分共"，第一次国共合作破裂。但国民党左派的历史并未随着国共分裂而告终。1928年以后，在国民党内部，左派变成了一条系统、自觉的思想路线和一个有组织的政治派别，这就是以陈公博为核心、以汪精卫为精神领袖的改组派及其思想路线。国共分裂后，中共发动了南昌起义、广州起义等一系列武装暴动，国民党内部则经历了宁汉合流、广州事变等一系列政治变动，这些情况的出现沉重打击了以汪精卫为首的政治派系，导致1927年底汪精卫再次退出国民党高层，避居法国。1928年2月，国民党召开二届四中全会，组成以蒋介石为核心的新的国民政府和军事委员会，蒋介石担任军事委员会主席。汪精卫、陈公博、顾孟余、甘乃光等第一次国共合作时期的左派均被限制出席。在1929年3月召开的国民党三大上，陈公博、甘乃光被开除国民党党籍，汪精卫被处以书面警告处分，以汪精卫为首的政治派系被排除出了国民党的最高领导集团。

1928年1月，在党内斗争中失败的陈公博来到上海，蛰居在贝勒路公寓里几个月，思考今后的政治生涯和如何使"革命"复兴等问题。不久，在政治上追随汪精卫的顾孟余、王法勤、王乐平、潘云超、朱霁青等人都来到上海，商议"改组国民党"。陈公博说，当时很多关心国民党前途的青年都向他提出办一个刊物的要求，1928年5月，《革命评论》周刊应运而生。同年6月，顾孟余又创办了《前进》月刊。他们利用大革命失败后国民党意识形态涣散、整个社会思想混乱的局面，提出"恢复民国十三年的改组精神"的口号，并创办了一所"大陆大学"，用以吸收知识青年。①

---

① 大陆大学的发起人王法勤、潘云超、王乐平、何香凝、陈公博曾在《革命评论》上刊文介绍学校的缘起。文章称："我们集合本党同志，创办这个大学，目的在阐明科学的三民主义；养成建设的社会人才，务使经过本校锻炼的青年，每个都能明了本党主义，不致流于玄想和空谈；每个都能参加革命行动，不致陷于颓废和萎靡，准备建设的材料，贡献社会，挽回中堕的革命，重整精神，谨搞此大旨，用为缘起。"参见《大陆大学创办缘起》，《革命评论》第13期，1928年7月30日。

1928年11月28日，陈公博等又在上海召集中国国民党改组同志会第一次代表大会，宣告成立中国国民党改组同志会总部，通过了《中国国民党改组同志会第一次全国代表大会宣言》。随后，在江苏、安徽、河北、山东、河南、浙江、江西、山西、湖南、湖北、广东、广西、四川、甘肃、云南、贵州、南京、北平、上海等省市和亚洲、美洲、欧洲等地的华侨社会中，都成立了改组同志会的基层组织。全盛时期的改组同志会共有1万多人，① 成为国民党内最具规模和影响深远的一个具有自身意识形态的政治派系。汪精卫是改组派的精神领袖，虽然他一直没有正式加入这一组织。

　　改组派成立后，一面积极策动"拥汪"军人和地方实力派武装"反蒋"，先后发动"护党救国军事运动"，策应中原大战，发起北平扩大会议，召开广州"非常会议"②，一面尽力扩充发展改组派地方党部，在工人、农民、学生团体中活动，发动民众运动，与蒋介石为首的正统派争夺基层组织，与中共争夺民众。1929年6月26日，蒋介石致电陈果夫："平津党部完全为改组派之党部……未知当日为何有如此圈选，诚是可疑，务希即日改组……如稍延缓，必误北方党务。"③ 同年10月15日，蒋介石又致电张群："沪上反动派如是之多，改组派如此猖獗，乃竟未获一人，未知何故。"④ 由此可见改组派在平、津、沪之活跃。直至1932年汪蒋合作之后，改组派分布于国民政府实业、铁道、内政各部的三个组织——左翼联合通讯社、实行社大同盟、民主政治大同盟，以及各地下层成员，仍在努力活动，拉拢干部，吸收群众，领导工农、学生运动。⑤

　　除了直接的政治斗争，改组派更重要的特点和意义在于他们的理论建构与宣传。在国民党诸多派系和复杂的派系斗争中，改组派是最具理论建树和意识斗争色彩的一派。改组派提出"在夹攻中奋斗"的口号，一边反对中

---

① 参见武和轩《我对改组派的一知半解》，《文史资料选辑》第36辑，文史资料出版社，1965，第143页；张顺良《改组派与国民党中央海外党务组织争夺战初探（1928～1930）》，《花莲教育大学学报》2006年第23期。
② 关于扩大会议、"非常会议"和1929年至1931年间的国民党内派系斗争，参见金以林《国民党高层的派系政治：蒋介石"最高领袖"地位是如何确立的》，社会科学文献出版社，2009，第85～137页。
③ 《蒋中正电陈果夫》，台北"国史馆"藏，档案号：002-010200-00006-069。
④ 《蒋中正电张群》，台北"国史馆"藏，档案号：002-010200-00011-046。
⑤ 《改组派之活动情形》，台北"国史馆"藏，档案号：002-080300-00055-001。

共,一边反对以蒋介石为核心的国民党南京中央政权,试图打造一套独立的"左派"理论。他们批判南京国民党的腐败涣散,主张恢复1924年的改组精神,提出以党治国、以党治军、恢复民众运动、扩大党的阶级基础、实现国民党的青年化和民主化等政治目标,以及建设国家资本主义的经济方案。这些言论抓住了国民党"清党"之后组织涣散、脱离群众、土豪劣绅纷至沓来等问题,在社会上特别是在广大知识青年当中产生了很大的影响。

改组派最重要的理论阵地是陈公博主编的《革命评论》。该刊于1928年5月创刊,同年9月停刊,一共只出版了18期,却产生了巨大的社会影响。香港《南华早报》曾发表文章,称陈公博为"暴风雨中的海燕"(Stormy Petrel)。文章说:"《革命评论》在三个月中,发行量超过60000份,这意味着它在中国至少有30万的读者。学生,工人,失去领导的前共产党员,国民党的工作者,不堪忍受混乱局面的政府官吏——所有这些阶层都转向陈公博先生,以他为领袖。就在昨天,一位保守的国民党人还对我(指文章作者——引者注)说:'如果汪精卫和陈公博可以在全国每个城市发表演说,他们将能依靠纯粹的演讲控制国民党,这就是南京方面最为恐惧的'。"① 除陈公博外,《革命评论》的主要撰稿人还有马濬、刘侃元、施存统、萧淑宇、许德珩等人。在此后的两年多时间里,全国自称"国民党左派"或"改组派"的杂志,有数十种之多。②

1930年,江苏评论社编写了一本题为《中国国民党左派ABC》的小册子,名称仿照苏联共产党领导人布哈林的《共产主义ABC》,内容包括这一时期"国民党左派"对国内政治制度、经济建设、军事外交、民众运动等各种问题的立场,对当时国际国内形势的基本观点,对党务的反思,以及"左派"的历史观等,分析了知识分子"向左转"的"必然性"。改组派的重要负责人之一王乐平在该书序言中说:以往人们一提到左派,"就会无条件的和共产党连贯在一起",因此编纂这个小册子的目的,一是要表明"国民党左派"的理论、政策与共产党的不同之处,二是要指出"左派"理论

---

① George E. Sokolsky, "Kuomintang Differences: The Popular Animus Against the Nanking Government," *South China Morning Post*, Aug. 11, 1928.
② 中国人民大学中共党史系中国近现代政治思想史教研室编的《国民党改组派资料选辑》(内部资料,1983)中有一份《改组派出版的报刊一览表》,记录了71种改组派刊物。

政策在中国革命现阶段的重要意义。① 在这些言论中,关于以党治国的讨论占据了很大比重。这些紧贴历史状况的思考虽然还算不上系统、成熟,但仍为我们提供了一些线索,有助于了解当时非共产主义的左翼政治思考。

改组派理论中关于"小资产阶级革命"的提法很有特点。针对共产党认为武汉"分共"是小资产阶级叛变革命以及马克思主义有关小资产阶级妥协、动摇、不具备独立革命性的理论,以陈公博为首的"国民党左派"理论家提出了自己的"小资产阶级革命论"。这种理论认为,在中国占据人口绝大多数的不是现代的工业无产阶级,而是自耕农、小地主、小商人、手工业者、新式学生等"小资产阶级"。无论是现在,还是很远的将来,这个"小资产阶级"都不会如马克思所预测的那样,被大资本所消灭。这种社会性质决定了中国革命的道路不能是无产阶级革命,而应是想办法稳固和扩大"小资产阶级"(或"中间阶级"),走一条既非资本主义又非共产主义的"中间道路"。

"小资产阶级革命论"的阐发,是政治斗争中失势的"汪派"势力利用马克思主义的阶级话语、自觉打造"左派"立场、形成"左派"政治论述、缓解自身政治危机的一种方式。它不但迎合了在大革命中利益受到损害的小工商业者的不满情绪,还迎合了一个数量庞大的人群——在革命形势激进化发展、国共两党两极分化之后,从革命队伍中被抛出来的既不满于国民党的腐化堕落,又不愿跟随中共走工农武装割据道路的"小资产阶级"知识青年。这些曾经的革命者痛恨现实中的黑暗和恐怖,但对中共严密的组织纪律和暴力革命方法也充满恐惧。陈公博和"国民党左派"适时地挖掘出蕴藏在这些苦闷青年中的政治潜力,喊出"农工小资产阶级联盟"的口号,指出一条在改组国民党的基础上继续"革命"的道路,因此在当时的知识青年中产生了巨大的号召力。《革命评论》还提出国民党的民主化和青年化问题,号召国民党吸收青年人才入党,解决夺取政权之后贪官污吏纷至沓来造成的腐化问题,这也得到了知识青年的拥护。

改组派继承了国共合作时期的民众运动遗产,在1929年2月印制的《中国国民党改组同志会第一次全国代表大会宣言及决议案》小册子中,提出了

---

① 《中国国民党左派ABC》,江苏评论社编印,1930,第2页。

"分共"以后国民党的民众运动原则和组织方案,包括工人、农民、商人、青年、妇女运动决议案。对农村和土地问题,进行农村社会阶层分析,提出耕地政策决议案。对工人运动,提出了一系列进步的保护工人措施,包括:健全工会的组织;制定劳工法、工厂法、工会法、劳资争议处置法;制定劳工保护法、劳工保险法;建立八小时工作制;取消包工制;设定最低工资额;在不妨害国民革命的范围中,工人有罢工自由权;赞助工人生产消费合作事业;设立工人补习学校及俱乐部,增进工人技能及精神修养;改良工厂设备,提高工人待遇;保证有薪休假日;援助华工在居留地的政治经济斗争;等等。①

至少在1931年以前,改组派在城市青年中,以及在大量的黄色工会中,都有相当的基础。中共领导人瞿秋白特别注意改组派的影响力,认为其正在"竭力保持国民党对于群众的影响","黄色工会的运动,乡村自治的运动,青年军官的运动里,都可以看见改组派的影响"。他曾警告中共党员,以为"群众天生是在共产党——无产阶级领导之下的",除共产党之外,"一切都是一模一样的反动派",这种观点是非常错误的。这将引导共产党忽视反对改组派的斗争,"忽视争取群众的任务","引导到黄色工会里工作不积极,农民原始组织里的群众工作完全不注意……兵士群众运动的工作迟缓",进而放任改组派所代表的"资产阶级自由派"在群众中产生相当的影响。②

改组派还参与了1928年至1930年间中国思想界的一股澎湃潮流——关于中国社会性质的论争,反映了大革命后的知识分子对中国式"非资本主义"道路的探索。当时的人们之所以热烈地讨论中国社会性质问题,基于这样一种信念——只要准确地把握了中国社会的性质,就能清楚地知道中国革命的道路和方向,只要中国社会性质的问题解决了,"正确的革命前途的探索,就不费多大力气了"。③ 改组派的"小资产阶级革命论"的主要依据,主要来自陶希圣和"革命评论派"对中国社会性质的分析。

与中共认为自秦朝以来的中国传统社会是封建社会不同,"国民党左

---

① 1929年6月13日,国民政府发布第1940号训令,要求内政部通令各级党部,对该书"严密查禁以杜反动而塞乱源"。参见《国民政府行政院公报》第57号,训令,第15页。China Academic Digital Associative Library (CADAL) 数据库收录有该书电子版。
② 《瞿秋白文集·政治理论编》第6卷,人民出版社,1996,第625、628页。
③ 王礼锡:《中国社会史的论战》,神州国光社,1932,"卷头言",第1~2页。

派"认为，中国的传统社会是封建制度早已崩坏、资本主义尚未发达之前，"以士大夫身分及农民的势力关系为社会主要构造的社会"。① 这个社会的统治阶层是由贵族、儒士、游侠混合的"士大夫"构成的官僚阶层。这个官僚阶层存在于生产组织中的各阶级之上，它不是任何一个阶级的代表，而具有"超阶级"的压迫性和剥削性，严重阻碍中国资本主义的发展，导致中国自战国末年以来就已十分活跃的商品经济和商业资本只能游离于生产之外，或者投资于土地，产生"豪强兼并"，阻碍社会生产力的发展。因此，在中国传统的政治制度与商业资本的基础上，不能发展出资本主义制度。近代外国资本入侵中国之后，与原有的"超生产"的商人资本相结合，中国的官僚、绅士、商人、高利贷者全都依附于外国资本之下，更加不利于本国资本主义的发展。② 所以，中国革命既不能走"大资产阶级"领导的民族革命的道路，也不能走无产阶级革命的道路，中国革命的阶级基础应该是工农和"城市小资产阶级"，革命的领导者应该是代表工农及"城市小资产阶级"的、统一的、革命的中国国民党。③

不信任"大资产阶级"，是国民党左派理论的另一个突出特征。他们认为，中国社会"是一个帝国主义直接统治下的小作农业社会"，所有的"大资产阶级"都是帝国主义的代理人，城市的资产阶级依附于外国资本，乡村的资产阶级是封建社会的残留物，他们没有经济政治的组织，尤其没有操纵生产和消费的权能，实际支配中国的还是外国的经济势力。"国民党左派"以"是否参与外国资本在中国的统治"这一点来区分"大资产阶级"和"小资产阶级"。事实上，不仅"汪陈左派"持这种观点，自1924年国民党改组以来，被看成是"国民党左派"的很多人都持这种观点。在1927年武汉政府讨论什么是"小资产阶级"时，孙科就曾提出："除了买办阶级之外，凡是中国人自己办的工厂或银行，不管他们的资本有多少，都是小资产阶级。大、小资产阶级的区别，就是以同帝国主义者有无关系为标准。"汪精卫也同意孙科的意见，说："所谓小资产阶级，系指不隶属于帝国主义之工商业者，及乡村间之小地主

---

① 陶希圣：《中国社会之史的分析》，辽宁教育出版社，1998，第150页。
② 陶希圣：《中国社会与中国革命》，新生命书局，1931，第313页。
③ 施存统：《复兴中国革命》，复旦书店，1929，第172页。

而言。"① 在"反对外国资本"这一点上，可以看出国民党左派的一致性。

国民党左派在第一次国共合作和国民革命的洪流中诞生，它的兴起所依托的不是政治密谋或军事政变，而是大规模的社会运动。1928年至1931年间，由陈公博领导的改组派也有一定的社会基础，代表了一些特定人群的利益与心理诉求。梁启超曾经说："历史之一大秘密，乃在一个人之个性，何以能扩充为一时代一集团之共性，与夫一时代一集团之共性，何以能寄现于一个人之个性……史家最要之职务，在觑出此社会心理之实体，观其若何而蕴积，若何而发动，若何而变化，而更精察夫个人心理之所以作成之、表出之者其道何。"② 也就是说，一个重要的政治人物——无论其为善人、恶人，其思想言行必得能有其成立的社会基础，必得能透出一个阶级或集团的人心，方能得到拥护，方能产生历史影响。③ 因此，对国民党左派的研究，不应局限于党派斗争或高层权力斗争，而应放置在整个20世纪二三十年代中国的政治、社会结构和时代精神中来探讨，具体包括：是什么样的政治、社会结构和时代精神孕育出国民党左派？在1928年至1931年间，为什么是汪精卫派系扮演了这样的角色？"汪陈左派"自身有什么特点？什么人最容易受其感召？凡此等等。关注国民党左派的社会基础，可以突破国共斗争或国民党派系斗争的范畴，释放出这一政治概念的丰富内涵。

以汪精卫、陈公博为代表的国民党左派延续到何时？美国学者王克文认为，1929年，汪精卫在陈公博与顾孟余的争论中，站在顾孟余一边，将国民党左派的核心政治诉求从走"非资本主义的民生道路"调整为争取政治民主，从此，汪精卫就取消了反帝和民众运动的立场，这意味着"左派运动"的终结。④ 在1929年以后，汪精卫派系的确更多利用"民主"而非"民生"的口号来团结地方实力派和知识分子，从事反蒋斗争。如果将"非资本主义的民生道路"作为国民党左派的标志，可以得出上述结论。但如

---

① 《中国国民党第一、二次全国代表大会会议史料》（下），第1177~1179页。
② 梁启超：《中国历史研究法》，台北：台湾商务印书馆，1966，第172页。
③ 梁启超指出："无论何种政治思想，皆建设在当时此地之社会心理的基础之上，所谓大人物之言动，必与此社会心理发生因果关系，始能成为史迹……而其效果收获之丰吝，一方面视各该社会凭借之根底何如，一方面又视所谓大人物者心理亢进之程度何如。"参见梁启超《中国历史研究法》，第173~174页。
④ 王克文：《汪精卫·国民党·南京政权》，台北："国史馆"，2001，第144、154页。

果不从思想路线出发，而是从派系斗争的角度，以改组派的组织、活动作为国民党左派的标志，则可以认为，1932年汪蒋合作之后，汪精卫出任国民政府行政院院长，陈公博、顾孟余出任实业部部长和铁道部部长，形成汪主政、蒋主军的局面，改组派不再进行公开的反蒋活动。这意味着以改组派为标志的国民党左派的终结。

然而，尽管在1932年汪蒋达成了政治合作，两人在党内的斗争却从未停止，并表现出不同的思想路线与行事风格。一些改组派成员和军事将领仍尊奉汪精卫为政治领袖，与其共进退，直至1938年汪精卫脱离重庆，走上对日和谈的道路。这一时期的汪蒋斗争，仅仅是争权夺利的派系斗争，还是带有一定的思想路线分歧？汪精卫、陈公博等人在执政期间是否实践了国民党左派的社会理想？这些仍是值得探讨的问题。中国大陆学者的主流观点认为，汪蒋分歧更多体现为一种权力斗争，而非政治理念与政治路线斗争，例如研究国民党高层派系斗争的学者金以林就认为：国民党高层政争，无论是谁，都要高举孙中山和三民主义的旗帜，这里或许有意识形态分歧，但更多的是借"主义"大旗争权夺利。"特别是自国民党由广东一隅成为全国的执政党后，权力之争远远超过治国理念的分歧"。① 海外学者特别是美国的学者，则比较强调汪蒋斗争中所包含的政治理念分歧，认为汪精卫主政时期的方针带有一定的国民党左翼政治路线特征。②

---

① 金以林：《国民党高层的派系政治：蒋介石"最高领袖"地位是如何确立的》，第8页。
② 例如，美国学者曾玛莉（Margherita Zanasi）认为，1932年1月，汪蒋再度合作，汪精卫出任国民政府行政院院长，陈公博任实业部部长，这是"左派"全面参与国民经济政策制定的时期。汪蒋经过协商之后达成的"安内攘外"主张，强调以国家统一和经济建设作为抵抗日本侵略的前提条件，这是"国民党左派"解决民族危机方法的直接表述，标志着汪精卫对蒋介石暂时的政治上的胜利——因为蒋介石更加主张在损害政治统一和经济建设利益的情况下，首先"剿灭"江西的"共产分子"；而汪精卫则认为只有进行经济建设、增强国家实力，才能从根本上解决外敌入侵和内部的共产党问题。曾玛莉还认为，陈公博在担任实业部部长期间，为了实现他建立一体化国家经济和促进阶级合作的目标，曾对所有生产商进行动员，他"将社会主义式的动员和激进防卫的民族主义结合在一起，设想创造一个社团国家，能够把中国所有的生产商团结在一起来建设国民经济"。这一国家经济建设计划"设想的政权是高度中央集权化的，能够将它的干预延伸到草根阶层，并能在全国范围内进行经济动员"。汪精卫在1930年提出的"经济金融政策提案"，带有明显的陈公博式的经济合作特征。在提案中，汪精卫认为，国家建设的成功取决于社会所有团体和政府的共同努力，暗含在经济合作中的是"阶级团结"和"社会主义式"的大众动员。参见〔加〕卜正民、施恩德编《民族的构建：亚洲精英及其民族身份认同》，第146~182页。

在1928年至1931年间,是"汪派"作为国民党左派的理论表述最充分、组织形态最完整的时期。尽管在1932年以后,汪精卫的施政方针中仍带有一定的左翼色彩,例如他在担任行政院院长期间主持的农村经济复兴委员会,体现出他对农村和农民问题的重视,并呼应了一些知识分子提倡的乡村建设运动。在1933年热河事变之后,中国华北俨然成为日本势力范围,中国陷入严重的民族危机之中,蒋介石仍将国家重心放在"剿共"之上,并提出扩充军备、加拨军饷的要求,汪精卫则坚决反对蒋介石扩充军事的呼吁,提出救亡图存必须充实国力的原则,拟定了遏制官吏贪污、严申军事纪律、全力进行农工商业建设的方针。这些都说明,在汪精卫与蒋介石的分歧中,包含一定的政治理念与政治行为方式的差异。但是在1932年以后,具有意识形态色彩和政治派系特征的国民党左派,事实上已经十分微弱了。

四 结语

国民党左派是一个复杂的历史现象,是各种政治力量交织的产物,既有国民党内部的诉求,也有国际共产主义运动和苏联国家利益的推动,反映了20世纪20年代中国与世界共产主义运动的复杂关系。虽然在国民党中一直不乏具有社会主义性质的思想论述,但国民党左派作为一个政治势力的产生,则起源于共产国际在中国打造亲苏、亲共的政治势力的策略。这一策略对国民党产生了深刻的影响,激化了党内各个派系寻求利用外部力量发展自我的斗争,加剧了国民党的分裂,甚至在第一次国共合作破裂之后形成了有明确纲领、组织和意识形态的国民党左派。

国民党左派问题不仅涉及高层政治斗争,还反映出国民党内部在思想上和组织上的分化,以及由此所体现的社会分化状况,同时还折射出20世纪20年代中国激进思潮和群众运动的走向,以及不同政治力量对中国革命前途的探索。通过讨论国民党左派的群众基础,将"小资产阶级"知识青年群体的苦闷、探索、奋斗、追求和分化的历史引入革命史研究,也将丰富我们观察20世纪中国革命的视角。观察国民党左派从无到有的过程,并以此为线索重新观察20世纪20年代中国政治的演变,可以在以往国共两党的叙述之外,开辟一个新的观察中国革命的视角。这个"国民党左派"的视角或将丰富中国革命史叙述的层次,深化我们对现代中国政治的理解。

历史中的国民党左派在思想系统和组织脉络上都是复杂的、变动的,能否从这些庞杂的思想主张和变化不拘的政治过程中,梳理出一个边界相对清晰的国民党左派的思想、组织脉络,对于研究者而言是一种挑战。笔者认为,若将国民党左派看作一种政治势力或政治派系,则在1924年至1927年间,其核心特征是支持联俄、联共、扶助农工政策,何谓"左派"的话语决定权则在于共产国际和中共。这一时期曾被认定为国民党左派的有廖仲恺、蒋介石、汪精卫、邓演达、谭延闿、徐谦、孙科、宋庆龄、何香凝等人,其中,在政治上延续性较强、影响力较大的是廖仲恺、汪精卫和邓演达,在军事上是张发奎和唐生智。这一时期的国民党左派并无清晰、稳定的派系特征。在1928年至1931年间,国民党左派演变成一种边界清晰、目标明确、具有自身意识形态的派系组织,这就是以汪精卫为精神领袖、以陈公博为政治领袖的改组派,他们亦自称"左派"。

一般来说,同情底层、关注农工、反对资本主义、倾向社会主义、对社会政治现实持激进的批判和变革主张,是左派的基本特点。但国民党左派涉及联共还是反共的问题,不能在单纯的思想层面上讨论。事实上,从1894年孙中山在檀香山成立兴中会开始,国民党内就始终不乏具有社会主义色彩的思想论述。但抱持不同程度的社会主义思想的人并非都主张联共,有些还坚决反共。例如,胡汉民和戴季陶都在一定程度上具有唯物主义的思想,关心社会问题,支持劳工运动,但在大革命期间,两人都反对联共政策,反对中共主导的工农运动,并且不认同共产党将国民党划分为左右两派的做法,因此,他们不在笔者讨论的国民党左派范围之内。另外,国民党内持续不断的批判性思想与政治主张,如1946年至1948年前后国民党内的党政革新运动,也不属于国民党左派的范畴。讨论国民党左派问题,不能离开国共合作与分裂这个特定的历史背景。国民党内的左翼思想和国民党左派虽然有所关联,但是是两个不同的问题。

国民党左派与中共、国民党左派的主要代表人物之间,既有思想上的一致性、相关性,也有内在的差异。例如,廖仲恺从集合生产和社会平等的角度理解社会主义的优势，希望设法避免资本主义发达、贫富分化带来的阶级斗争，希望在发展国民经济、对抗帝国主义侵略的同时，解决社会不平等的问题，为所有人谋求平等的自由。这也是"汪陈左派"的共同愿望。1932年出任国民政府实业部部长的陈公博，就曾表述过建立集中的国民经济体系的构想，欲将一切关乎国民经济命脉的大产业收归国有，建设国家资本，设立国营公司，由国家筹办大规模的国有电气和水利事业，由国营公司吸收社会劳动力成为国家工人，以国有企业集中财力物力建设国民经济，避免贫富分化和阶级斗争。但与陈公博不同的是，廖仲恺并不十分推崇大的国营公司。在国营事业与社会合作组织之间，他更重视社会的合作组织，对大规模的国有资本和国营事业则表示忧虑。他认为，在一个政治腐败势力泛滥的国度，在人民缺乏有效监督和约束机制的情况下，大规模的国有公营事业，势难避免腐败的危机，而合作组织既可以解决生产分配问题，又可以激发人民自主的能动性，养成人民的自治能力，培养民主基础。这是廖仲恺思想的独特之处。

在"联共"期间，汪精卫看到了共产党以党治军的能力，他也试图借鉴共产党的经验，在国民党军队中推行以党治军的制度。在1928年南京国民政府建立之后，面对事实上的武人割据和党权支离破碎的局面，如何使国民党从军人的控制中解脱出来，以一种制度性的力量约束武力，始终是汪精卫苦心思考的一个问题，但他没有找到答案。除以党治军外，国民党左派还向共产党学习了阶级分析和社会动员。"阶级"与"民众"的视野一直存在于国民党左派的思想之中，但他们的政治目标不是阶级斗争，而是经济建设和阶级调和。无论是在国民革命中，还是在经济建设中，国民党左派的社会动员与中共相比都是失败的。国民党左派在国共分裂后继续号召青年革命，陈公博在《革命评论》上特别提出了国民党的青年化、民主化目标，希望吸收青年人才入党，解决国民党的腐化问题，但是他们没有找到能够真正组织和改造青年的有效方法，也无法吸收那些有理想、有热血的青年加入国民党。至于为什么国民党左派能够提出却不能解决这些问题，为什么他们的方案没有被南京国民党中央采纳，则需要进一步思考和研究。

国立大学与国民政府

——以抗战爆发前浙江大学校长更迭为主线的考察

张 静

1930年至抗战全面爆发前，与同时期多数国立大学类似，浙江大学在其发展中遭遇了一系列困难艰窘：教育经费累年短缺与拖欠，校舍失修，校长频繁更迭，教师索薪罢教，学生运动迭起。此外，外患日迫，国民政府强化对高等教育的控制与干预，也加重了这种困境。

浙江大学的前身为1897年建立的求是书院，几经易名，1903年更名为浙江高等学堂，1912年停办。1927年8月，南京国民政府在其旧址建立第三中山大学，将原浙江公立工业专门学校、浙江公立农业专门学校分别改组为该校的工学院和劳农学院①，蒋梦麟任校长。因试行大学区制，该校还掌领全省教育行政。1928年4月，该校更名为中华民国大学院浙江大学，7月，改为国立浙江大学。1928年10月，蒋梦麟被任命为大学院院长。②1929年8月，大学区制取消。③1930年7月，他辞去遥摄的浙大校长一职。此后，直到抗战全面爆发，先后有四人担任浙大校长，分别为：邵裴子（1930年7月至1932年3月）、程天放（1932年3月至1933年3月）、郭任远（1933年3月至1936年4月）、竺可桢（1936年4月任命）。对于此种教育事业主办者频繁更迭的现象，1937年即将卸任教育部部长的王世杰曾慨言，教育工作必须要长时期方能收效，中国教育事业主办者的频繁更迭，

---

① 劳农学院1929年1月更名为农学院。
② 不久，大学院裁撤，恢复教育部，蒋梦麟任部长。
③ 教育部编《第一次中国教育年鉴》，开明书店，1934，丙编，第56页。

实是教育效能不易提高的原因之一。① 而从另一个角度看，校长的频繁更迭仅是表象，体现了此时期国立大学发展中的困境，它往往又与经费、学潮、民族危机、政府的教育方针等问题错综交织，甚至互为因果。

对浙大历史的研究，以往多关注竺可桢治校时期。② 竺可桢无疑是浙大校史上一个重要人物，率学校走过抗战及国共内战时期，并使之获得显著发展，加之其前任郭任远因"一二·九"运动黯然辞职，他掌校之前浙大的历史或多或少显得模糊。20世纪30年代上半期浙大所遇到的种种困境，也是同时期各国立大学所共通的，因此，对该校应对这些困境的过程加以考察，有助于我们加深了解此时期国立大学的整体历史，进而考察国立大学与南京国民政府之间的关系。③ 就浙大这一个案而言，在其经费、校长人选、学潮等问题的产生原因及应对过程中，除校方的种种努力外，又可看到国立大学与南京国民政府、国民党中央之间的互动关系。浙大解决上述危机的尝试，亦有其自身的特殊之处，这种特殊性在一定程度上源于地缘因素。浙江是蒋介石的故乡，20世纪30年代上半期他不时到杭州小住，加之其不少亲信幕僚都是浙江籍，故而，他对这所浙江省最高学府，也给予了一定关注，并多次到浙大视察。

---

① 林美莉编校《王世杰日记》上册，1937年5月8日，台北：中研院近代史研究所，2012，第17页。
② 有关浙江大学校史的研究有：浙江大学校史编辑室编《浙江大学校史稿》（浙江大学校史编辑室，1982），毛正棠著《浙江大学》（知识出版社，1987），毛正棠、徐有智编著《浙江大学》（湖南教育出版社，1990），贵州省遵义市地方志编纂委员会编《浙江大学在遵义》（浙江大学出版社，1990），浙江大学校史编写组编《浙江大学简史》第1、2卷（浙江大学出版社，1996），李曙白等著《西迁浙大》（浙江大学出版社，2007）等。1980年以来，关于竺可桢的研究有很多，如：《竺可桢》编辑组编《竺可桢传》（科学出版社，1990），杨达寿著《竺可桢》（浙江科学技术出版社，2009），毛正棠、竺可桢教育基金会编《竺可桢校长主持浙大校政十三年》（浙江大学出版社，1994），何方昱著《党化教育下的学人政治认同危机：去留之间的竺可桢（1936~1949）》（《史林》2010年第6期），罗惜静著《政治与学术之间：浙江大学"学潮"中的竺可桢》（硕士学位论文，浙江师范大学，2012），田正平著《"只问是非、不计利害"——从〈竺可桢日记〉看一位大学校长的精神境界》（《高等教育研究》2016年第4期）等。
③ 关于此时期的高等教育，主要研究有：陈能治的《战前十年中国的大学教育》（台北：台湾商务印书馆，1990），田正平、商丽浩主编的《中国高等教育百年史论——制度变迁、财政运作与教师流动》（人民教育出版社，2006），王东杰的《国家与学术的地方互动——四川大学国立化进程（1925~1939）》（生活·读书·新知三联书店，2005），蒋宝麟的《财政格局与大学"再国立化"——以抗战前中央大学经费问题为例》（《历史研究》2012年第2期）等。

本文试图利用台北"国史馆"所藏档案，蒋介石《事略稿本》，相关人物的日记、回忆录、报刊资料等材料，以校长更迭为线索，探究这一现象背后的诸多因素，梳理1930年至1937年间国立浙大校务发展的大致情况，更重要的是，考察历任校长对浙大发展中所遇到的诸多问题的应对，揭示蒋介石及其亲信的浙籍官员在此过程中的考量与作为，在此基础上，对国立大学与南京国民政府之间的互动关系做一初步的探讨。

一　校长人选问题

国立大学校长由国民政府任命。1929年公布的《大学组织法》第九条规定："大学设校长一人，综理校务。国立大学校长由国民政府任命之，省市立大学校长由省市政府分别呈请国民政府任命之。除国民政府特准外均不得兼任其它官职。"① 1934年，又修订此条为："大学设校长一人，综理校务。国立、省立、市立大学校长，简任。除担任本校教课外，均不得兼任他职。"② 1937年前，依惯例，国立大学校长由教育部部长提出于行政院会议议决。大学校长人选之重要性自不待言。教育家程其保认为，"大学校长，掌最高之学府，握全校之中枢，是非道德文章，足以领袖群伦者，难以胜任"。③ 国民政府在决定国立大学校长人选时，除考量其学识、经验、资望、籍贯等之外，该人选是不是国民党"忠实同志"，以及其在高层的人际网络往往是更重要的因素。例如，1932年8月，蒋介石致电教育部部长朱家骅并转国民党中央组织部部长陈立夫云，"上海学界，本党素无基础，非设法布置，积极进行，后恐不及也"。他指示，务必从一两所大学入手，"派忠实同志，有能力者为校长"。④

---

① 《大学组织法》，《国民政府公报》第227号，1929年7月27日。
② 《修正〈大学组织法〉第九条条文》，《国民政府公报》第1424号，1934年4月30日。
③ 程其保：《论大学校长》，《时代公论》第7号，1932年5月13日。
④ 王正华编注《蒋中正总统档案·事略稿本》(16)，台北："国史馆"，2007，第160页。值得一提的是，抗战前，虽然国民党注重任用"忠实同志"为校长，以达到控制大学的目的。但据王奇生的研究，此时，国民党基本没有在学校建立基层组织，大学师生加入国民党者亦不多（王奇生：《战时大学校园中的国民党：以西南联大为中心》，《历史研究》2006年第4期）。

20世纪30年代初,校长人选成为高等教育中一个引人注意的问题。各国立大学因校长人选争议而引发学潮的现象屡见不鲜。如:1931年的清华大学、中山大学,1932年的北平师范大学、中央大学相继因校长问题引发学潮。因此,平津国立院校教职员联合会、上海各大学教授抗日救国会等均呼吁,应慎重选择校长。① 由行政官员出任校长,政治势力对教育的侵蚀是最受诟病的一点。有人指出,"大学校长和中央要职,有密切关系,已为普遍现象",从而批评"教育的官僚化"。② 胡适提出,"校长不得人"是造成学潮的重要原因之一,"这也是政府的责任"。他批评各政治势力、政治派系对大学行政的渗透与争夺。"用大学校长的地位作扩张一党或一派势力的方法,结果必至于使学校的风纪扫地,使政府的威信扫地。"③ 青年党机关刊物《民声周报》的一篇文章指出,国民党的"党治"是问题的根源。"办党固然是办党,办学也还是办党,学校早已成了党派的决斗场","假如'党治'不取消,'党化教育'不取消,而大学校长又非任用党员或官吏不可",则即使采取解散大学的手段,对于所谓整饬学风,也"绝对不会有效果,这是可以断言的"。④

此时期的浙大虽未因校长人选问题引发严重的学潮,但也险生事端。在该校校长的人选问题上,蒋介石、陈立夫、陈布雷等起着十分重要的作用。

浙大第二任校长邵裴子早年留学美国学习经济,回国后,曾任浙江高等学校校长等职,并参与第三中山大学的筹备。1928年秋,浙大文理学院成立,邵裴子任院长。蒋梦麟任大学院院长后,邵裴子被聘为副校长,其后一直主持校务。1930年7月,教育部部长蒋梦麟辞浙大校长兼职,并推荐邵裴子继任,也是顺理成章的安排。1931年11月,浙大遭遇严重经费问题,由此引发部分学生冲撞教师的事件,邵裴子辞校长职。次月,又因工学院学生与省党部发生冲突,复请辞文理学院院长职。⑤ 也有人回忆说,邵裴子之辞职,与其"学者办学,舆论公开"的办学精神与国民党当局的冲突,以

---

① 臧晖(胡适):《论学潮》,《独立评论》第9号,1932年7月17日;《上海各大学教授对中大学潮宣言》,《申报》1932年7月11日,第4张第14版。
② 吴景贤:《一九三二年之中国学潮》,《学风》第1、2期合刊,1933年3月15日。
③ 臧晖(胡适):《论学潮》,《独立评论》第9号,1932年7月17日。
④ 仲平:《党治与学潮》,《民声周报》第31期,1932年7月10日。
⑤ 详见下文第二、三部分。

及他抗拒蒋介石要其加入国民党的示意有关。①

1932年3月，国民政府行政院第12次会议经教育部部长朱家骅提议，决议邵裴子准予辞浙大校长职，并任命程天放继任。程天放系教育行政官员出身，早年曾留学美国、加拿大，学习国际法，1927年回国，担任江西省教育厅厅长，此后历任安徽省教育厅厅长、安徽大学校长、国民党中央宣传部副部长等。他与"二陈"关系密切。1932年4月，程天放就任浙大校长，此后，改进校务，致力于解决经费问题而确有进展。1933年2月，国民政府行政院第86次会议决议，任命程天放为湖北省教育厅厅长。这一任命出乎程氏本人及浙大师生的意料。随着第四次"剿共"湖北战事的结束，蒋介石决意大力整顿湖北省政，重新布置人事。程天放之调任湖北，正是蒋介石的安排。②

与此同时，蒋介石亦在考虑浙大继任校长人选。2月3日，他致电浙江省教育厅厅长陈布雷，通知程天放赴南昌会面，并询问由何人任浙大校长为宜。③陈布雷毕业于浙大前身浙江高等学堂（以下简称浙高），两度担任浙江省教育厅厅长，并曾任教育部常务次长。④他向蒋介石建议："以资望及与中央关系而言，力子、元冲两君均妥，然皆有任务。此外，陈大齐君，现任考试院事，孝公必不允许。又马裕藻，即幼渔先生，似亦可备选。且陈、马二人即使能来，亦决不能如天放之负责。倘鄂事能另觅人，最好对天放不

---

① 郑厚同：《我所知道的邵裴子先生》，浙江省政协文史资料委员会编《浙江文史资料选辑》第50辑，浙江人民出版社，1993，第214~216页。
② 《程校长慰勉同学》，《国立浙江大学校刊》第124期，1933年3月4日。
③ 《蒋中正电陈布雷请张龄暂缓来见程天放速来南昌一叙》（1933年2月3日），台北"国史馆"藏，《蒋中正总统档案》，档案号：002-070100-00030-024（以下均出自此档的，只注档号）。
④ 1929年8月，国民政府废除大学区制，恢复各省教育厅，陈布雷因蔡元培、吴稚晖的推荐，被任命为浙江省教育厅厅长。其时，浙江教育界存在北大系与浙高系之间的门户之争，北大系势力占上风。对陈之任命，时人预料浙高系将夺回地盘。然而，陈布雷赴任后，"用人取超然主义，以打破学派观念为整顿之前提"。由于教育界蔡元培、李石曾两系之争等原因，1930年12月，教育部部长蒋梦麟被迫辞职。在继任部长高鲁未到任前，蒋介石以行政院院长名义自兼教育部部长，陈布雷被任命为教育部常务次长。1932年1月，陈布雷再次担任浙江省教育厅厅长。1934年4月辞职，5月，任军事委员会南昌行营设计委员会主任（见陈布雷《陈布雷回忆录》，东方出版社，2009，第122~140页；张任天《缅怀旧雨忆当年——记陈布雷》，浙江省政协文史资料研究委员会编《从名记者到幕僚长——陈布雷》，浙江人民出版社，1988，第132~134页）。

予更动。"蒋介石回复说,浙大校长"可在省党委中遴选一员,或由兄调任"。① 不数日,有消息传出,浙大校长遗缺将由余井塘担任。② 余井塘曾任国民党组织部秘书,时任中央政治学校教务主任,与"二陈"关系密切。据说,提名余井塘的正是陈立夫。③

程天放本人并不愿赴鄂。在他看来,浙大事务已"稍有眉目",学生潜心向学,"只须经费不困,前途大有可为",而湖北教育经费积欠异常严重。④ 他奉蒋介石电召前往南昌,向蒋面辞三次,未获允准。浙大各院学生听闻易长消息后,于13日晚分别召开全体大会,决议一面致电中央,恳请其收回成命;一面致电程天放,表明挽留决心。⑤ 工学院学生自治会亦"于慨愤填膺中"开会讨论,决定联合文理、农两院,一致挽留程天放,并且决议:"电程校长请勿辞校长职";"发表程校长之治校决心、过去成绩,及其改革方针";"至相当时期,发表《除程天放氏外,拒绝任何人长校》之宣言"。⑥ 浙大秘书长沈履亦认为:"教育机关的领袖若是与别的政治机关一样时常去更换他,这个情形对于教育的进展实在是不大相宜的。"故而希望政府当局能兼顾教育的需要,了解办教育者的苦衷,"俯纳舆情"不要强迫调动校长。⑦ 为此,他还到南京接洽。浙大学生拒绝任何人继任之言论登载于报章,令教育部不满。时值热河战役爆发,沈履在南京感受到"中央同仁对于本校同学极为失望"。"他们认为在国难当前的时机,凡属国民皆当严守秩序,团结力量,一致御侮。但以国立大学的学生竟发出这种言论,不但有失国立大学生的身分,并且有失国民的身分。"⑧ 在民族危机之际,程天放决定服从大局,并促中央速委继任,以免贻误校务。⑨

---

① 《蒋中正电陈布雷浙大校长可在省党委中遴选或由兄调任》(1933年2月10日),002-070100-00030-063。
② 《余井塘长浙大说》,《申报》1933年2月12日,第4张第15版。
③ 竺可桢:《竺可桢全集》第6卷,上海科技教育出版社,2005,第29页。说明:本卷为竺可桢1936年至1938年间的日记。
④ 《程校长慰勉同学》,《国立浙江大学校刊》第124期,1933年3月4日。
⑤ 《浙大学生挽留程天放》,《申报》1933年2月17日,第4张第15版;《全体学生恳切挽留程校长》,《国立浙江大学校刊》第122期,1933年2月18日。
⑥ 《学生会本学期常年大会纪略》,《国立浙江大学校刊》第122期,1933年2月18日。
⑦ 《沈秘书长在纪念周中之校务报告》,《国立浙江大学校刊》第124期,1933年3月4日。
⑧ 《沈秘书长在纪念周中之校务报告》,《国立浙江大学校刊》第124期,1933年3月4日。
⑨ 《程校长慰勉同学》,《国立浙江大学校刊》第124期,1933年3月4日。

因浙大学生不接受余井塘，陈立夫复提名郭任远为浙大校长人选。① 浙江省教育厅厅长陈布雷也赞同这一人选。② 郭任远毕业于美国加州大学，获心理学博士，是知名心理学家，倡导行为主义心理学，曾任复旦大学副校长，创办复旦大学心理学院、生物学系，并任心理学院院长，亦曾任浙大心理学副教授。3月7日，在行政院第90次会议上，经教育部部长朱家骅提议，决议浙大校长程天放另有任用，拟请以郭任远继任。在郭氏的就职典礼上，陈布雷对学生讲话，对校长更迭事，强调中央对浙大的关心，"中央实以鄂事重要，未能允诸同学之请求，但是中央爱重浙大，一方面调程校长赴鄂，一面即以家长替子弟物色良师的精神，多方征聘，卒以此种诚挚的精神，感动了埋头研究室中的郭先生，出来担任贵校校长的职务"。"几年以来，我们常见国立大学校长更迭，动辄虚悬到三五个月或是半载以上，虽然有人代理负责，但学校的损失是无可补偿的。我们浙大在一个月中间，去一个好校长，来一个好校长，固然是中央所喜慰，也未始不是诸同学的幸福"。③

郭任远就任浙大校长后，力图有所作为，改进校务，兴修校舍，但他行事专断，对学生严苛，推行军事管理，动辄开除学生，并使一些优秀教授相继去职。此外，自程天放长校，国民党党部势力开始进入浙大；④ 到郭任远时期，"二陈"更明显地介入浙大校务。1933年6月，陈果夫致电蒋介石，提出浙大农学院素不健全，非彻底改组不可。又提及，郭任远亦有此意，但该院院长许璇在浙大时间久，骤然更换，恐生问题。"果意最好由钧座致郭一电，令其从速改善农学院，则较易进行"。并且，他已为蒋拟就电稿。⑤ 许璇随即因"办事棘手"辞职，农学院教授亦提出总辞职。⑥

---

① 《竺可桢全集》第6卷，第29页。
② 《陈布雷先生从政日记稿样（民国二十四年三月一日起）》，1935年12月25日，东南印务出版社，出版年不详，第91页。
③ 《郭校长补行宣誓》，《国立浙江大学校刊》第131期，1933年4月29日。
④ 《竺可桢全集》第6卷，第29页。
⑤ 《陈果夫电蒋中正浙江大学农学院素不健全拟令郭任远校长从速改善对于许璇院长另行妥当位置》（1933年6月8日），002-080200-00095-003。
⑥ 《浙大农院院长教授辞职》，《申报》1933年6月14日，第4张第14版。

郭任远执掌浙大三年，两度遭遇学生的反对风潮，以致两度请辞。1935年底，浙大学生起而响应"一二·九"运动。学生运动旋即发展为反对校长风潮，郭任远宣布辞职。在学潮愈演愈烈之际，浙大教育系主任郑晓沧向时任军事委员会委员长侍从室第二处主任的陈布雷表示，不能以浙大徇郭任远一人，并询问中央对郭任远是否必欲保障到底。① 陈布雷回答说，郭氏之任职浙大，"当时吾辈均为赞成者，不料其行径孤往，使优良教授联袂引去，就个人言，决无再与支持之理。唯继任实难其选，不得不静观其后，徐谋易人耳"。②

经由郑晓沧的推荐，陈布雷向蒋介石提议以竺可桢为下任浙大校长人选。③ 竺可桢毕业于哈佛大学，获气象学博士学位，回国后，曾任东南大学地学系主任等职，1928年，创办中央研究院气象研究所并任所长。1936年2月11日，翁文灏告诉竺可桢，陈布雷等拟提名他为浙大校长。④ 随后，蒋介石让人转告竺可桢，希望与他会面。起初，竺可桢由于气象所事务等缘故，不愿接受浙大职务。2月21日，竺可桢在陈布雷的陪同下，面见蒋介石。蒋介石征询竺可桢对接掌浙大的意见，竺可桢答复，需先与中研院院长蔡元培商议，蒋介石希望他即刻允任。⑤ 竺可桢考虑再三，最终在翁文灏、陈布雷、陈训慈（竺可桢友人，陈布雷四弟）等的劝说下，应允暂时担任浙大校长半年，以为过渡。他应允的动机之一是，考虑到此前国民党党部试图控制浙大，"故此时余若不为浙大谋明哲保身主义，则浙大又必陷于党部之手，而党之被人操纵已无疑义"。⑥ 1936年4月7日，行政院第257次会议决议通过教育部部长王世杰所呈之浙大校长郭任远呈请辞职请予免职，另请任命竺可桢为校长案。

---

① 郑晓沧，名宗海，字晓沧，与陈布雷是浙高同学。1929年，陈布雷担任浙江省教育厅厅长时，郑晓沧被任命为秘书兼第一科科长。
② 《陈布雷先生从政日记稿样（民国二十四年三月一日起）》，1935年12月25日，第91页。
③ 《竺可桢全集》第6卷，第37页。12月28日，浙江大学成立校务会，以暂时维持校务，郑晓沧被推为主席。
④ 《竺可桢全集》第6卷，第23页。
⑤ 《竺可桢全集》第6卷，第27页。
⑥ 《竺可桢全集》第6卷，第29页。

二　国立大学的经费困境

民国建立之初，教育经费支绌、拖欠、挪用是窒碍教育发展的一大问题。为摆脱经费困扰，保障教育事业之进行，20世纪20年代初，一些教育界人士提出教育经费独立的主张。财政专家贾士毅所著《民国续财政史》分析道："教育费为岁出经费之一部，就财政原理而论，国家及地方预算成立，固应统收统支，不当另有独立之岁入，以供独立之岁出，致背财政统一之原则，惟近十年来，时事多故，军事当局往往移教育费以充军用。教育生命，不绝如缕，此教育经费独立之议所由来也。"① 1927年底，大学院院长蔡元培与财政部部长孙科联名向国民政府提交《教育经费独立案》，获得通过，然而并未切实执行。

20世纪30年代初期，教育经费的不足与拖欠，已严重困扰各国立大学之发展，并在各地相继引发教师索薪罢教、学生学潮、校长辞职等现象。1932年，胡适在讨论平津国立院校教职员联合会所提出的解决学潮的提案时，提出："政府如有诚意收拾学潮，整顿学风，第一件任务应该做到不拖欠教育经费。"②

从理论上讲，国立大学经费应由国库负担，但实际上各校经费来源各异。③ 就浙大而言，1931年前，该校经费依惯例由浙江省财政厅就代征国税项下划拨。④ 1928年度至1931年度，该校经费预算分别为：64.5万元、86.9万元、76.9万元、76.9万元。⑤ 而从浙江省的财政状况来看，1927年

---

① 贾士毅：《民国续财政史》，商务印书馆，1932，第222~223页。
② 臧晖（胡适）：《论学潮》，《独立评论》第9号，1932年7月17日。
③ 陈能治将1927年至1937年间的国立大学按经费发放程序划分成六种类型，其中，浙江大学与中央大学、武汉大学、中山大学、四川大学为一类，"均由地方在国税项下直接拨付，名义上由中央负担，但是实际由地方支给，财部或作少量之补助"（陈能治：《战前十年中国的大学教育》，第214~222页）。
④ 《浙大全体教职员再电呼吁经费》，《申报》1931年3月28日，第2张第9版。
⑤ 《十七、十八两年度教育费岁出概算表》《十九、二十两年度教育费岁出概算表》，贾士毅：《民国续财政史》，第226~231页。而程天放在浙大一次纪念周报告中提及，该校1931年度经费为78万元（程天放：《浙大改组的意义及将来的希望》，《国立浙江大学校刊》第102期，1932年9月10日）。

至1936年，该省大举从事建设事业，政费膨胀，又受水旱风灾、国民政府税制改革等因素影响，因而财政累年入不敷出，1930年后，省财政历经整理，到1936年，始转危为安。① 自1930年下半年，因浙江省财政厅拖欠，使完全仰仗于省库的浙大遭遇了严重的经费问题，引发了教职员索薪和学潮，并导致校长邵裴子向教育部请辞。此后，浙大历任校长皆力图解决此问题，与浙江省、教育部、财政部等接洽，并屡次向蒋介石寻求帮助。

1930年12月，浙大开学已四个月，但仅领到一个月的经费，校务难以进行。教职员因生活无继，组织教职员联合会，甚至有大举索薪之动议。② 是月，国民政府宣布自1931年1月1日起一律废除厘金。裁厘使浙江省失去一大财政收入来源，省财政厅随即以无代收国税款项为由，决定自1931年1月起，不再向浙大拨发经费。③ 浙大再三电呈财政部、教育部请示办法，教育部、财政部二部议定：浙大经费，全数由浙江省于营业税项下划拨，在营业税未开征以前，自3月起，每月由财政部拨发3万元，其余由浙江省筹拨。浙江省财政厅则提出，营业税为地方税，且尚未开征，将来开征之后，其税款亦远不能抵裁厘损失，实无余力负担，请示省政府，省政府复转咨财政部，浙大经费，仍由中央全数拨发。④ 中央与浙江省之间相互推诿，而浙大接连数月财政困竭，致使校务几陷停顿。文理学院的史学与政治学系、经济学系，因经费问题，开不出课，不得不呈请教育部准许学生到其他国立大学借读或转学。⑤ 1931年3月底，浙大全体教职员因生计难以维持，电呈国民政府主席蒋介石请求迅予解决。⑥ 4月14日，浙大学生会派代表向省政府请愿，要求解决经费积欠问题。⑦

---

① 参见潘国旗《民国浙江财政研究》，中国社会科学出版社，2007，第100～149页；尹红群《民国时期的地方政权与地方财政（1927～1945）——以浙江为例》，博士学位论文，浙江大学人文学院，2005，第21～30页。
② 《浙大教职员将索薪》，《申报》1930年12月2日，第2张第8版。
③ 《浙大全体教职员再电呼吁经费》，《申报》1931年3月28日，第2张第9版。
④ 《浙大经费仍由浙省营业税项下拨发》，《申报》1931年4月5日，第3张第11版；《浙省无力负担浙大费》，《申报》1931年4月15日，第3张第9版。
⑤ 《教育部指令第三二三号》（1931年2月6日），《教育部公报》第3卷第7期，1931年2月22日。
⑥ 《浙大全体教职员再电呼吁经费》，《申报》1931年3月28日，第2张第8版。
⑦ 《浙大学生向省府请愿》，《申报》1931年4月17日，第2张第8版。

4月15日，蒋介石到浙大视察，参观工学院。次日，再赴浙大，在大礼堂向教职员及学生千余人演讲。他表示，对于经费问题，无须担心，从南京动身前，已决定解决办法，即：一半由浙江省支付，一半由中央补助，并云，"国家不怕没有经费，只怕没有好的学校"。①

浙大经费虽经蒋介石承诺，由财政部、浙江省财政厅负担各半，但经费拖欠问题依然十分严重。1931年度，教育部、浙江省教育厅积欠浙大经费达30余万元。② 11月4日，农学院学生为解决本院经费问题，全体进城面见校长。③ 邵裴子召集农学院师生会谈，部分工学院学生进入会场旁听，不久，这些工学院学生冲撞农学院教授，包围办公室，邵裴子及工学院院长李熙谋无法制止。邵裴子随后致电教育部，以"校务不易维持、学风尤待于整饬"为由请辞；李熙谋亦引咎辞职。④ 教育部再三慰留，农学院学生也召集全体大会决议一致挽留，但邵裴子辞意已决，送上辞呈，不再视事。

1932年4月，程天放就职浙大时，所面临的最严重问题依然是经费竭蹶。自"一·二八"事变爆发，国民政府迁都洛阳，全国财政滞塞，各地教育经费积欠。就浙大而言，程天放就任之际，经费中由中央拨给部分已积欠三个月，由浙江省负担部分亦数月欠发。正式就任前，程天放即与浙江省财政厅联络，无甚结果；他又进京向中央求助，教育部、财政部略有拨发。6月，浙大各学院教授因已欠薪数月，生活无法维持，数度推派代表向校方催发积欠而无果，遂召集全体紧急会议，宣布自8日起总请假。校方紧急筹发一个月薪俸，9日，各院教授恢复上课。⑤

"总请假"风潮发生时，程天放正在南京接洽经费。返回杭州后，他对《申报》记者说明接洽情形。据云，行政院院长汪精卫、教育部部长朱家骅答复，从7月起，浙大经费可按月发足；蒋介石亦关心该校，以私人名义致电浙江省政府，自7月起全额发放浙大经费。程天放称，对此结果，该校教

---

① 高素兰编注《蒋中正总统档案·事略稿本》(10)，台北："国史馆"，2007，第433~444页。
② 程天放：《浙大改组的意义及将来的希望》，《国立浙江大学校刊》第102期，1932年9月10日。
③ 浙大有三个学院，工学院、文理学院位于杭州城内，农学院在城外。
④ 《邵校长向教育部辞职》，《国立浙江大学校刊》第71期，1931年11月7日。
⑤ 《浙大全体教授请假风潮解决》，《申报》1932年6月11日，第3张第10版。

授、学生表示满意,问题完全解决。① 6月7日,蒋介石致电浙江省主席鲁涤平、财政厅厅长周骏彦,嘱其"浙省补助浙江大学每月三万五千元,务希按月照拨,并望于本周内拨付一月,二十一年度预算内,务望仍列四十二万元,弗予缩减为要"。②

7月,教育部在南京召开国立专科以上学校校长会议,教育部所拟主要议题包括:各大学增设农工医理学院案;设在同一区域之国立大学,应避免院系重复案;各大学应培养国防人才案;各大学经费案。其中,国立大学经费问题是会议讨论的核心。程天放首先在会上提出经费问题,各校长敦促中央对国立大学经费应按月发清。关于国立各校经费问题,会议决议三项办法,呈于中政会和行政院。(1)国立各校经费,自七月起,不减成发给。(2)关于上年度积欠,应即确定清偿办法或以现金分期减偿,或发行有确实抵押之公债。(3)国立各院校经费,应指定的款,以为保障,其办法如下:①中央教育文化经济保管委员会保管;②指定下列各款:关税、俄庚款及其他、铁道部各路拨付财政部协款、卷烟特税,经指定之各款,应由该款征收机关按月直接拨付于前项之保管委员会。行政院院长汪精卫函复各校长称,对于教育经费,政府现已积极筹凑,并承诺自7月起,所有国立专科以上学校经费不减成发给。③对于清还旧欠问题,汪精卫之复函虽原则上予以承诺,但未确定何时发放;对于指定的款问题,行政院方面未肯赞同。④随后的两个月,教育部的确按月向浙大发放经费。⑤

中央方面的经费来源似已有一定保障,而由浙江省所负担部分能否按月十足拨发依然成问题。在程天放看来,浙大既然是国立大学,则其经费应全部由中央财政拨付,这是解决经费问题的切实办法。⑥ 11月,他呈请蒋介石,仿效中央大学前例,由财政部完全负担浙大经费。其呈文云:"惟浙省

---

① 《浙大工学院长辞职后校长程天放自行兼代》,《申报》1932年6月17日,第4张第13版。
② 《蒋中正电鲁涤平周骏彦务希按月照拨浙江大学经费》(1932年6月3日),002-080200-00053-026。
③ 《国立专科以上校长会议以经费为中心》,《湖北教育厅公报》第3卷第9期,1932年7月31日。
④ 《浙大变更组织》,《申报》1932年7月26日,第3张第10版。
⑤ 程天放:《浙大改组的意义及将来的希望》,《国立浙江大学校刊》第102期,1932年9月10日。
⑥ 《浙大校长程天放临别勉励学生》,《申报》1933年3月17日,第4张第13版。

财政困难已极，无法发足，积欠甚巨。浙大与其他各大学较，相形见绌，无从发展，员生睹此情形，纷请援中央大学例，以后经费完全由财部发给。放于本日来京接洽此事，浙大经费每月六万五千，现财部已担任三万五，再增加三万，于国库为数甚微，而于浙大关系至巨。宋部长刻正在汉，务恳钧座面嘱宋部长，对此事予以批准，则浙江高等教育幸甚。"① 蒋介石转与财政部部长宋子文核办。② 12月，教育部指令，浙大经费由财政部加拨1.5万元，其余仍由浙江省财政厅拨付。程天放又电呈蒋介石，请其面谕周骏彦，"浙大经费，中央未允前，仍应由浙省负担"，复得蒋介石之同意。③ 不过，直至程天放离任，其使浙大经费完全由国库负担的目标仍未实现。

1932年，浙江省财政因支出过多，收支严重不敷。在制定1933年度概算时，教育厅厅长陈布雷倡议实行紧缩政策，并表示愿从教育厅及教育费开始实行。此议得以通过，各校经费均缩减为九折。④ 1933年春，郭任远接任浙大校长后，对经费问题的解决思路是：一方面向中央及浙江省请求援助，一方面尽力从内部节省，以余款扩充图书、仪器。⑤ 为此，他调整浙大行政机构，以缩减行政费用。是年夏，郭任远听闻浙江省因本年度财政不敷，下年度预算拟将浙大补助费全部停止的消息，即通过陈果夫，请求蒋介石令浙江省政府转饬财政厅照拨经费。蒋介石回复说，日前中央所核定的浙江省预算，只批令浙大补助费移请中央发给，并非置之不顾。蒋介石还表示，浙大补助费应由中央承担。⑥ 郭任远上任后的另一项举措是兴建校舍。浙大各院校舍大多袭用清末民初之旧建筑，到20世纪30年代初，已陈旧残破，栋倾壁裂，有倾圮之虞。兴建校舍又涉及购置土地及向教育部申请增加

---

① 《程天放电蒋中正请援中央大学例由财政部发给浙大经费并嘱宋子文批准浙大经费》（1932年11月9日），002-080200-00062-038。1932年行政院第12次会议议决，中央大学每月经费16万元，从2月起，暂由财政部全部拨发。

② 王正华编注《蒋中正总统档案·事略稿本》（17），台北："国史馆"，2005，第330、331页。

③ 《程天放电蒋中正中央未允前仍由浙江省负担浙江大学经费》（1932年12月28日），002-080200-00066-055。

④ 陈布雷：《陈布雷回忆录》，东方出版社，2009，第135页。

⑤ 《郭校长补行宣誓》，《国立浙江大学校刊》第131期，1933年4月29日。

⑥ 《陈果夫电蒋中正请令浙江省政府转饬财政厅照发浙江大学经费以整顿该校》（1933年8月30日），002-080200-00117-124。

临时费等问题。浙大将省立蚕桑学校及浙大农学院校地出让给中央航空学校，以补偿款在杭州太平门外购地500亩，建筑新校舍。1934年春，农学院校舍首先投入使用，其余各馆舍亦计划次第兴建，计划四年完成。在与中央航校会商收购校地事宜、农学院等搬迁与过渡、新购置土地纠纷等过程中，郭任远、陈布雷等多次致电蒋介石，请其帮助浙大与中央航校、杭州市政府等方面进行协调，解决浙大方面的具体困难，蒋介石均予以协助。①

竺可桢接受浙大校长任命前，即向陈布雷提出三点要求："财政须源源接济；校长有用人全权，不受政党之干涉；而时间以半年为限。"对于经费问题，陈布雷的答复是，由国库承担的4.5万元按月发放是可靠的。② 就任前，竺可桢数次与教育部部长王世杰商洽经费问题，要求将国库负担浙大经费款额增加到每月6万元，终获王世杰应允。③ 此外，为继续修建新校舍，竺可桢试图增加浙大临时费预算，但与教育部当局数度接洽，未获结果。

1936年10月，竺可桢在中央航空学校学生毕业典礼上，遇到蒋介石，"蒋颇关心浙大"，竺可桢邀请其到浙大演讲。④ 15日，蒋介石在陈布雷等的陪同下，到浙大参观。竺可桢提出，浙大扩充校舍须将工学院旁军政部兵工署军械司所属浙江省军械局火药库之地纳入，蒋介石表示应允。竺可桢又提出，浙大临时费除非于一两年内大加扩充，否则校舍无从建筑。蒋介石表示本年已无办法，需俟下年度。随后，竺可桢等陪同蒋介石到教室、图书馆参观，并借机展示校舍之残破现状，蒋介石"即谓确

---

① 《陈布雷电蒋中正与毛邦初郭任远洽迁移省立蚕校农场及浙江大学农学院场舍并请饬飞机场补助经费》（1933年8月13日），002-080200-00113-079；《孔祥熙电蒋中正收购蚕桑学校校地请航空署于二十七万之外酌给建设厅经费补偿该校建筑费用》（1933年8月14日），002-080200-00114-006；《陈布雷等电蒋中正飞机厂收用农院蚕校事若农园给价不敷迁移费则先划地一部供机厂用校址暂不迁》（1933年10月18日），002-080200-00128-025；《蒋中正电周象贤希市府协助浙江大学农学院收用华家池头土地及周象贤回电北段地纠纷已解将来由征收南段地时当尽量协助》（1934年6月5、8日），002-080200-00167-094。

② 《竺可桢全集》第6卷，第35页。
③ 《竺可桢全集》第6卷，第47页。
④ 《竺可桢全集》第6卷，第161页。

非加新建筑不可"。①

自此次视察，直到抗战全面爆发前夕，蒋介石对于浙大校务多有过问，使竺可桢感到蒋介石关心浙大。蒋介石视察后不久，竺可桢做《半年来浙大之改进》报告，托陈布雷转交蒋介石。② 11月初，蒋介石电告竺可桢对于报告的意见。随后，竺可桢接到通知，行政院会议已决议将军械局土地拨归浙大使用。竺可桢为浙大的发展前景称幸，"蒋先生虽不在南京，而此事之得成功竟如此迅速，乃赖布雷、咏霓之帮忙不少。卅年以来火药库与大学毗邻，人心不遑宁处，今一旦解决为之大快，而浙大百年大计亦于此决定，以现有二百亩之地基办一大学亦绰绰有余矣，何必再移城外华家池哉"。③

1937年初，浙大拟订建筑计划，分两年进行，预计需临时费120万元，呈报教育部、行政院批准。3月5日，蒋介石召集行政院茶谈，讨论1938年度中央预算问题。15日，教育部拟定1938年度中央教育文化预算，较上年增500余万元，增加部分主要用于地方义务教育、民众教育，及扩充内地大学教育。此预算获蒋介石同意。④

竺可桢由陈布雷处得知，教育部部长王世杰似认为浙大的临时费预算数额过大。竺、陈二人商定，此事须与蒋介石面谈。3月30日，竺可桢等在陈布雷陪同下，谒见蒋介石。蒋介石问到军械局土地情况。竺可桢告知，与何应钦原商定拨给其土地后即搬迁，但后来何应钦索价30万元。蒋介石表示，此事他可以解决。⑤ 蒋介石看过浙大建筑计划呈文后表示，120万元分作两年支付则每年数额过大，可分作五六年支付。陈布雷随即受命发电报给行政院秘书长翁文灏，及财政部、教育部，"嘱拨建筑费"。⑥ 然而，次日中午，暂代翁文灏行事的何廉告知竺可桢，教育部下年度预算早已送入国府，已开会四次，此日为最后一次审查。"故蒋电成马后炮"。午后，何廉又电话告知，教育部预算审查结果，浙大经常费增加2万元，临时费

---

① 《竺可桢全集》第6卷，第163页。
② 《竺可桢全集》第6卷，第170页。
③ 《竺可桢全集》第6卷，第174～175页。
④ 林美莉编校《王世杰日记》上册，1937年3月15日，第12页。
⑤ 4月30日，竺可桢告诉朱家骅，军械局地已由浙大以5万元购得（《竺可桢全集》第6卷，第293页）。
⑥ 《竺可桢全集》第6卷，第275页。

定为 15 万元。这与浙大的预算相距甚远,竺可桢于失望之余,又感到尚有一丝希望,"惟知蒋先生特别欲帮助浙大,则可于临时预备费想办法耳"。① 但是,浙大建筑计划暂时已无法完成,不数月,七七事变爆发,是年底,浙大被迫踏上西迁之路。

概言之,程天放及其后历任浙大校长为解决经费问题,通过私人管道,同蒋介石及其亲信浙籍幕僚和高官进行接洽,而蒋介石等出于"乡谊",对于浙大的经费给予一定优待。这种情形在抗战时期依然延续。据陈训慈回忆,正是由于"乡谊"和对竺可桢治校的认可,尽管战时教育经费困难,但涉及浙大经费,陈布雷与陈立夫之签报追加,总能得到蒋介石的批准。②

三 校长治校理念、校风与学潮

20 世纪 30 年代上半期,教育界普遍面临的问题之一是学潮迭起。学潮的起因十分复杂,时人有将其归结为"学生以及教育者","在现阶段的紧迫空气中,忍受不了此种内外夹攻的苦痛,起而作经济的政治的思想的反抗,而要寻求民族国家的出路,以及个人的出路"。③ 具体而言,此时期引发学潮的主要因素包括:教育经费拖欠,民族危机的刺激,国民党加强对高等教育的控制,学生对于校务的不满等。为加强对学生的控制,应对学潮,国民政府于 1930 年发布《整顿学风令》,1932 年又发布《整顿教育令》。

就浙大而言,20 世纪 30 年代上半期,该校以学生好学、学风素朴见称。1931 年 4 月,蒋介石初次视察浙大,对校风颇表满意,表扬学生守规矩、勤苦用功,教职员精神好。他在浙大做了题为《求学先要立定志向》的演讲,引浙江历代名人为例,强调求学首先要立定志向,青年要自强不息,"行动态度德性都要好","要有秩序,能守规律"。他认为,中国已到

---

① 《竺可桢全集》第 6 卷,第 287 页。
② 陈训慈:《竺可桢出长浙大由来及其他》,浙江省政协文史资料委员会编《一代宗师竺可桢》(《浙江文史资料选辑》第 40 辑),浙江人民出版社,1990,第 26 页。
③ 吴景贤:《一九三二年之中国学潮》,《学风》第 1、2 期合刊,1933 年 3 月 15 日。

了危亡之时，但倘若有好子弟，就不会为帝国主义者所轻视欺侮，强调学生要接受严格教育，严以自律，"现在中国救国的方法，就是一个教育。而教育唯一的方针，就是一个'严'字"。① 时人评价浙大学风说，"浙大学风素以沈静纯良为社会所称道，学生尤勤朴好学"。② 浙大学生亦认为，该校可贵之处在于"朴素可风"。③ 此时期，浙大亦发生了数次学潮。除1931年因经费问题引发的部分学生冲撞教授及校长事件外，较大规模的学潮有三次，其中两次皆起自抗日救亡的爱国运动。

1931年九一八事变后，浙大学生和教职员成立各种抗日救亡组织，浙大学生还联合杭州其他大中学校学生，成立中等以上学校学生抗日救国后援会，于10月初在杭州举行了大规模示威游行。11月下旬，包括浙大学生在内的杭州大中学校学生集队赴南京请愿，提出国民政府对日宣战、蒋介石北上指挥抗日等要求。④ 浙大工学院学生加入了与浙江省党部人员有关的杭州市各界反日救国联合会，在省党部人员的指导下检查日货，因工作认真，颇得党部好评，但在起获高义泰私藏日货后，因此案处理虎头蛇尾，导致学生怀疑省党部腐化，对其失去信任。杭州各校学生筹划另组织学生抗日救国联合会，浙大工学院学生决定加入，而省党部对此类组织不予承认，教育厅亦通令取缔。12月10日，杭州市中等以上学校学生举行游行示威，浙大工学院学生参加，示威中，省党部、教育厅厅长张道藩之宅被学生捣毁。省党部归咎于浙大工学院，并怀疑院长李熙谋纵容学生。⑤ 其时，浙大校长邵裴子已于一个月前向教育部请辞，各学院事务由院长处理。此次事件发生后，工学院院长李熙谋、农学院院长许璇、文理学院院长邵裴子一同请辞，教育部答复均毋庸议。⑥ 直到次年3月，国民政府行政院会议终于准予邵裴子辞浙

---

① 高素兰编注《蒋中正总统档案·事略稿本》（10），台北："国史馆"，2007，第433~444页。
② 《浙大学潮平议》，《东南日报》1934年11月2日，"社论"，第1张第2版。
③ 来虞：《浙大投考经过及近讯》，《浙江省立杭州高级中学校刊》第168期，1937年6月10日。
④ 施平（施尔宜）：《"九一八"赴京请愿》，参见黄继武、张哲民编《求是精神与浙江大学"一二九"运动》，1997，第140~147页。
⑤ 《浙大工学院教授为杭市学生示威运动敬告各界书》，《申报》1931年12月17日，第3张第10版。
⑥ 《邵裴子不长浙大》，《申报》1931年12月29日，第2张第8版。

大校长职。

郭任远执掌浙大期间，发生了两次较大规模的学潮。两次学潮起因有所不同，但后来都发展为反对校长的风潮；二者之间有一定的逻辑关系，又有共同的深层原因。南京国民政府成立后，逐步确立了三民主义教育宗旨及实施方针，在大学施行训育。浙大先后设立训育处、学生生活指导员以实施训育。训育的重要内容之一是军事训练。九一八事变后，外患日重，对学生的军事训练也在逐步强化，有研究者认为，此时期，军训在校园的实施，"也由普通军训发展到集中军训，再到学校军事化管理"。[1] 程天放任浙大校长时，设立军事训练部，直隶校长。郭任远接掌浙大后，持严格训练的办学原则。他认为，国民习惯散漫，而民族危机日重，担任教育者"亟须注意于组织纪律"，"余以上述之见地，办理浙大，故亦主张严格管理，严格训练"。[2] 他加强对学生的管理，制定严格的注册、请假制度；强化学生的军事训练，采纳军事教官提议，依照国民政府1929年公布的《高中以上学校军事教育奖惩规则》，切实执行，以作为考察学生军训成绩及奖惩的办法。对学生违反纪律的情况，郭任远及训育人员实行严厉的处罚，每届寒暑假，动辄开除大批学生。

1934年底，浙大"偶因细故"，发生风潮。[3] 10月25日，两名四年级学生与一名教师因网球场地问题发生言语冲突，体育委员许某等两教师以辞职迫使校长严办，两学生随即被公告开除学籍。浙大学生同情被开除者，认为处分过重，"亦不能不感学籍之毫无保障"，于是在29日召开全体大会，并于次日集队前往校长公舍请愿。[4] 郭任远被迫写下收回成命的字条，随即向教育部请辞。学生自治会决议不罢课，但学生举行了欢送校长大会，并有驱逐数名教职员之举。[5] 11月5日，郭任远在教育部的一再慰留、敦促下，回校视事。此次风潮，虽表面上看系"偶因细故"而起，但实质与郭任远严格高压的管理方式有关。风潮发生后，郭任远仍坚持

---

[1] 张均兵：《国民政府大学训育（1927～1949年）》，光明日报出版社，2011，第81页。
[2] 《浙大风潮已渐趋缓和》，《东南日报》1934年11月2日，第2张第6版。
[3] 《浙大风潮已渐趋缓和》，《东南日报》1934年11月2日，第2张第6版。
[4] 《浙大风潮已渐趋缓和》，《东南日报》1934年11月2日，第2张第6版。
[5] 阿金：《浙大纠纷记》，《十日谈》第44期，1934年11月20日。

其治校方针，在回校前夕，他致电教育部，请求对于严格训练之办学原则的指示，教育部复电对此办学原则表示赞同。① 蒋介石亦致函郭任远，责令其整顿学风。② 1935年，为进一步整饬学校风纪，浙大开始实行军事管理。但郭任远所任用的军事教官"皆低薪阶级，资格甚差，不足引起学生之敬仰心，学生衔之切骨，寻常高压之下，敢怒不敢言，一旦爆发，乃不复可抑制"。③

1935年12月9日，北平学生示威游行，反对冀察政务委员会。浙大学生起而响应。10日，浙大三学院学生400余人开会，议决：通电响应北平学生示威，通电全国各校一致响应，联络杭州各校学生，组织宣传团，向民众宣传反对华北自治等项。会上还成立了浙大学生自治会，施尔宜、杨国华当选正、副主席。11日，浙大学生联合杭州市各大中学校学生万余人举行游行，反对华北一切假借民意之自治组织。"一二·一六"事件消息传到杭州，20日晚，浙大学生召集全体大会，决议于次日晨全体赴京请愿。是夜，便衣侦探、武装军警包围学校，逮捕学生代表10余人。学生情绪激愤，设法与军警周旋，全体出校，列队抵达城站。铁路方面已奉令停驶，学生占据城站等待，与军警对峙。数名浙江省党部委员及省政府秘书长黄华表前往劝阻，郑晓沧等浙大教师亦赶至。学生在雨中坚持10小时，最终提出要求：立即释放被捕同学，开放新闻封锁，军警道歉，保障爱国运动，撤回军警。黄华表一一作答。被捕学生被送至城站后，学生列队返校。④

回校后，学生对赴京请愿受阻进行检讨，有人注意到在军警便衣逮捕学生过程中有训育处职员和军事教官带路，从而对校长产生怀疑，认为，"此次爱国运动，郭氏于历次会议均深表赞许"，"讵言犹在耳，而阴已行其借刀杀人之计矣！"自此，学生运动的指向转为反对校长。23日，以全体学生名义发布《驱郭宣言》，指摘郭任远在校务、经济、私德各方面的"诸多劣

---

① 《浙大严格教育原则业经教育部核准备案》，《东南日报》1934年11月8日，第2张第6版。
② 周美华编注《蒋中正总统档案·事略稿本》(28)，台北："国史馆"，2007，第488页。
③ 《竺可桢全集》第6卷，第63页。
④ 《浙大学生昨拟晋京请愿经党政当局劝回》，《申报》1935年12月22日，第1张第3版；《浙大学生集合请愿经过》，《申报》1935年12月24日，第2张第7版。

绩",在校务方面,指责其"独断""植党营私""任意退斥学生"等。① 郭任远再次提出辞职。学生组织纠察队,控制校内交通、电话,检查公文邮电,驱逐军事教官及训导员。24日至28日,浙大学生代表分头至浙江省政府、教育部、行政院请愿,请求准予郭任远辞职,并早日决定校长人选。教育部准郭任远暂时休假,命浙大组织校务会以维持校务。28日,浙大校务会成立,郑晓沧任主席,议决恢复常态办法三项:学生不得干涉学校行政;学生取消纠察队;农学院学生回农学院上课。② 学生自治会表示接受,31日,农学院学生回院上课,纠察队取消,但学生的拒郭态度依然坚决。③

为应对"一二·九"以来各地学生源源不断地进京请愿,行政院院长蒋介石令教育部召集交通较便各省及直辖市专科以上重要学校,推选学生代表,随同校长于1936年1月15日在南京会谈。④ 浙大由郑晓沧率领学生自治会所推学生代表陈迟、江希明、曹寅亮前往。15日,蒋介石、行政院秘书长翁文灏在南京接见各省市校长及学生代表三百余人,听取校长及学生代表对于内政、外交、教育的意见。16日,蒋介石在励志社向校长及学生代表做了题为《政府与人民共同救国之要道》的演讲,讲说国际形势、外交方针,阐发关于教育及学生的看法和主张。⑤ 教育部部长王世杰也对教育界所关心的各项教育问题做了说明。陈迟回杭州后,向其父陈布雷叙述此次参加会谈的经过,表示各地学生"对于蒋院长之演词,均认为诚恳周详;对政府之决心,加一番认识,结果甚佳"。⑥

1936年1月,蒋介石采取措施,处置浙大学潮。1月初,蒋介石收到戴笠关于浙大学潮的情报,涉及1月1日该校学生自治会的决议,包括"教部

---

① 《1935年12月23日浙大暨高工高农全体学生〈驱郭（任远）宣言〉》,黄继武、张哲民编《求是精神与浙江大学"一二·九"运动》,第127~128页。
② 《前校务会陈报经过》,《国立浙江大学校刊》第240期,1936年3月7日。
③ 《浙大风潮告一段落》,《申报》1936年1月1日,第7张第28版。
④ 《蒋院长定期会见各省市学界代表》,《申报》1935年12月24日,第1张第3版。
⑤ 蔡盛琦编注《蒋中正总统档案·事略稿本》(35),台北:"国史馆",2009,第120~337页。
⑥ 《陈布雷先生从政日记稿样（民国二十四年三月一日起）》,1936年1月19日,第99页。

未准郭任远辞职以前，同学不离校，不上课，亦不大考"等。① 他随即致电浙江省主席黄绍竑，询问情况，黄绍竑回复，并称浙大"现尚未恢复常态，权操学生会"。② 18 日，蒋介石抵达杭州，随后，与陈布雷等多次讨论浙大学潮问题。如前所述，陈布雷自 1935 年底一直在杭州养病，对浙大学潮十分留意，常与郑晓沧及其他关心此事人士讨论，并从在浙大读书的儿子那里了解相关情况。19 日，蒋介石将"浙大案"列为近期应注意事项之一。③ 20 日，他与陈布雷谈浙大事，陈布雷受命发两电与教育部，并通知浙大校务会蒋介石将到校视察。④ 21 日，蒋介石在陈布雷、浙江省教育厅厅长许绍棣等的陪同下前往浙大，与教职员谈话，并召集全体学生训话，责成教职员、学生共同维持纪律。他还召见了学生代表施尔宜、杨国华、江希明。蒋介石提出处理意见：开除施尔宜、杨国华，但如其能悔过，可告教育部恢复学籍，予以自新之路。陈布雷、许绍棣随后与浙大校务会讨论善后事项。同日，教育部电令：开除施尔宜、杨国华，其余从宽免究；寒假期间学生必须一律离校。⑤ 22 日，蒋介石再次召见施尔宜、杨国华、江希明、陈迟，其态度较前日缓和不少。⑥ 浙大学潮在蒋介石的直接干预下平息。寒假结束后，施尔宜、杨国华二人恢复学籍。不久，竺可桢被确定为下任浙大校长人选。

纵观此次驱郭风潮，在其解决过程中，陈布雷起了重要的作用，而当局也听取了郑晓沧等浙大教授以及学生代表等方面的意见。施尔宜（后更名施平）后来回忆说，蒋介石亲赴浙大，了解情况，与学生谈话，听取教授方面的意见，所以此次处理浙大问题"是比较稳妥的"，没有一个学生被捕或被开除，而且采纳了师生的意见，撤换了郭任远，派来了一个好校长，问题得到

---

① 《戴笠呈蒋中正报告广州学潮及浙大学潮等》（1936 年 1 月 6 日），002 - 080200 - 00467 - 075。
② 《黄绍竑电蒋中正浙大学生确有寒假不离校不大考决议及确有逮捕施尔宜等向省府请愿以黄华表为校长者》（1936 年 1 月 15 日），002 - 080200 - 00467 - 079。
③ 蔡盛琦编注《蒋中正总统档案·事略稿本》（35），台北："国史馆"，2009，第 346 页。
④ 《陈布雷先生从政日记稿样（民国二十四年三月一日起）》，1936 年 1 月 20 日，第 99 页。
⑤ 《陈布雷先生从政日记稿样（民国二十四年三月一日起）》，1936 年 1 月 21 日，第 99~100 页；《校务会议纪录汇志》，《国立浙江大学校刊》第 236 期，1936 年 2 月 8 日。
⑥ 《陈布雷先生从政日记稿样（民国二十四年三月一日起）》，1936 年 1 月 22 日，第 100 页；施平：《"一二·九"抗日救亡狂飙在国立浙江大学》，黄继武、张哲民编《求是精神与浙江大学"一二九"运动》，第 15~23 页。施平认为，蒋介石在风潮发生后亲自到浙大了解情况，是导致其态度变化，以及影响其对学潮处理办法的重要因素。

了解决。①

竺可桢自接掌浙大后至七七事变爆发前，数次见到蒋介石，后者每次皆对浙大近况，特别是校内秩序表示关心，并于1936年10月15日到浙大参观。而就教育理念、治校方针而言，竺可桢与前任郭任远及政府当局之间均有较大差异，尤其对在大学推行军事管理颇不以为然。"余以为大学军队化之办法在现时世界形势之下确合乎潮流，但其失在于流入军国主义，事事惟以实用为依归，不特与中国古代四海之内皆兄弟之精神不合，即与英美各国大学精神在于重个人自由，亦完全不同。目前办学之难即在此点。郭之办学完全为物质主义，与余内心颇相冲突也"。② 接任校长前，竺可桢曾特意向教育部部长王世杰征询办学方针，"关于办学方针是否采英美之 Academic Freedom 学术自由或法西［斯］蒂独断行为，渠亦未能有明白之表示也"。③ 不过，在其担任校长之初，这种教育理念的分歧尚未影响到浙大与当局之间的关系。

四 结语

南京国民政府成立后，发展高等教育方面的一项举措是在各地陆续新设了一批国立大学，至抗战全面爆发前夕，全国已有国立大学13所。从理论上讲，国立大学直属教育部，校长由中央任命，经费由国库负担，而在最初数年，各项制度政策尚未完备，或者未切实执行，特别是教育经费问题。到20世纪30年代初期，中央及地方政府财政困难，内争未宁，民族危机日亟，高等教育经费无法保障，各国立大学普遍面临经费积欠、校长辞职、学潮的困境。陈能治从制度层面分析了造成此时期国立大学教育经费问题的原因，将其归结于国家财政体系未能健全，预算制度不合理。他还提出，对于经费由地方在国税项下直接拨付的国立大学，特别是在江苏、浙江这类中央

---

① 施平：《"一二·九"抗日救亡狂飙在国立浙江大学》，黄继武、张哲民编《求是精神与浙江大学"一二九"运动》，第22~23页。
② 《竺可桢全集》第6卷，第36页。
③ 《竺可桢全集》第6卷，第39页。

征税之主要省份,中央地方税源划分影响到中央大学和浙大的经费问题。①对于抗战前中央大学的经费问题,蒋宝麟做了考察。他认为,南京政府成立后,对中央与地方财政收支进行重新划分,影响到该校经费来源,各方围绕该校经费问题展开博弈,直到1932年,该校经费完全由中央财政承担,完成教育经费层面上的"再国立化"。②与中央大学相似,浙大亦遭遇严重的经费积欠,并引发学潮及校长辞职,不过学潮与校长问题未如前者那样严重。单就这两所国立大学而言,其经费问题之产生,有共通的深层因素,如中央及地方财政困难、中央财政制度的缺陷等;但引发问题的具体缘由、问题的爆发时间、其表现,及解决的步骤,又有所差异。就浙大而言,改为国立大学的最初几年,其经费事实上由浙江省负担。此时期,因浙江省财政困难,浙大经费受到拖欠。但学府与省府、国立大学与地方之间并未因经费问题发生严重分歧。直到1932年初,国民政府改革税制、实行裁厘后,浙江省政府不愿再负担国立大学的经费。程天放之后的历任校长解决此问题的基本方向是:力图循中央大学之先例,使浙大经费逐步转为全部由更为可靠的国库承担,以实现"国立"大学应有之意。③为此,他们通过私人管道,同陈布雷、蒋介石、翁文灏等接洽,以增加中央拨款数额,增加该校临时费,并通过中央敦促浙江省按期拨款。蒋介石等出于"乡谊",在经费问题上对该校予以帮助,并在其购地、兴建校舍等问题上,代之与有关军政部门进行协调。但仰仗最高领导人的个人干预毕竟只是临时之举,经费问题的真正解决仍有赖于南京政府高等教育经费总体状况的改善以及相关政策的调整。1932年,国立专科以上学校校长会议后,浙大经费困境有了显著缓解,至少暂时不再成为一个威胁到校务进行或影响师生日常生计的问题。④浙大为解决经费问题与蒋介石等建立了较为密切的联系,但这一特殊关系在某种意义上也是一把双刃剑,使该校更易于受中央政

---

① 陈能治:《战前十年中国的大学教育》,第209~222页。
② 蒋宝麟:《财政格局与大学"再国立化"——以抗战前中央大学经费问题为例》,《历史研究》2012年第2期。
③ 自1931年春,浙大经费中由中央财政负担的金额及其所占比重在逐步增加,但直至抗战全面爆发,该校完全由中央财政负担经费的意愿并未实现。
④ 据陈能治的研究,1933年后,高等院校经费问题缓解,前此由经费问题所带来的余波基本解决(陈能治:《战前十年中国的大学教育》,第292~294页)。

权及国民党之干预。

任以都在讨论南京国民政府时期的高等教育时，提出，"高等教育是中央政府扩充权力的渠道之一"。① 引申而言，此时期的国立大学，亦为国家权力、党权所不断渗透。抗战前，国民党强化对国立大学的控制的途径之一，是以"忠实同志"担任校长。在国立大学人选问题上所体现的教育的官僚化，以及党派借以扩张势力的倾向，引发知识界的批评和学生的抗议。浙大虽未因校长人选问题发生学潮，但也有一次险生风波。国立大学校长依程序由教育部部长提出于行政院会议议决。但就1930年至1937年间的浙大而言，邵裴子作为长期实际处理校务的副校长，被教育部部长蒋梦麟推荐为校长；其后的历任校长，在其人选的决策过程中，蒋介石、陈立夫、陈布雷起着关键性的作用。另一方面，可以看到，此时期，以"二陈"为代表的国民党势力试图借由掌握浙大校长这一职位以控制该校，但此举也受到来自学生及知识界的抵制。教育行政官员出身、CC系的程天放担任浙大校长后，党部的力量开始进入浙大。程天放被蒋介石调往湖北后，陈立夫提名CC系的余井塘继任。因浙大学生反对余井塘，陈立夫又提名郭任远。郭氏虽出身书斋，但他任职后与"二陈"多有往还，使后者更深地介入浙大校务。当郭任远因浙大学生之反对而辞职时，竺可桢指出，"郭之失败乃党部之失败"。② 经郑晓沧推荐，陈布雷向蒋介石提议以竺可桢为新任浙大校长人选。竺可桢接受校长职的动机之一，即是不愿使浙大陷入党部之手。

20世纪30年代上半期，由于教育经费的拖欠、民族危机的刺激、国民政府加强对高等教育的控制、学生对校务的不满等原因，各国立大学学潮迭起。浙大规模较大的两次学潮皆发生在郭任远任内，一次起自偶然事件，一次起自抗日救亡运动，两次学潮后来均将矛头指向校长，归根结底，是对郭任远严格管理、严格训练的办学原则和高压的治校方式的反弹，在一定程度上，也是对国民政府强化对高等教育控制的反弹。第二次驱郭风潮在蒋介石的亲自干预下平息，接任浙大校长的竺可桢，检讨前任的治校方针，秉持学术自由的教育理念。

---

① 费正清主编《剑桥中华民国史》第2部，章建刚等译，上海人民出版社，1992，第422页。
② 《竺可桢全集》第6卷，第29页。

另一方面，也应看到，抗战前的浙大尽管遭遇了经费、学潮、校长频繁更迭等种种困难，但校务渐次发展。本文因篇幅所限，对该校行政机构、院系设置、规章制度、招生、延揽教师、图书仪器等的各项细节问题，未及展开，但仅从解决经费、兴修校舍这些基本问题来看，也可窥见历任校长整顿校务之努力，正是这些努力，为战时浙大在竺可桢主持下的进一步发展打下了基础。

抗日战争与华侨社会的演变

——以新西兰华侨捐款风波为中心的探讨

吴敏超

华侨对于中华民族的抗日战争，居功至伟。他们慷慨解囊，承担了约三分之一的抗战军费；他们回国参战，华侨飞行员和南侨机工曾谱写下不朽篇章。学界对于华侨为祖国抗战所做的贡献，已有充分研究。① 但是，各国华侨在居住地捐款过程中的具体面相，抗战捐献对华侨社会本身的影响，还有待深入考察。当我们将目光投注于以往甚少关注的新西兰华侨时，② 亦会感怀于他们在抗战捐输的过程中发生的迂回曲折的故事。

新西兰华侨在抗战期间的人均捐款额在各国华侨中名列前茅。③ 如果考虑到新西兰与祖国遥隔万里，华侨在当地种族歧视政策的影响下，受到各种限制与苛待，而且，他们在新西兰多从事农业种植、蔬果零售和

---

① 专著有曾瑞炎：《华侨与抗日战争》，四川大学出版社，1988；任贵祥：《华侨第二次爱国高潮》，中共党史资料出版社，1989；黄慰慈、许肖生：《华侨对祖国抗战的贡献》，广东人民出版社，1991；黄小坚、赵红英、丛月芬等：《海外侨胞与抗日战争》，北京出版社，1995。

② 有关抗战时期新西兰华侨的研究较少，相关中文研究有周耀星编著的《纽西兰华侨史略》（纽西兰双星出版社，1996）相关章节，杨汤城口述、丁身尊整理的《新西兰华侨史》（广东人民出版社，2001）第七章"成立华侨救国总会，开展抗日救国捐款献物运动"，论文有谢国富的《抗日战争期间的新西兰华侨》（《华侨华人历史研究》1992年第2期）。英文方面，有叶宋曼瑛的相关研究，还有 Charle Sedgwick, *Politics of Survival: A Social History of the Chinese in New Zealand* (Ph. D. Dissertation, University of Canterbury, 1982); James Ng, *Windows on a Chinese Past*, (Dunedin: Otago Heritage Books, 1999), Vol. Ⅲ。

③ 新西兰华侨人均捐款在世界各国华侨中居第二名（《侨农》第6卷第3号，1954年10月1日，第7页）。有关新西兰华侨的具体捐款数量以及在各国华侨捐献中的地位，本文结论部分将予以分析。

洗衣等职业，收入不丰，竟能在抗战期间捐款如此之多，值得探讨。应该说，新西兰华侨的捐款成绩，与战争爆发初期建立的新西兰华侨联合总会（以下简称"侨联总会"）密切相关。但是侨联总会成立不久，即发生捐款风波。本文利用台北"国史馆"所藏国民政府外交部档案和新西兰奥克兰大学图书馆所藏华文报纸《中国大事周刊》（1937～1946）等资料，在实证研究的基础上，细致再现与分析抗战初期新西兰华侨在捐款过程中发生的问题，探讨新西兰华侨在走向团结过程中的艰难历程。

一 缘起：新西兰华侨联合总会的成立

中国人最早远渡重洋到新西兰，是在19世纪60年代，几乎都是去南岛的金矿当矿工。新西兰曾与澳大利亚一起，被广东人称为"新金山"。19世纪末20世纪初，随着金矿被开挖殆尽，大量华侨回国，有的仍留在新西兰，转向以种植和贩卖蔬果、洗衣为生。① 由于新西兰政府执行反亚洲移民的"白澳"政策，从1896年开始，华人入境需要缴纳高达100镑纽币的人头税，所以在20世纪前30年里新西兰华侨人口数量并无增加，抗战爆发前仅为3000人左右。② 1935年8月，新西兰华侨联合会成立。该会的成立，源于两个契机：一是新西兰工党于1935年执政后，对华侨的态度有所改善；二是1927年后，华侨中的国民党党员日益活跃，特别是1935年初，国民政府派驻新西兰的总领事汪丰到任。汪丰是国民党党员，在历任中国驻新西兰领事中，属于任期较长、工作表现较为突出者。他不会说广东话，英

---

① 罗黄英这样回忆他的父亲：1903年，21岁的父亲来到新西兰，没有当金矿工人，一开始便在菜园工作。他种蔬菜，然后摇着手铃沿街叫卖，顾客便出来购买。他多年住在小铁屋中，花钱非常节省，多余的钱定期寄回中国［叶宋曼瑛：《也是家乡》，三联书店（香港）有限公司，1994，第149～150页］。据统计，1906年，侨居新西兰的中国人为2570人，从事淘金的已降至612人，占23.8%；至1926年，侨居新西兰的中国人为2927人，从事淘金工作的仅17人，占0.59%（杨汤城口述、丁身尊整理《新西兰华侨史》，第26页）。

② 1936年的人口普查，新西兰有男性华人2432人，而女性华人只有511人（叶宋曼瑛：《也是家乡》，第18页）。

语也不太流利,但非常热心华侨事务,办事富有效率。保存在台北新店的侍从室档案,对汪丰的评价较好。① 当时,汪丰几乎每星期都会去新西兰政府机构,交涉与华侨相关的事务。② 侨联总会刚成立时有16名成员,包括7名果商、2名洗衣业主、3名进口商、1名丝商,还有中国方面的外交事务人员等。③ 成员的行业分布也在很大程度上说明华侨在新西兰从事的主要职业。另外,这些人都来自新西兰的首都惠灵顿,表明侨联总会带有地域上的局限性。

1937年7月,全面抗战爆发后,全世界各地的华侨发起捐款活动,关注战事发展。新西兰华侨也积极开展集会活动。当时新西兰的四大城市屋崙(即现在的奥克兰)、惠灵顿、基督城和丹衣顿(即现在的达尼丁),几乎同时倡议捐输救国。惠灵顿以侨联总会名义召集会议,进行募捐。侨胞黄汝就率先响应,现场捐献100镑纽币,将会议气氛推向高潮。基督城早在1932年淞沪抗战时,就已组织了坚都布厘抗日救国后援会,所以七七事变后,由该会发动募捐。该区侨胞余雅和捐出100镑纽币,作为表率。丹衣顿市于1935年成立Otago Southland华侨联合会,中文翻译为区他咭修付崙华侨联合会。④ 七七事变后不久,该会在杨汤城的主持下发起募捐活动,共筹得捐款1179英镑。⑤ 屋崙和附近区域,面积较大,聚居的华侨最多,除集会发动捐款外,更派出人员登门募捐,成绩甚佳。整个新西兰除上述黄汝就、余雅和各捐出100镑纽币外,其他人多捐赠30～50镑纽币不等。⑥ 各地踊跃的捐款活动,呼唤着全国范围内救国运动的展开。而各大城市华侨救国组织于九一八事变后渐次萌生,也为建立全国统一的组织准备了条件。

1937年9月26日,经过多方联络和精心筹备,新西兰第一次全侨代表

---

① 国民政府对汪丰的评价是"为人纯正,性情和平,气度宽厚,有修养,才通常有可取,办事练达,毫不可松懈,尤能指挥得当,堪任主管之职"(《汪丰》,台北"国史馆"藏,军事委员会侍从室档案,档案号:129000102023A)。
② James Ng, *Windows on a Chinese Past*, Vol. III, p. 176.
③ C. Sedgwick, *Politics of Survival*, pp. 389 - 391.
④ 周耀星编著《纽西兰华侨史略》,第47页。
⑤ 杨汤城口述、丁身尊整理《新西兰华侨史》,第52页。
⑥ 周耀星编著《纽西兰华侨史略》,第47页。

大会在东增会馆正式召开。来自新西兰全国各地的 42 位代表①齐聚一堂，共商救国大事。为期两天的会议，主要讨论了两个方面的问题。一是将新西兰华侨联合会改组为总会，在全国各地设立分支会，计 4 个支会 22 个分会。自此，新西兰华侨拥有了属于自己的全国范围的系统组织，便于华侨统一行事，增强凝聚力。二是实行长期额捐，支援祖国抗战。会议规定，每一位新西兰华侨，东主每星期捐 10 先令，工人每星期每镑工资捐 2 先令。当时工人每星期的工资一般为 2～3 镑纽币，即工人每星期的额捐为 4～6 先令。所谓额捐，即是缴纳一定数量的捐款，可以高于规定数量，但不能低于规定数量。这次会议由总领事汪丰主持，会议选举了侨联总会的领导层：会长郭期颐，副会长周仲麟，秘书长赵国俊。②值得一提的是，会议的整个过程有序而隆重。会议开始时，全体肃立唱国歌，随后向中国国旗、国民党党旗及总理（孙中山）遗像行三鞠躬礼，并恭读总理遗嘱，默哀抗敌阵亡将士。这样的仪式氛围，与当时国内国民政府各机关举行会议时的开场较为相似，表明新西兰华侨的认同感，已经从原先的乡土认同逐渐上升到国族认同。这与中华民国驻新西兰领事馆和国民党海外部党务工作的开展有关，更与抗战爆发、民族存亡的客观大势有很大关系。抗战时期，海外民族主义情绪的高涨，也体现在这些细节中。

为保证额捐的顺利进行，会议还议定了严厉惩戒抗捐分子的四项办法：先行警告、宣布罪状、不与合作、将破坏捐款罪状呈报领事馆转国民政府按罪惩治。四项规定，实际上是循序渐进地对抗捐分子形成压力与惩罚。《中国大事周刊》是侨联总会的机关报，该刊主要刊登国内战事消息，也刊载

---

① 此处使用的是杨汤城在《抗战期间新西兰华侨联合会总会共召开十一次代表大会基本情况统计》中提供的数据（杨汤城口述、丁身尊整理《新西兰华侨史》，第 176 页）。根据 C. Sedgwick 的研究，有 37 人参加会议（C. Sedgwick, *Politics of Survival*, p. 393）。David Fung 所著的 *Turning Stone into Jade: The History of the New Zealand Chinese Association*（《雕石成璧》）刊布的"纽丝纶全侨救国代表大会留影"中有 37 人（第 32 页），而周耀星认为有 41 人参加会议（周耀星编著《纽西兰华侨史略》，第 47～48 页）。

② 《纽丝纶全侨救国代表大会事记》（1937 年 9 月 29 日），台北"国史馆"藏，"外交部"档案，保侨交涉（一），档案号：020-019908-0006，第 91～102 页。会长郭期颐是一名果蔬商人，1885 年出生于广东增城，1901 年到新西兰投靠父亲，曾在达尼丁师范学院学习英语，20 世纪 20 年代举家迁到惠灵顿（David Fung, *Turning Stone into Jade: The History of the New Zealand Chinese Association*, p. 45）。郭期颐中英文兼通，是东增会馆的创立者和领导者，也是国民党党员，在新西兰华侨中颇有名望，此时已年过五十，这些应是他被选为会长的主要原因。

新西兰华侨的爱国活动。每期在最后几页，几乎都会刊登各分支会捐款华侨"芳名录"，经常列有具体捐款数额。新西兰华侨仅3000人，各分支会多则数百人，少则数十人，基本是一个熟人社会。"芳名录"的刊载，是对积极捐款者的表彰和鼓励，也是对不甚积极者的警示和鞭策。在这样的社会氛围中，易于形成踊跃捐款、争相爱国的局面。

而对于抗捐分子的惩戒，确实是相当严厉。1939年6月11日晚，侨联总会召开第二十二次会议，讨论内容是如何处置未按时缴纳额捐的侨胞罗祐和黄滔。据会议记载，"1. 区他咭修付崙支会所属侨胞罗祐函称生意不好，并因迁铺，东移西借，以致不能照足缴捐，请予将捐款减收，应如何办理案。决议，去函该所属支会，查询该侨所称是否属实。2. 黄滔函复已将长期捐款寄交蒋委员长收，应如何再答复该侨案。决议，该侨将捐款直寄蒋委员长，是属于特别捐助政府论，但长期抗敌捐款，全纽华侨须遵三全大会决案，一律将捐款遵交所属支分会……再去函限该侨于函到一星期内将欠缴长期抗敌捐款清交"。① 这两位侨胞的事例较具典型意义。罗祐称自己生意不顺，面临一定的经济压力。如所称属实，可以说这是很多华侨在实际生活中容易遇到的问题。总会请罗祐所属的支会进行调查，以辨明罗祐的实际境遇。黄滔则说自己已经将捐款直接寄交蒋介石。这一说法当然令人怀疑。不过侨联总会的处理也非常巧妙：他们认为黄滔寄交蒋介石的捐款属于特别捐助，应缴纳的额捐还是要按照既有规定交给所属支分会。

不久之后，罗祐和黄滔的名字，同其他三位华侨一起，被列在《中国大事周刊》上，予以公开批评。"查黄滔、刘叙、曹国炎、陈鼎荣、罗祐等，欠缴长期救国额捐，先经该所属支分会通函追收，均无交款，后经本会劝告，及呈请总领事晓谕，并无效果。最后更经本会去函警告，仍不遵从……兹经本会决议，除将该黄滔、刘叙、曹国炎、陈鼎荣、罗祐等抗捐罪状宣布在大事周刊登载及呈请总领事转呈国民政府处置外，并该侨等如回国时，代理写船位人不得代写船位为要"。② 这一声明表明，侨联总会和所属支分会经过了细致讨论，才对五名华侨做出惩戒决定。公开批评、请领事转

---

① 《中国大事周刊》第103期，1939年8月29日，第26~27页。
② 《中国大事周刊》第115期，1939年12月18日，第17页。

呈国民政府处置，及回国时不许为其代订船票等惩戒，涉及个人名誉和实际利益，不得不说是较为严厉的处罚。更重要的是，这则通告在《中国大事周刊》上持续登载一年半，直到1941年4月才停止。

本来，爱国捐款应该本着有钱出钱、有力出力的原则，鼓励侨胞自愿进行捐赠，但当时各国华侨为帮助战时中国普遍实行月捐政策，在英属地区，即有"店主每周捐十先令，工人每镑工资捐二先令"的统一规定。① 很多国家都存在强迫捐款以及对抗捐人严厉惩罚的现象。新西兰的爱国捐款也属于强制性额捐，没有特殊情况时每个人都必须捐款，且规定了最低数额。凡抵制捐款者，要承受巨大的舆论压力和实际损失。所以，从这一意义上讲，新西兰华侨的捐款方式和相关规定，具有世界范围内的普遍性。新西兰华侨的捐款数量能够在世界各国华侨中位居前列，诚然与对按时缴纳捐款华侨的积极表彰和对抗捐分子的惩戒密切相关，但同时也有以下两方面原因。第一，侨联总会在发动、公布和上缴额捐过程中，展现出较高的组织能力、工作效率和透明程度，使捐款工作在抗战中得以持续、顺利地进行。第二，第二次世界大战期间新西兰的政治局势和经济较为稳定，华侨收入尚可，为捐款工作提供了客观保障。

二 分歧：捐款还是买救国公债？

1937年9月1日，国民政府发行第一期救国公债5亿元，号召广大华侨积极认购。国民党中央海外部官员吴铁城、刘维炽等都曾到海外宣慰华侨、推销公债。在整个抗战期间，国民政府发行6期公债，总额约达30亿元。据统计，华侨购买的公债占三分之一强，② 显示出华侨对祖国抗战之重要贡献。

客观地说，新西兰华侨普通工人的额捐，占其收入的十分之一，已经较为沉重。如果再让他们承购公债，将会力不从心。所以，侨联总会决定以捐

---

① 李盈慧：《抗战时期华侨抗日捐献与相关纷争》，《华侨与抗日战争论文集》上册，台北：华侨协会总会，1999，第56、64页。
② 任贵祥、李盈慧：《华侨与国家建设》，《中华民国专题史》第14卷，南京大学出版社，2015，第314~315页。

款换取公债,但公债票并不由承购人保存,而是由集体保管,战争结束后亦不需要政府偿还,而是用于救济难民和抚恤伤兵。1938年3月,中央特派员余荣来到新西兰,加速了以捐款换取公债行动的开展。

余荣是澳大利亚华侨,20世纪20年代曾任国民党雪梨(悉尼)支部的支部长,属当地华侨政治地位较高的一位。① 此次受国民政府救国公债劝募总会②的派遣,以"宣慰华侨"为名于1938年春到澳大利亚、新西兰和斐济群岛推销国民政府的救国公债。③ 余荣于3月7日到达惠灵顿。总领事汪丰和副领事余职慎,以及侨联总会代表郭期颐、周仲麟、赵国俊等都去码头迎接。余荣在发表的演说中谈道,"蒋委员长当弟来时,曾有嘱托,谓海外华侨对国事系向来热忱。其捐助由一而再,由再而三。但政府似乎对不住各国外侨胞。所以此后侨胞对于救国捐款,政府一律发回公债……至于侨胞的确不要政府偿还,准可将公债将来可转拨去帮助难民或伤兵……纽丝纶华侨约有二千五百人,若每人能认购贰佰元,可得公债五十万元,望贵埠侨胞应十二分努力,尽力购买救国公债"。④ 余荣的演讲内容,与此前侨联总会的号召是一致的。考虑到仅仅依靠华侨捐款,不足以支撑战时财政开支,国民政府于战争爆发不久即开始发行救国公债,年息四厘,规定三年后偿还。公债利息与长期储蓄的利息相差无几,目的是鼓励认购,尽可能多地筹募战争经费。政府第一期公债的发行额是5亿元,为保证尽快认购一空,对各个地区分配了一定额度。余荣抵澳大利亚,显然就带有这样的任务。

3月7日,新西兰第二次全侨代表大会召开,讨论的中心议题,即是将长期捐款换发公债问题。由于余荣妻子在随同来惠灵顿的船上病故,他在发

---

① 《雪梨国民党支部长余荣祝民声报出世词》,《民声报》创刊号,1921年7月11日,第9页。据香港学者杨永安的研究,余荣是澳大利亚的著名侨商,1910年代,余荣私人公司曾将斐济的水果大量运到澳大利亚。1917~1918年间余荣担任中澳邮船有限公司的主要股东。在政治倾向上,先属于保皇派,后来加入国民党〔杨永安:《长夜星稀——澳大利亚华人史(1860~1940)》,商务印书馆(香港)有限公司,2014,第317、319、344页〕。
② 救国公债劝募总会成立于1937年8月24日,由于时任财政部部长的孔祥熙在欧洲访问,由宋子文担任会长。常务委员有宋庆龄、孙科、顾维钧、杜月笙等政要名人(谢敏荣:《抗战初期救国公债研究》,硕士学位论文,华中师范大学历史系,2011,第15~16页)。
③ 《华联总会欢迎中央特派员余荣先生纪实》,《中国大事周刊》第30期,1938年3月11日,第21页。
④ 《纽丝纶华侨总会欢迎中央特派员余荣先生演说词》,《中国大事周刊》第31期,1938年3月18日,第10~11页。

表演讲后即返回澳大利亚处理妻子身后事，两周后（3月21日）重返惠灵顿。所以余荣并未参加第二次代表大会的后续议程。此次大会各分支会的出席代表有19人。人数较之第一次代表大会减少的原因，可能与第二次代表大会是为配合余荣特派员的莅临而仓促召开有关。纵观抗战期间的10次代表大会，这是人数最少的一次，也是唯一提前召开的大会。[①] 在讨论是否将长期捐款换发公债问题时，与会者出现了严重分歧。刘锦梁（来自屋崙的代表）、余意和、杨日培、应海潮、刘鑑培、颜焯辉和杨炽七人主张按照1937年9月召开的第一次全侨代表大会决议，实行长期捐款；而吴见英、雷百里、吴启华、梁基、黄灼光、杨汤城和梅皋七人主张将长期捐款换发公债。最后决定投票表决，结果主张不换公债者有12票，赞成换公债者有15票，即换公债者以微弱优势胜出，最后决议"将长期捐款汇解政府换发公债，此公债捐款人不能领取，交保管委员五人保管，至将来由大会议定将此公债发归国内慈善事业之用"。[②] 投票时出现了27票，而各地分支会出席代表仅为19人，可能是计算出席代表时未将总会成员纳入。无论如何，投票结果表明，新西兰华侨在捐款是否改换公债上出现意见分歧，呈现分庭抗礼之势。虽然"长期捐款汇解政府换发公债案"勉强通过，但埋藏着隐患。

赞成换公债者，是响应国民政府在华侨中推行救国公债的号召。尤其是侨联总会的负责人郭期颐、周仲麟，在推行救国公债方面有所表现，乃是支持政府之职责所在。当国民政府劝募公债的特派员余荣到达惠灵顿时，他们抓紧时机，召集全侨第二次代表大会，希望将捐款改换公债尽快合理、合法化。

坚持长期捐款、反对换成公债者，则有两项理由。一是1937年第一次全侨代表大会时议定实行长期额捐，不应随意变化。当时会议虽然也提到爱国公债，但决议"交各埠侨联会尽力推销"，即重点实行长期额捐，辅之以

---

① 代表大会议定为一年一次，第二次代表大会距离第一次代表大会仅6个月。除第一次代表大会是1937年9月26日召开、第二次代表大会是1938年3月7日召开外，第三至第十次代表大会均为每年的8月召开（杨汤城口述、丁身尊整理《新西兰华侨史》，第176~179页）。
② 《纽丝纶全侨救国第二次代表大会事记序言》，《中国大事周刊》第39期，1938年5月16日，附录，第7~8、3页。

公债，公债由分支会推销，华侨自由承购。二是从道义上说，前方将士浴血沙场，华侨远在千里之外，开展长期额捐，尽国民天职，理所当然，不需政府换成公债清还本息。这一无私崇高的愿望，在华侨中具有普遍性。如当时南洋地区的一些华侨发起焚债活动，即将自己购买的公债券焚烧，不要政府偿还，实际上与捐款等同。① 另外，此次国民政府派至新西兰推销公债的余荣，虽是澳大利亚的著名侨领，但在新西兰华侨中并无较高声望，不能在新西兰华侨中产生较大的影响力和说服力。

3月27日，屋崙支会发布《长期救国捐不改换公债 脱离纽岛总会敬告侨胞书》，正式宣布反对将长期额捐换成公债，并脱离侨联总会。在这篇宣言中，屋崙支会认为，从技术上言，实行长期救国捐并不难，推行公债不一定容易。从征收救国捐的成绩看，屋崙数百华侨，抗缴败类只有数人。而屋崙华侨反对将捐款换成救国公债的最大理由是："孔财长祥熙氏元月十日答复澳洲公债支会说过，各团体和个人缴交政府的款项，听其本人，义捐亦好，购买公债亦好。"② 这像是一把尚方宝剑，提醒侨联总会不能强迫捐款人将捐款换购公债。事实上，在第二次代表大会上，屋崙支会只有刘锦梁一名代表参会，且投票时主张不换公债。所以，屋崙支会的这种反应虽属激烈，但有其缘由。当然，屋崙华侨反对以公债代替额捐的原因，很可能是他们认为公债将来由中国政府归还给华侨后，由总会保管委员会处置，或用于救助中国国内的难民伤兵，或用于新西兰华侨共同之公用事业。保管委员会主要由惠灵顿总会成员构成，这样就很可能会出现屋崙华侨因人数众多而承购战时救国公债最多，却无法在战后行使保管、处置款项的结果。与其如此，不如直接捐款给祖国，每一位捐款的华侨获得爱国之美誉，惠灵顿总会只负登记、公布与解送捐款之责，当时以及将来都没有机会运作此款。

此前侨联总会要求将捐款换购公债，根据的是救国公债劝募总会会长宋子文的通告："再凡以海外侨胞所捐之救国款项，已汇交中央党部、行政院、侨务委员会、外交部、财政部、军政部，及其他个人名义者，现均归本

---

① 任贵祥、李盈慧：《华侨与国家建设》，第312页。
② 《中国大事周刊》第36期，1938年4月29日，第15页。

总会汇收，一并换发救国公债。此后华侨救国汇款亦并入救国公债案内办理。"① 宋子文的主张与孔祥熙并不一致，可见，国民政府自身对捐款和救国公债的规定不甚明晰，政策时有变化，是新西兰华侨发生捐款风波的客观原因。

事实上，抗战初期华侨捐款的汇款对象也十分混乱，包括国民政府的财政部、侨务委员会、外交部，广东省政府等地方政府，还有八路军、新四军等。国民政府也逐渐认识到这一问题，后来规定凡是华侨捐款，一律汇解到财政部，由香港中国银行具体负责。所以，对于国民政府来说，如何争取华侨协助抗战、如何发动华侨捐款及处理各种具体事宜，也有一个探索、调整的过程。

当然，屋崙支会抵制总会决议的激烈行为，还与新西兰华侨中存在的地域之争有关。惠灵顿是新西兰首都，侨联总会驻会所在地。华侨多来自番禺和东莞、增城。而屋崙的华侨以增城和四邑人居多。② 番禺人认为番禺是"鱼"，屋崙是"屋"，鱼进入屋里是不吉利的，所以很少进入屋崙地区。③ 惠灵顿和屋崙华侨之间的隐然对抗之意，由来已久。此事发生不久，屋崙支会便创办《屋崙侨声》，以壮舆论声势。④ 该刊与《中国大事周刊》成为抗战期间华侨创办的仅有的两份中文期刊。

三 激化：漫骂文章与状告总领事

那么，侨联总会是如何应对屋崙支会不愿将捐款转为公债并宣布退出该会之举的呢？早在1938年3月，侨联总会副会长周仲麟在《中国大事周刊》发表《国难期中吾侨不应分散阵线以减少抗日力量》一文，指责屋崙支会不愿将捐款转换为公债，属于破坏团结之举，"名为爱国，实为捣

---

① 周仲麟：《国难期中吾侨不应分散阵线以减少抗日力量》，《中国大事周刊》第29期，1938年3月4日，第7页。
② C. Sedgwick, *Politics of Survival*, p. 395.
③ 周耀星编著《纽西兰华侨史略》，第44页。
④ 1938年11月，屋崙支会创办《屋崙侨声》。该刊为半月刊，报道中国抗战形势，推动当地华侨捐款，与《中国大事周刊》的办刊宗旨类似。

乱"。①《中国大事周刊》作为侨联总会的机关报,当时也为救国公债造势,如时常登载"国家存亡,在此一战,请侨胞速购救国公债"等广告。不过,侨联总会并没有充分利用《中国大事周刊》这块舆论阵地,营造出有利于推广救国公债的势头,将反对把捐款改成公债的华侨争取过来,反倒因发表过激言论,引发屋崙支会的强烈抗议。

1938年4月底,《中国大事周刊》刊出一封针对上文谈到的屋崙华侨《敬告侨胞书》的来稿。该文在敬告书的每行文字下做点评,用词极为不雅,态度极不慎重。如使用"放屁""乌合之众""谁肯跟你们一路走,贵支会今后实行去做汉奸"等表述。②可以说是自毁长城,将矛盾升级。特别是指责屋崙支会成员要做汉奸,实属污蔑。

屋崙支会不甘挨骂,奋起反抗,于5月6日致信总领事汪丰,状告《中国大事周刊》第36期刊载的文章"对于本埠华侨联合会及全体侨胞尽情诋毁,肆意诬陷,一曰汉奸,又曰北平伪政府,凭空构造,混乱是非"。③屋崙支会对《中国大事周刊》的不满和控诉,确实可以理解。

汪丰接信后,明确支持屋崙支会的诉求,5月8日以惠灵顿领事馆的名义,向侨联总会发出《致华联会劝告函稿》,对该会会刊《中国大事周刊》第36期上的文章提出批评。汪丰还指出,"查大事周刊为贵会救国宣传之出版物,负领导全侨之重任,关于论辩文字,其言语过激,不尚理解者,不宜披载,否则徒损同侨间之情感,增多是非,扩大风波"。④细究汪丰对《中国大事周刊》的批评和告诫,语气虽然严厉,但合乎情理,第36期的文章确实产生了扩大风波的恶劣作用。

不过,侨联总会会长郭期颐、副会长周仲麟等人却对汪丰的告诫反应激烈,进一步将此事扩大。他们于7月初致函国民政府外交部,控告汪丰"放弃职责,分化侨情",还指责他所做之事"形同汉奸"。具体内容为"汪丰领事莅任以来,已经三载。在此三载中,对于华侨应兴应革事宜,毫无建

---

① 《中国大事周刊》第29期,1938年3月4日,第8页。
② 《中国大事周刊》第36期,1938年4月29日,第10、16页。
③ 《致华联会劝告函稿》(1938年5月6日),"外交部"档案,保侨交涉(一),档案号:020-019908-0006,第69页。
④ 《致华联会劝告函稿》(1938年5月8日),"外交部"档案,保侨交涉(一),档案号:020-019908-0006,第67页。

白，而对于本岛政府交涉种种工作，置诸度外，徒以阔绅自居。政府月縻千金，吾侨所得之效果，适等于零。在此国难期中，身为领事，匪特不出而领导侨众，更从中分化各团体……至一二分会有与华侨联合总会脱离关系，整乱纽侨救国阵线……我纽属不幸在抗战时期有此领事，尤其在抗战时期政府人员竟有形同汉奸之领事"。① 为增强效力，信函结尾处的署名除新西兰华侨联合总会外，还有东增会馆、四邑会馆和四邑牖民阅书报社。东增会馆的会长正是郭期颐，四邑会馆的会长和阅书报社的社长是黄常。

　　根据现有资料，汪丰担任新西兰总领事期间表现较好。他1935年到任，一直任职到20世纪50年代，前后达18年，受到侨民的爱戴。侨联总会指责汪丰"形同汉奸"，显然是言过其实了。外交部收到侨联总会的呈文后，令汪丰"据实申复"。汪丰在为自己辩护的长篇报告中写道："到任三年有半，对于侨务力谋改进，历将办理侨务情形，编制报告，有数十余件。"所以，对于放弃职责一节，不用多加申辩。而对于华侨联合总会控告他"分化侨情"一节，汪丰指出：

　　　　去年九月召集纽丝纶全侨代表大会，正式成立纽丝纶华侨联合总会，大会中并通过全侨一致缴纳长期救国月捐，以厚政府抗战之军实。此案实行以来，颇为顺利。嗣因该总会职员郭期颐、周仲麟、黄常受澳洲劝募救国公债会委托，在纽推销救国公债，为坐享其成计，将经收各华侨之长期月捐，未先得捐款人同意，擅行改购公债，于是群情大哗。屋崙埠华联分会，为纽华侨人数最多之侨团，认该总会职员滥用职权，破坏全侨公意，声明与总会脱离。当时领事适奉蒋委员长代电，饬在驻地竭力推行华侨月捐，随将我领袖意旨分达各地华侨。乃该郭期颐、周仲麟等，以领事此举，有碍彼等以长期月捐换购公债之进行，并到馆要求领事同往屋崙埠，谕令该地华侨一律遵从彼等以月捐改购公债之办法。领事以华侨捐款换取公债与否，应听原捐款人之意旨，政府曾一再声明，况华侨缴捐不肯换取公债，乃其爱国牺牲之美德……一面婉辞，

---

① 《纽丝纶华侨团体为汪丰领事放弃职责请撤换由》（1938年7月10日），"外交部"档案，保侨交涉（一），档案号：020-019908-0006，第31页。

一面催促各地华侨，早派代表重开全侨代表大会，将此事征诸公意。①

汪丰为自己的辩护，大致符合实际情形，不过他似乎故意将全侨第二次代表大会捐款换发公债的决议略过不谈。侨联总会开始时确实是根据救国公债劝募总会的指示，大力推销救国公债，并擅自规定将长期捐款换成公债。但在全侨第二次代表大会上，经过代表投票，"长期捐款换成公债案"以微弱优势正式通过，表明将长期捐款换成公债，也有相当的民意基础。从汪丰的陈述中，还可发现一个细节：屋崙支会宣布脱离总会后，总会负责人郭期颐和周仲麟曾要求汪丰一起前往屋崙，让该地华侨遵从额捐改购公债的办法，却遭汪丰婉言拒绝。这很可能是总会将他状告至国民政府外交部的主要原因。

《中国大事周刊》上出现的谩骂屋崙支会的文章，以及侨联总会将汪丰状告至外交部，将捐款是否改换为公债的分歧推向高潮。一方面，侨联总会与屋崙支会、总领事汪丰之间的裂痕，越来越大；另一方面，额捐换成公债的问题，因遭到以屋崙支会为代表的分支会的抵制，依然悬而未决。为尽快解决矛盾、平息风波，第三次代表大会提前举行。

四 和解：第三次代表大会的召开与屋崙支会回归

1938年8月7日，为解决会中的一切困难问题，第三次全侨代表大会（以下简称"三全大会"）在惠灵顿东增会馆召开。各支分会派到代表23人，会议历时4天，开会10次，可以说创下历次开会会期之最。相应的，会议的收获也较大，共决案20余宗。其中最为重要者，是修正第二次代表大会议定的长期捐款改换公债案。决议仍依照第一次代表大会决案举行长期抗敌捐款，捐款不换公债。其次，为避免事权集中于会长一身，将会长制改为委员制，使全体委员共同负责，进而求得全侨共同负责华侨事务。在整个抗战期间，九人委员制度一直得以保持，有利于稳定、从容地开展会务工

---

① 《驻惠灵顿领事汪丰呈外交部部长》（1938年8月，具体日期不详），"外交部"档案，保侨交涉（一），档案号：020-019908-0006，第57~59页。

作。再次，对于惩戒抗捐办法，又增加数条，使抗捐者有所警惕。最后，大会特派代表杨汤城、吴见英、邵岳藩、梁基、关烘森、周敬扬六人，会同汪丰领事到屋崙与该处支会商妥一切会务，求得共同合作，团结一致。①

首先，依旧举行长期额捐，捐款不换公债的决定，表明侨联总会在与以屋崙支会为代表的部分分支会的斗争中，以失败告终。郭期颐等人决议捐款改换公债、状告汪丰等举动，显然与很多华侨的心意不合。需要特别提出的是，在三全大会召开之前，惠灵顿支会进行改组，并在《中国大事周刊》上发表告示，宣称将长期捐款改换公债案推翻，依照第一次代表大会议决案执行。② 而告示也指出惠灵顿支会中仍有人坚持按照第二次代表大会决议，将长期捐款改换公债。这说明惠灵顿支会内部意见上的分歧，当然，支持实行长期捐款者占了上风。惠灵顿是首都所在地，也是侨联总会驻地。可以说，该支会的动向预示着三全大会的表决结果。

其次，会长制改为委员制的决定，有利于侨联总会更为民主地做出决策。郭期颐、周仲麟作为前任会长和副会长，在此次会议中被取消总会职员资格。虽然不久之后郭期颐又复出，还担任九位委员之一，但赵国俊、杨汤城、吴何枝等日趋活跃，新西兰侨界涌现出一批勇于负责、才华杰出的领袖人物。

再次，会议对于惩戒抗捐办法的重新规定，更加细化，也更趋于严格。具体为："如华侨有不遵章缴纳长期抗敌捐者，三星期以上该支分会应通函追收。再一星期仍未照交，又无充分理由切实答复者，须将该抗捐者呈报总会劝告之。一星期如无效，呈请领事晓谕之。至一星期仍无效，总会即将该抗捐者公布大事周刊长期登载，宣布罪状。并由总会呈请领事转呈政府处置之。附加侨意三点，俾政府参考：（一）令抗捐者加倍补纳（二）调他回国（三）开除国籍。"③ 不管是在《中国大事周刊》上长期登载，还是呈请领事转呈政府处置，都令人生畏。而调回国或开除国籍，不免让人感到处置过

---

① 《纽丝纶华侨联合总会第三次全属代表大会宣言》（1938 年 8 月 7 日），"外交部"档案，保侨交涉（一），档案号：020 - 019908 - 0006，第 73～74 页。
② 《中国大事周刊》第 44 期，1938 年 6 月 20 日，第 21～22 页。
③ 《纽丝纶华侨联合总会第三次全属代表大会宣言》（1938 年 8 月 7 日），"外交部"档案，保侨交涉（一），档案号：020 - 019908 - 0006，第 81～82 页。

于严苛。

对于额捐的上缴和公布，此次会议的规定也更为细致。如各支分会收得长期捐款后，其数目及捐款人名须呈报总会，至迟不得超过八星期；总会收到各支分会呈报之捐款数目及捐款人名，须在两星期内向大事周刊公布案；全侨商店及菜园设立节衣缩食救济箱。三项决案中的前两项，有利于捐款的公开透明，并彰显表扬鼓励之意。最后一项，尤其令人感动。上文谈到，新西兰华侨多以种植和零售蔬果为生，鲜有特别富裕者。华侨节衣缩食，在菜园、果园和商店设立救济箱，支援祖国，其情可感。

8月11日会议结束后，三全大会指派的各代表会同汪丰领事前往屋崙，与该处支会研商各项问题。8月16日代表一行回到惠灵顿后，于下午二时召开紧急会议，将屋崙支会所提出的三项条件予以讨论。① 屋崙提出的三项条件，其中两项已经在三全大会上获得通过，即一为长期额捐不改换公债，二为将会长制改为委员制。可以推测，在三全大会召开前，屋崙支会已经与大会代表有所沟通。第三项是全侨大会召开时，既有名额不更改，增加惠灵顿、屋崙等大埠的名额，按照每五十人派代表一人分配，亦得到认可。

值得注意的是，8月9日商讨长期捐款改换公债案时，惠灵顿支会、怀笠罢分会、汪架女分会、面那威吐分会提议，仍实行长期捐款。最后决议依照第一次全侨代表大会长期捐款决案办理。② 事实上，在开会前夕《中国大事周刊》刊登的《第三次全侨代表大会各支分提案汇刊》中，可以看到以惠灵顿支会为首的支分会已经有这种倾向，而所持理由，是蒋介石和宋子文通告海外侨胞举行长期救国捐的号召。③ 可见，屋崙支会的主张，因中国国内高层筹款主张的改变，而获得更多分会的支持。8月31日，屋崙支会发布《重新联合敬告侨胞宣言》，④ 标志着新西兰华侨联合总会再次走向团

---

① 《纽丝纶华侨联合总会第三次全属代表大会宣言》（1938年8月29日），"外交部"档案，保侨交涉（一），档案号：020-019908-0006，第86页。
② 《中国大事周刊》第56期，1938年9月12日，第9页。
③ 《中国大事周刊》第50期，1938年8月1日，第1~17页。1938年5月3日，宋子文致新西兰华侨联合会，倡导举行常月捐（《中国大事周刊》第46期，1938年7月4日，第12页）。
④ 《为屋崙华侨联合支会脱离总会后重新联合敬告侨胞宣言》（1938年8月31日），"外交部"档案，保侨交涉（一），档案号：020-019908-0006，第64~65页。

结，捐款风波顺利平息。

事实上，抗战八年中，各支分会并非总是内部团结并拥护总会领导，屋崙支会脱离总会事件只是其中一例。据侨领周耀星回忆，在各支分会中，拥护总会最力而内部也较团结的，首推区他唠修付崙支会和基士彬、怀笠罢、面那威吐三分会。其余分支会，或与大会决议持有不同意见而没有忠诚合作，或因内部意见分歧而出现组织涣散的现象，不能统一办事。如坚都布厘支会，1942年因购汇证问题引发华侨之间的斗争，导致没有人愿意负责会务而使会务停顿。有的分支会，虽没有分裂或抗拒总会代表大会的决案，救国捐也能照任务完成，工作推行上则有缓慢之嫌。每年的代表大会，也没有依章遣派代表出席。① 所以，屋崙支会宣布脱离总会后又重新回归，新西兰华侨的捐款事业得以继续推进，格外令人感到欣慰。

五　结论

1938年新西兰华侨捐款风波的发生和平息，折射出一些值得探讨的问题。

首先，新西兰华侨联合总会的设立，第一次将新西兰全国侨胞团结在一起，与祖国产生紧密联系，风波的妥善处理，有利于侨联总会完善自身工作，持续稳定地支持国内抗战事业，同时也加强了新西兰各地华侨之间的联系。抗战期间，新西兰华侨通过捐款、购买债券和汇款国内等方式，支援祖国抗战。据统计，自1937年8月3日至1944年7月31日，新西兰华侨汇寄回国的长期捐款和临时捐款数为纽币177694镑11先令8便士。此外，华侨还积极购买债券，并汇寄大量养家汇款。抗战期间，新西兰华侨向国内购买节约建国储蓄券约13.7万余镑纽币，购买十年期储券3000余万元国币，购买公债券7万余元国币。② 根据新西兰华侨联合总会记录和中国领事馆收据，八年抗战期间捐款总额共计230920镑之多。③ 考虑到17.77万镑纽币这一数字，缺少了抗战最后一年的捐款记录，若综合观之，捐款数目应能达到

---

① 周耀星编著《纽西兰华侨史略》，第49页。
② 谢国富：《抗日战争期间的新西兰华侨》，《华侨华人历史研究》1992年第2期，第70页。
③ 叶宋曼瑛：《也是家乡》，第110页。叶宋曼瑛此处使用英镑单位，实际应为纽镑。

20万镑纽币，以新西兰华侨人数4000人计算①，人均捐款为50镑纽币，折合国币1100元。② 有学者认为，美国华侨战时平均每人捐款合国币1000余元，是人均捐款数量最多的国家。③ 新西兰由于国小人少，未引起研究者的足够重视。但是人均国币1100元的捐款成绩，可以与被认为人均捐款最多的美国华侨相提并论。据统计，20世纪30年代每位华侨每年的养家汇款平均为40镑纽币。当时到新西兰工作的华侨以单身男性为主，40镑纽币是一年工作的全部积蓄。按上文计算，华侨捐款人均为50镑纽币。另外，还有各种公债债券、购机捐款、寒衣捐、伤兵难民捐、河南水灾捐款、中华慈善救护会捐款等。由于抗战结束后国共内战爆发，国民政府战时所发债券均未兑现，债券等同于捐款。即在抗战八年中，大多数新西兰华侨几乎将两年的积蓄无私奉献给国家。

另外，按照个人捐款数量论，以郭期颐、黄常、杨汤城三人为最多，郭、黄两人的准确捐款数字已不可考，杨汤城的捐款为698镑纽币。④ 这也再次表明，新西兰华侨中鲜有像南洋华侨陈嘉庚、胡文虎这样的巨富。他们中的大多数人虽然来自社会中下层，但聚沙成塔，⑤ 自始至终开展长期额捐，在各国华侨抗战捐款中创下骄人成绩。所以，在关注各国华侨巨富捐款的同时，更要关注普通华侨对抗战所做的可贵贡献。

首先，《中国大事周刊》刊登抗战情况，鼓舞士气，特别是还刊登捐款人信息及具体捐款额，对抗捐人士列名批评，可以说对于捐款事业的推进起到督促作用。该刊创刊于1937年8月，1946年8月13日新西兰第十一次全侨代表大会召开时停办。长期担任该刊编辑的赵国俊是国民党党员，拥有丰

---

① 抗战爆发前，新西兰华人为3000人左右。1938年底广州及附近地区沦陷后，新西兰政府从人道主义角度出发，1939年允许249名华侨妻子及244名未成年子女前来避难。抗战结束时，新西兰华侨人口上升到5500人左右。也就是说，抗战期间新西兰华侨的人口获得大幅度增加，从3000人左右上升到5500人左右（周耀星编著《纽西兰华侨史略》，第48页）。
② 按照1939年汇率计算。C. Sedgwick, *Politics of Survival*, p.397.
③ 任贵祥：《华侨第二次爱国高潮》，中共党史资料出版社，1989，第337页。
④ 周耀星编著《纽西兰华侨史略》，第49～50页。
⑤ 抗日战争时，很多侨胞默默奉献，为国出力。如侨领林来（居住在奥克兰和惠灵顿中间的剑桥）是积极募捐分子，他挨家挨户去收10先令的救国捐，周末多外出，不是开会，就是到别处宣传。吴腾芳买了许多中国政府发行的公债，他平日很节俭，但买公债时却很慷慨，他不少朋友也这样。吴腾芳还和杨汤城、黄常等人合组建华公司，将剩余军用物资和医药用品卖到中国。当时中国非常需要这些物资（叶宋曼瑛：《也是家乡》，第90、110页）。

富的办报经验。他在抗战期间刻苦努力、坚持不懈，使刊物一直得以维持，受到侨胞的拥戴。① 华侨里中英文俱佳、敢于担当的精英分子，如赵国俊、杨汤城、吴何枝等，也正是在组织抗战捐输的过程中，成长为华侨社会中的领袖人物。可以想见，居住在新西兰的华侨，通过阅读《中国大事周刊》（发行量为每期 300～400 份）上登载的国内各地的战况消息，深切感受到中国正在遭受的劫难，尤其是广州的沦陷、广东境内的游击战争、香港的沦陷等，一次次震动着他们。他们又通过各种形式的捐款、捐机、购买国债，将自己与战时的中国紧密联系在一起。从《中国大事周刊》上，新西兰华侨也可了解其他城市和乡镇的华侨为抗战所做的贡献。

其次，华侨的爱国之举、捐助之诚，也改变着侨居国对华侨的认识。抗日战争是第二次世界大战的重要组成部分，1941 年底太平洋战争爆发后，中国和新西兰成为同盟国。新西兰华侨与政府、主流社会的关系变得友好密切。1942 年 10 月，新西兰总理彼得·弗雷泽（Peter Fraser）携夫人参加华侨在惠灵顿开展的双十节庆祝活动。在演讲时彼得·弗雷泽谈道，他 1941 年访问伦敦遇到顾维钧，前几个礼拜在华盛顿遇到宋子文时，他们都曾盛赞新西兰的华侨及外交人员对于战时中国的诸多帮助。② 这是 19 世纪 60 年代国人到达新西兰之后，首次受到新西兰政府高层的重视与厚遇。华侨通过在抗战捐输中的表现，赢得了许多新西兰白人的尊敬。此后，华侨可以在更受信任、更被尊重的环境中工作、生活，这对华侨放松身心、树立自信心、改善自身境遇等有很大帮助。

再次，捐款风波中出现的屋崙支会宣布独立、总会状告总领事、总会负责人的更迭等，反映出华侨在走向联合与团结过程中的迂回曲折。其中个之逞勇无谓之争、独断专制之举、粗鲁随意之责，需要反思讨论之处甚多。即使是爱国额捐，也需一分为二地看待。长期强制征收捐款，一方面固然大大加强了支援祖国的力度，反映了华侨的赤子之心；另一方面，对经济较为困难者，确实是一项较为沉重的负担。而侨联总会对抗捐者制定的惩罚，不能不说太过严厉。另外，在此次风波的发生和处理过程中，不管是总会领导

---

① James Ng, *Windows on a Chinese Past*, Vol. Ⅲ, p. 383.
② 《中国大事周刊》第 257 期，1942 年 10 月 14 日，第 10、12 页；James Ng, *Windows on a Chinese Past*, Vol. Ⅲ, p. 178.

者，还是屋崙支会成员，都有意气用事之处，说明华侨精英在动员组织广大民众及应对危机的过程中，仍有很大的提升空间。总体而言，在国民政府和国民党海外部的推动下，华侨精英长期领导捐赠活动与双十节庆典等，不仅有利于他们自身的成长，也对华侨社会的发展和演变有积极推动作用。由于本文使用的资料多为档案和报刊文章，未能寻找到信件、日记等相对私密的记载，因而对其中的细节勾勒尚不充分，对人物个体的描述亦不够细腻，不免遗憾。

最后，新西兰华侨捐款风波，是华侨支援祖国抗战过程中的一个小插曲，但它包含的很多关键要素，如侨领间的分歧、总会和支分会的矛盾（尤其是实力较强的支会易与总会分庭抗礼）、持续创办的中文刊物（《中国大事周刊》）所发挥的号召引领作用、活跃的国民党党员（汪丰、余荣、赵国俊等）、广大踊跃捐款者和少数抗捐者之间的对立、具体的捐款动员方式（妇女的加入）、华侨侨居国的态度变化等，都是我们研究华侨与抗日战争所要进一步深入探讨的问题面相。放宽历史的眼界，我们可以看到的不仅仅是华侨如何与抗日战争产生联系、对抗日战争做出贡献，而且还有抗日战争如何影响着每一位华侨自身鲜活的生命历程，如何形塑了各国华侨社会的走向。

抗日战争是对中国人民的一场生死考验。海外侨胞面对身处战火中的同胞，慷慨相助，为国分忧，其爱国之诚，彪炳史册。同时，各国华侨社会是一个复杂的综合体，有其特定的人口规模、经济条件、地域范围和组织特征。我们需要具体探讨和分析华侨在捐款等一系列爱国行动中遇到的困难和出现的分歧，以便更细致慎微地了解当地华侨社会。华侨与抗日战争的历史，是一部感人的爱国史，也是一部当地华侨社会的成长和演变史。

英国与国民政府的战后处置计划兼及台湾问题（1941～1943）
——以英方外交决策和报告为中心

侯中军

学界在太平洋战争爆发后的中英关系方面已有大量研究，并从诸多面相进行了探讨。一方面指出战时英国与中国是盟国，同中国在抗日问题上具有一致性，但又存在对华机会主义、实用主义及殖民主义政策。[①] 太平洋战争爆发后，在英国的对华战略中，台湾之归还中国是置于其整体研究中国战后处置的框架之内的。从中国的自身工作入手，学界对开罗会议前国民政府准备光复台湾的研究比较充分。[②] 本文拟以英国外交档案为主，分析太平洋战后至开罗会议前，英国对华战时外交中的一个面相，侧重于英国对中国战后处置计划中的领土部分的关注，并特别关注有关台湾问题的策划。因香港问题的复杂性，本文限于结构及篇幅，未予深入。

一

太平洋战争爆发前，英国外交决策部门并未特别关注中国的战后安排。

---

① 学界对战时中英关系的研究中涉及台湾及战后领土规划方面的论著如李世安《战时英国对华政策》（武汉大学出版社，2010）第三、四两章，论文如王建朗《从蒋介石日记看抗战后期的中英美关系》（《民国档案》2008 年第 4 期）、陈谦平《第二次世界大战期间中国的一次外交努力——宋子文 1943 年访英述评》（《南京大学学报》1995 年第 4 期）。
② 学界对国民政府光复台湾研究的代表性论著如左双文的《国民政府与台湾光复》（《历史研究》1996 年第 5 期）、褚静涛的《国民政府收复台湾考论》（《南京大学学报》2000 年第 6 期）。

盖因此时英、美尚未对日宣战，中国亦尚未成为盟国阵线中的一员，若言中日战争的善后，时机稍显超前。即使是在中国政府内部，关于此问题的讨论，亦限于宣传工作的需要，或系个人言论，并不成体系，缺乏操作性。典型的如蒋介石本人在其日记中所不时提及的收复琉球、台湾等问题。1932年9月13日，九一八事变一周年前夕，蒋自记"预期中华民国三十一年中秋节恢复东三省，解放朝鲜，收回台湾、琉球"。① 1937年7月31日，蒋在本周反省录中称："若有十年间，不惟东北全复而台湾与朝鲜亦将恢复甲午以前之旧观，扶持朝鲜独立由我而成乎？"② 太平洋战争爆发后，中国抗日战争的胜利已经可以预见。1941年11月20日，蒋介石在考虑向英美盟国所提政治要求中，列出了一份计划："预定：一、各国同盟条约必须附带政治经济条件在内，甲、对英要求其承认西藏九龙为中国领土之一部；乙、对俄要求其外蒙、新疆为中国领土之一部；丙、东四省、旅大、南满要求各国承认为中国领土之一部；丁、各租借地及治外法权与各种特权及东交民巷皆须一律交还中国与取消一切不平等条约。"③ 这是目前所见太平洋战争爆发后最早的一份有关领土要求的计划，"虽不周密完全（如台湾尚未列入），但可视为中国全面考虑领土问题的开始"。④

出于抗战的需要，在太平洋战争爆发前，蒋介石已经在布置对日作战计划方面涉及台湾，希望策动台湾、朝鲜的革命运动，以助抗日大局。1940年蒋介石要求朱家骅等负责此事。此时，在国民政府内部，皆认为台湾须回归祖国。⑤ 在上述背景之下，太平洋战争爆发，中国的战后领土规划日益从计划走向现实。1941年12月9日，中国国民政府正式对日宣战。宣战布告称"所有一切条约、协定、合同，有涉及中日间之关系者，一律废止，特此布告"。⑥ 1895年甲午战争后日本所强迫中国所签订之《马关条约》当然

---

① 《蒋介石日记》，1932年9月13日，斯坦福大学胡佛研究院藏手稿本。
② 《蒋介石日记》，1937年7月31日，本周反省录。
③ 《蒋介石日记》，1941年12月20日。
④ 王建朗：《大国意识与大国作为——抗战后期的中国国际角色定位与外交努力》，《历史研究》2008年第6期，第133页。
⑤ 见左双文《关于国民政府与台湾光复问题的一点补充》，《抗日战争研究》2005年第2期，第191页。
⑥ 周美华编辑《蒋中正总统档案·事略稿本》第47卷，台北："国史馆"，2010，第631页。

在废止之列，台湾之收复因而具有了第一个正式国际法文件依据。

1942年初，国民政府行政院收到了台湾革命同盟会中央执行委员会主席张邦杰的收复台湾5条意见，并将该5条意见转发内政部、外交部、军政部和财政部，听取意见。考虑到该5条意见转到行政院所必需的手续，其形成时间应在1942年元旦前后，几乎与蒋介石的筹划同步。

在此5条意见中，张邦杰呼吁国民政府最高当局"确定国策，以台湾为我国领土之一，势必与其他失地一并收复，以慰国人"，"恳请中央政府公布台湾为我国之一行省，台湾人民即系中华民国国民，并饬地方当局于台人之待遇一律平等"。① 内政部认为"收复台湾应为我国抗战目标之一，原呈所拟五项意见自系为团结抗战力量、策动台民内附起见，惟台湾孤悬海外，现在我军尚未达到收复该地阶段，所请宣布为行省一层，在目前抗战形势上是否需要，应请钧院核夺"。② 外交部就该5条意见所涉及的外交关系，拟具两条对策：（1）"我国似可引用第一次欧战后法国收复阿尔萨斯、罗伦之先例，要求日本返还之，但为避免他国无谓之疑虑起见，此时似不宜对外宣布"；（2）"（收复台湾）对于确保太平洋乃至全世界之和平与安全亦有莫大之裨益，我国似可以此为理由，于将来世界和平会议席上，请各友邦对我此项正当之要求予以积极之支持"。③

与政府部门商讨相应政策的悄无声息相比，1942年4月重庆掀起了一个收复台湾的宣传运动，公开向国内外宣讲中国战后收复台湾的决心。4月5日，还举行了台湾光复运动宣传大会，孙科在会上发表了《解放已在目前了》的演讲。④ 孙科等政要参加类似的收复台湾等的宣传造势，虽然具有官方背景，仍属于在中国内部的互动，一旦涉及对外政策方面，国民政府内部仍未形成最终的口径。在张邦杰提出5条建议9个月后，国防最高委员会的态度是"奉批缓议"。⑤ 国民政府虽然在内部一致认为应在战

---

① 《台湾革命同盟会中央执行委员会致行政院呈》（1942年），《民国档案》2006年第1期，第34~35页。
② 《内政部致行政院签呈稿》（1942年2月14日），《民国档案》2006年第1期，第34页。
③ 《外交部致内政部公函》（1942年3月6日），《民国档案》2006年第1期，第36页。
④ 详情见左双文《国民政府与台湾光复》，《历史研究》1996年第5期，第48页。
⑤ 《行政院秘书处致内政部公函》（1942年9月10日），《民国档案》2006年第1期，第36页。

后收复台湾，但在具体的外交举措上仍相当谨慎，一切都有待时机的进一步成熟。

二

中国国内围绕战后规划及收复台湾的准备活动，吸引了英美学界及政界的关注，此后，关注和应对中国的战后领土规划成为英国外交决策部门的一项任务。梳理英国外交档案可以发现，太平洋战争爆发后，英国外交部所筹划的对华外交方针中涉及战后领土规划的部分，围绕香港问题展开的居多，台湾作为一个单独的问题，很少出现。直到1942年7、8月间，英国研究国民政府战后安排的项目才逐渐增加。英国此举，其意图在于先行分析对其在华利益的影响，以便预先准备相应的对策。尤其是香港问题，在英国外交部的调研中，各方面的意见均认为"将香港留在英国辖内实为必要"，但英国仍可"与中方充分交换意见，对管理香港方面愿意听取中方的看法"。① 甚至关于中国可能托管法属印度支那（越南）的一篇文章亦引起英国外交研究部门的关注。

在此番分析预测中国战后安排的趋势中，1942年8月13日，《远东评论》杂志第11卷18号刊载了美国记者冈瑟·斯坦（Gunther Stein）的文章，该文引起英国驻华情报人员哈伯德（G. E. Hubbard）的注意。哈伯德认为，该文之写作完全基于重庆政府的重要团体和个人方面得到的信息。冈瑟·斯坦从内外两大方面分析中国的战后计划，在其对外计划中，共划分为5个问题：(1) 对日处置；(2) 中国丢失的领土；(3) 东亚殖民地；(4) 太平洋宪章；(5) 治外法权和不平等条约。其中第二个问题归论为：中国最低限度将要求收复所有自1894年中日甲午战争以来丢失的领土；朝鲜独立并与中国密切合作；《大公报》还建议将泰国变为中国的保护国。这其中收复甲午以来的丢失的领土，当然应该包括台湾在内。②

---

① War Cabinet Distribution to China, From Foreign Offices to Chungking, 9th August, 1942, British Foreign Office Files, 371 Series, China: General Correspondence（简称FO371），FO371/31715, p. 12.

② China Post-war Programmer, FO371/31715, p. 44.

英国外交部得悉此文后，遂于10月份请哈伯德将该文寄送相关政府部门主管。① 10月12日，冈瑟·斯坦又在《曼彻斯特卫报》撰文，介绍中国对战后集体安全的构想。英国通过自身情报系统确认，冈瑟·斯坦此文中关于集体安全的部分听取了王宠惠的建议。② 在英国看来，冈瑟·斯坦的文章信息皆系从国民政府要人处得到，遂对其所发表有关中国的文章均予以收集。冈瑟·斯坦发表在同期报纸上的《中国的战争目的》一文亦引起重视，此文可视为8月13日文章的缩略版。此文概要提出：中国要求归还的领土包括外蒙古、西藏、新疆、东北和台湾。③

几乎与此同时，行政院院长孙科所拟的对日处置计划草稿第一版，亦为英方所关注。孙科所拟计划可分为12款，其中第5款为：九一八事变以来日本所侵占的中国领土须归还中国；第6款为：日本撤出朝鲜，承认朝鲜独立自主。④ 9月9日，霍尔佩奇（Hall Patch）将孙科计划寄送英国外交部，并附上其个人意见。在霍尔佩奇看来，孙科的计划在对日问题上或多或少地"体现了中国精英阶层对时下脱离实际的幻想"，其计划虽不足为虑，但孙科的地位及其作为先总理孙中山长子的身份，使其具有一定的号召力，其周围聚集的国民党太子派确实具有一定的危险性。⑤ 事实上，孙科所草拟的最初意见中，主要部分是对日本战败赔偿的规划，英国认为该计划意在取得在远东的领导地位，在领土规划中，台湾尚未列入收复之列。

10月18日，牛津大学巴里欧学院琼斯（F. C. Jones）教授领衔的外交研究与宣传小组拟就了《中国的国家目标》形势报告草稿的第二稿。11月11日，哈德森（G. F. Hudson）在向克拉克（Ashley Clarke）汇报时称：此稿即是我10月26日"A表"的来源，"该草稿并非最后稿，但我想最后稿的更改不会太大"。宋子文11月3日的公开新闻稿，尤其令英国相关起草部门感到鼓舞，使其确认自己的对华分析完全合乎情理。在《中国的国家目标》草稿中第17段关于琉球的部分，曾提及"可能"收复琉球，宋子文已

---

① To Hubbard, Foreign Office, 17th October, 1942, FO371/31715, p. 51.
② Post-War Security System, Leading Chinese Jurist's Proposals, 1942, FO371/31715, p. 53.
③ Chinese War Aims, 12th October, 1942, Manchester Guardian, FO371/31715, p. 54.
④ Dr. Sun Fo's Idea of Peace Terms for Japan, 7th September, 1942, FO371/31715, p. 58.
⑤ To Waley, 9th September, 1942, FO371/31715, p. 57.

经在一次新闻发布会上公开声明了此点。① 宋子文在《大公报》上发表的谈话明确提出：中国将收回"东北四省、台湾及琉球，朝鲜必须独立"。②

牛津大学的这份《中国的国家目标》报告主要部分依次为："前言：满清帝国""孙中山及其追随者""增强国家团结""中国与盟国""平等地位""收复失去的领土""对少数民族的政策""中国与自由亚洲""中国与印度""对战败日本的处置""战后经济重建""农业及土地问题"等12大部分，计34款。该报告从历史上的中国出发，将影响中国内外政策的主要方面予以梳理，注重历史与现实相结合，其对英国外交政策的制定起到了指导性作用。

在梳理清帝国与周边国家关系时，报告认为"联系周边国家与清帝国的纽带，与其说是政治性的，不如说是文化性的更为准确，朝贡国的内政外交不受干涉，但这并不影响朝贡国仍在帝国的统驭范围之内，当其中有国家发生损害帝国利益的行为时，帝国仍可进行干涉"。关于孙中山部分，报告认为：孙中山以三民主义为国民党的目标，认为中国之衰弱在于缺乏民族性，尤其是与西方相比较时，缺乏作为一名中国人的认同感。孙中山提出要获得在国际上的平等地位，需要通过引进西方的科学思想来加强中国的传统道德，将国民性和个人对社会的责任视为一个整体。其后的国民党领导人蒋介石继续发展了这一思想。在平等地位部分，报告指出"因长期受到列强的不公正待遇，希望被列强视为平等一员是中国长久以来的一个基本目标"，在外交领域"首先就是废除不平等条约"。

在收复失去的领土部分的第17段文字中，报告指出，在1941年12月前，中国政府的要求是日本须归还"九一八"以来侵占的中国领土，否则不能接受日本的求和条款。1941年12月以后，中国的领土目标扩大了，"收复台湾被正式列为战争目的之一；琉球可能也在归还之列，因中国政府从未签署承认日本并吞琉球的条约，而琉球一直是清政府的朝贡国"。中国已经正式声明，朝鲜须脱离日本独立；"苏联影响下的新疆和外蒙仍处于中国统治下，苏联从未正式挑战中国在上述地区的统治地位"，这两个地区是

---

① Hudson to Clarke, 11th November, 1942, FO371/31715, p. 61.
② 见1942年11月3日《大公报》。国内学界指出，这是所见国民政府最早公开提出收复琉球的资料。

独立或继续受苏联影响，主要取决于战后苏联的外交方针。①

国民政府抗战后期的外交战略实践表明，此份报告的很多部分都被言中，极具前瞻性。中国抗战废约要求的提出、台湾及东北之收复、外蒙古问题等的最后结果均可在此报告中寻得源头。此报告所体现的另外一个倾向是：在英国外交政策的研究体系中，对孙中山可能对中国外交产生的影响予以高度关注，并以之作为分析相关问题的宏观背景。

当对中国的总体战后目标的外交分析尚在学术层面时，英国政府对香港问题的分析已经先行一步，进入了决策讨论阶段。关于是否应该放弃香港新界，英国外交部与殖民部之间意见不一。殖民部认为，在特定情形下，英国可以放弃英国在华领地。11月28日，克拉克在与英国殖民部讨论时建议：在向内阁提交对策之前，外交部和殖民部之间应该先达成一致。②

牛津大学的报告主要是宏观性的分析，并未提出具体的针对性举措。同时期亦有具体分析对华政策的内部报告。1942年11月3日，布雷南（J. F. Brenan）向英国政府提交其所撰写的《对华政策》一文，在分析中英之间所面临问题的基础上，提出了英国应采取的最佳应对之道。报告开头提出：英国虽是反法西斯联盟的强大而积极的成员，但考虑到盟国给予的重大义务，我们痛苦地认识到这种义务很难实现，因此我们仍需要在对华政策上采取两面态度。中国一再宣称将与日本讲和，以此来要挟英国，英国似乎对此充满忧虑，事实上，一旦中国投降日本，其失去的比英国要多得多。中国人似乎拿捏到了英国的弱点，我们需要对华适时采取强硬态度，而非一味逢迎。报告通篇充满对华不满之词，认为英国在对华关系上过于宽容，建议以后要采取"对等补偿"的原则。③

整体而言，1942年间，英国外交情报机构关注有关中国战后安排的相关信息，广泛收集国民政府要人的言论观点。1942年10月5日，美国《当代中国》杂志刊载了《人民的革命战争》一文。该文是孙科1942年10月在外交培训班上所发表谈话的论点摘要。12月14日，英国情报机构以"重

---

① Chinese National Aims, 18th October, 1942, FO371/31715, pp. 62 – 66.
② Minutes of Clarke, 28th November, 1942, FO371/31715, p. 68.
③ Policy Toward China, Memorandum by Sir J. Brenan, 3rd November, 1942, FO371/35740, pp. 103 – 105.

庆方面在战后处置的观点"为题,将中国报纸所刊载的论点进行摘编,并把王宠惠和顾维钧关于集体安全的建议单独列出讨论。①

1942年11月,宋美龄访美。启程之前,蒋介石特别授意其向罗斯福总统透露中国的战后处置计划,以便听取意见。内容要点为:(1)东三省、旅顺、大连与台湾、琉球须归还中国,唯此等地方海空军根据地准许美国共同使用;(2)越南应由中美两国共同扶助其15年内独立;(3)朝鲜应即独立;(4)泰国仍保全其独立;(5)印度如果一日不能独立,则世界和平与人类平等仍不能实现,故印度在战后必须使之独立,但可有一过渡办法,勿使英国失却体面,缅甸亦然;(6)南洋各民族应明言训政年限,20年内扶助其独立;(7)外蒙古应归还中国,至于自治问题,则由中国自定之。② 蒋介石此时向罗斯福总统提出一个如此全面的规划,目的是向美国寻求支持,为制定更为妥当的战后处置计划试探水温。从美国得到的反馈还算积极。

1942年底,在加拿大举行的太平洋国际学会上传出英国代表希望战后仍将东三省置于苏联统治下的言论,而且还传言日本仍将拥有现在东三省的南满铁路。出席会议的何廉(Franklin L. Ho)向费正清(John K. Fairbank)通报了此消息,后者遂于1942年12月30日向美国总统行政助理居里(Lauchlin Currie)进行了汇报。据费正清所知,当蒋介石得悉英国代表此项建议后"暴跳如雷"。③ 非独有偶,美国在稍早前曾发行了一本《太平洋关系》的小册子,亦提出要对台湾实行国际共管。④

此类共管传言在中国国内引起不安,因在中国看来"在历届太平洋学会会议中,英方代表之意见向正确代表其政府之观点,与美国代表发言较为自由之情形不同"。⑤ 1月5日,英国驻华大使薛穆(H. Seymour)从国民政

---

① Chungking Views on the Post-war Settlement, 14th December, 1942, FO371/31715, pp. 77 – 80.
② 见王建朗《大国意识与大国作为——抗战后期的中国国际角色定位与外交努力》,《历史研究》2008年第6期,第134~135页。
③ Expert from a Letter from Professor John K. Fairbank to Mr. Currie, Dated December 30, 1942, FRUS (Foreign Relations of the United States: Diplomatic Papers), 1943, China, Government Printing Office, Washington: 1957, p. 844.
④ 见左双文《国民政府与台湾光复》,《历史研究》1996年第5期,第48~49页。
⑤ 《张忠绂所拟对策与方案》(1942年3月6日),中国第二历史档案馆编《中华民国史档案资料汇编》第5辑第2编《外交》,江苏古籍出版社,1997,第585页。

府高级官员那里得悉有此报告后即致电英国外交部，询问事情真相究竟如何。① 薛穆发出此封电文后的第二天，重庆广播电台播出了中国在战后处置满洲、印度支那及雷州半岛的观点，并批评了此前在上述地区的相关建议。电台批评了关于将东北地区置于国际共管的建议，认为这将使得中国对日作战变得没有意义，属于陈旧过时的帝国主义的观点；批评了以东北交换印度支那的观点，指出中国并不想要印支地区；批评了日本继续对东北进行经济统治的观点。② 英国驻美大使馆于1月8日回复英国外交部，称上述传言完全不实，没有任何英国代表有此等提议，具体情形可参见即将印出的会议记录。③ 直到1月10日英国驻美大使馆哈利法克斯才从董显光（Hollington Tong）的一次公开发言中了解到中国所激烈反对的英方代表海雷（Hailey）发言的内容。遭受董显光等批评的海雷言论大致如下："我们认为中国恢复对满洲的统治为理所当然。但满洲的经济发展得益于日本，是否可能设计一种方式，使得结束日本在满洲的政治统治后仍能让其继续经营满洲工业？"海雷自己接着回答道，"日本须交出所有自1930年以来侵占的领土是基本要求，但在多大程度上可以继续允许其参与满洲的经济活动，存在可以讨论的空间"。④

中国报界很快意识到，关于英国提议国际共管东北的消息可能是子虚乌有，为澄清先前的传言，《大公报》于1月10日刊载了中国出席太平洋国际学会会议代表的来电，称"所传言的英国代表的声明并无根据"。薛穆将此消息于1月13日电告英国外交部。⑤ 英国为此还专门探询自由法国阵线对传闻中国有意收复印度支那的反应，但自由法国方面表示"目前讨论此事没有意义，任何讨论该种问题的尝试都会使中国和自由法国的代表陷入尴尬境地"。英国印度事务大臣认为"法属印度的局势微妙复杂，英国不应参与任何可能的中法争端之中"。⑥

---

① From Chungking to Foreign Office, 5th January, 1943, FO371/35793, F134/134/10.
② Chinese Post-war Territorial Aims, 6th January, 1943, FO371/35797, pp. 2 – 3.
③ From Washington to Foreign Office, 8th January, 1943, FO371/35793, F165/134/10.
④ From Washington to Foreign Office, 10th January, 1943, FO371/35793, F202/134/10.
⑤ Telegram from Sir H. Seymour, 13th January, 1943, FO371/35793, F295/134/10.
⑥ To Government of India Department of Information and Broadcasting, 22nd February, 1943, FO371/35797, p. 13.

虽然国际共管东北一事查无实据，但英国海雷勋爵在太平洋学会上涉及战后处置的讲演稿确为事实，并引起蒋介石的高度关注。1942年2月26日，蒋介石致电王世杰："兹随文抄发英国出席太平洋学会代表海雷勋爵演词译文一件，即希研究后拟定我国之对策，即对此主张及其中各问题之处置办法与方案，呈报为要。"① 海雷在其演说词中称：外蒙与新疆为苏联所关切，中国对外蒙的宗主权应由中苏两国自行解决；同意中国恢复在东北的主权，但经济发展需要另谋方法，为解决此问题，应由中间势力参与；朝鲜问题亦然；虽然香港问题需要依据原有条约来决定，但仍需要取决于太平洋各国为维持交通、贸易及保障安全的各种规定而定；主张日本自20世纪30年代以来所占领之土地必须归还。

张忠绂认为海雷的演说词中所暗含观点可归结如下5点。（1）英方对中国将来之强盛心怀疑虑，故对中国东北、朝鲜、中国移民与华侨问题均主张居间势力参与；对外蒙完全交还中国一层，未提及；对于香港九龙，无意交还中国；台湾须为保障公共安全之重点，中国对安南与朝鲜之态度不能无所限制。（2）英国对日本尚有好感，对于日本占领土地之归还，明白提及者只限于1930年后日本所占领之土地。（3）有意拖住美国，使其与英国合作维持英国属地之现状，故反对任何委任统治制度或国际管理制度，而主张成立太平洋地方会议。（4）不愿开罪苏联，而主张东北、朝鲜有一中间势力参与，外蒙问题由中苏两国直接交涉。（5）有意操纵将来设立的太平洋会议。

至于中国的对策，张忠绂建议对策共分4个大的方面。（1）我国对于太平洋区域各项具体问题提出具体办法之前，必须在理论上有一基本原则或一广泛观点。对于设立该种机构不表反对，但其活动应限于辅助性世界和平机构，不含有政治性决定权。因有众多国家参与，英国很难操纵此类和平机构。（2）主要是关于中国战后地位。日本在东北的工业必须移交中国，无须中间势力参与；香港九龙应交还中国，至少应依约将九龙于1997年归还中国；中国早日发表声明，表明自身对安南与朝鲜并无领土要求；台湾应交还中国，在符合世界保障安全之规定内，中国可使台湾尽到一部分责任。

---

① 《蒋介石为研究英国海雷勋爵在太平洋学会会议上演讲并拟定对策方案与参事室往来电》（1943年2月26日），中国第二历史档案馆编《中华民国史档案资料汇编》第5辑第2编《外交》，第580页。

（3）战后日本土地之处置，中国应主张不以任何年限为标准，而应以维持世界和平防止日本再度侵略为目的。（4）关于战后东南亚各国之地位，中国应主张一个广泛的国家自决与民族平等之原则。①

海雷的演讲稿所代表的英方观点与牛津大学所提供的对华分析报告立脚点并不相同，但都从不同层面分析了中国的历史与现状，构成英国对华政策的基础。

三

美国此时确定要扶植中国成为重要盟国，有意将中国列为四强之一。现有研究认为，中国四强一词的出现以及大国意识的产生，"比我们一般认为的要早得多。在1942年初26国联合宣言发表后，四强一词便出现了"，"四强一词的发明权似应归诸美国"。② 1942年2月13日，拉铁摩尔（Owen Lattimore）曾对记者表示："中国已经成为同盟国四强之一，此非仅虚名而已，而为抗战五年之代价。"③ 英国并不以为然。1943年3月21日，英国首相丘吉尔发表广播讲话《胜利后的英国》，在提及重要盟国时非但未将中国与英美苏并列，而且认为中国是需要被救援之国；还强调击败德国后，英军才会来拯救中国。丘吉尔此举引起中方关注，外交部部长宋子文向蒋介石汇报了此事。④ 外交部次长吴国桢为此将中国舆论界的批评意见转告英国驻重庆使馆："首相讲话故意忽略了中国作为盟国成员的身份，中国与英、美、苏同为联合国家的一分子，此身份将在不久成立的世界性组织中加以确认，也会在建议成立的亚洲委员中进一步提及。"薛穆认为类似的批评意见将在随后几天集中出现，"我不知如何去应对"。⑤ 事实上，广播稿发表后，英国

---

① 《张忠绂所拟对策与方案》（1942年3月6日），《中华民国史档案资料汇编》第5辑第2编《外交》，第584~592页。
② 王建朗：《大国意识与大国作为——抗战后期的中国国际角色定位与外交努力》，《历史研究》2008年第6期，第125页。
③ 《拉铁摩尔谒罗斯福报告中国坚持抗战》，《大公报》1942年2月15日，第2版。
④ 王建朗：《从蒋介石日记看抗战后期的中英美关系》，《民国档案》2008年第4期，第108页。
⑤ From Chungking to Foreign Office, 25th March, 1943, FO371/35739, p.28.

外交部就认为丘吉尔的言辞不妥，建议丘吉尔做一个澄清。陪同中国军事代表团访英的许立德（Meyrick Hewlett）还特意安排中国代表团收听了首相的广播发言，当听到丘吉尔的讲话后，许立德立刻解释道，"首相的讲话特指欧洲战场，德国可能会被首先打败"，"首相试图解释这种可能，即不大可能长途运输如此大量的英、美军队从事对日作战"，尽管此种解释很牵强，但最起码可防止中国的不满进一步加剧。事后，克拉克指出，"罗斯福总统曾于3月16日坚持劝说国务卿，为了解决世界问题，必须把中国视为列强之一"，现在向我们提出的问题是"如果丘吉尔首相同意，我们可否趁机向美国国务卿发一封电报，建议美国借机说明中国位列强国之一，解决世界问题需要中国的参与，尤其是当击败所有敌人之后"。① 许立德在克拉克的此份节略下用钢笔注释道：从美方的观点而言，此举将会产生效果。

英国外交部甚至在3月22日就以丘吉尔的名义起草了一份电报草稿。草稿分为两个部分：一是解释自己的讲话可能令专门安排收听广播的中国军事代表团不满，因中国未被提及，但英国陪同人员随即向中方代表做出了解释；二是讲话可能会让美、中两国的媒体过度阐释，超越其本应有的含义。由于罗斯福总统坚定支持中国为世界强国，因此希望艾登找机会再发布一个明确声明，说明我们将其视为四强之一。② 但丘吉尔拒绝做任何解释，丘吉尔告诉贾德干（Alexander Cadogan）：把中国说成是与英、美、苏并列的世界强国完全不符合事实，我不愿意发出类似违心的声明；我的发言很清楚，无须再行任何解释。③ 因此该解释电文事实上并未发出。现有研究曾指出"丘吉尔接受了这个建议，于3月22日给艾登外长发出了一封秘密电报"，"并建议艾登在马里兰州发表讲话时发表上述观点"。④ 中国学界早在1995年的一篇文章中就涉及此电文，在援引伍德沃

---

① The Minutes of Ashley Clarke, 22nd March, 1943, FO371/35739, p. 32.
② The Draft to H. M. Ambassador, Washington, 22nd March, 1943, FO371/35739, pp. 33-34.
③ To Sir Alexander Cadogan, Prime Minister's Personal Minute, 22nd March, 1943, FO371/35739, p. 30.
④ 李世安认为丘吉尔发出了该电，见氏著《战时英国对华政策》，武汉大学出版社，2010，第150页。

(Woodward) 观点时指出是英国外交部起草了该份电文, 丘吉尔认为不必发出该电。① 梳理英国外交部档案, 丘吉尔的上述致艾登的电文, 应该仅限于纸面, 而且该报告的实际起草人是英国外交部远东司, 远东司司长克拉克在草稿结尾处签署了自己的名字。

丘吉尔广播事件后, 美国内部又于 3 月 27 日讨论了中国的国际地位问题。3 月 29 日英国外交部专门打探美国内部关于中国强国之说的讨论, 以便做出相应的应对和调整。英国档案记载如下: 3 月 27 日, 在白宫与总统谈话者有国务卿赫尔 (Hull)、副国务卿韦尔斯 (Sumner Welles) 及总统助手霍普金斯 (H. L. Hopkins), 总统认为, 中国被视为四强之一实有必要。罗斯福总统进一步阐述了他的主张: 单就人口而言, 中国就当之无愧四强的称号; 我们应把眼光放长远些, 50 年后, 中国的发展水平将类似于 19 世纪末的日本, 而中国并不具侵略性, 也没有帝国主义的野心。到那时, 中国将是一个有效的牵制苏联的因素。我们与未来的中国打交道, 重要的是要抛开仅仅获取经济利益的做法。国务卿赫尔发言说, 总统的举例很有说服力, 对此他不持异议。然而, 有一点很重要, 即对战后中国的局势发展必须予以充分评估。赫尔同意总统不能仅注重经济利益的提议。②

罗斯福有意提携中国进入四强, 而丘吉尔持相反态度, 这在中国人的心目中留下了完全不同的印象。此时部分英国在华人士明显注意到中国亲美倾向的加剧, 呼吁英国政府应着力改善中英关系。5 月 3 日, 普瑞特爵士 (J. Pratt) 致函克拉克, 建议英国从多方入手, 改善对华关系。"我们在华的宣传品不仅数量不足, 而且还难以理解。在重庆、昆明出版的新闻公报, 所起的作用让人费解, 要么是在宣讲美国人的战争努力, 要么是在替俄国人做宣传", "所有准备出国留学的中国学生, 唯一想去的留学国是美国", "中国人目前只知道美国, 美国不仅可提供留学便利, 而且可以提供所需商品"。③ 该函其实来自英国怡和洋行驻昆明办事处。英国外交部远东司将该

---

① 见陈谦平《第二次世界大战期间中国的一次外交努力——宋子文 1943 年访英述评》,《南京大学学报》1995 年第 4 期, 第 177 页。
② The Conversations Between the President, Mr. Hull, Mr. Welles and Mr. Hopkins, 29th March, 1943, FO371/35739, p. 41.
③ To Ashley Clarke, 29th April, 1943, FO371/35739, pp. 56 – 58.

份文件转交英国情报部后,情报部立刻进行了针对性的部署,提升对华的宣传工作水平。

1943年3月间,英国外交大臣艾登正在访美,除探讨中国是否应为四强之一外,双方还就中国的战后处置有过接触。艾登此行是开罗会议前双方在远东战后安排中一次非常重要的接触。但英美双方并未将会谈内容公布,人在美国的外交部部长宋子文特向副国务卿韦尔斯探询风声。韦尔斯告诉宋子文,他相信英国政府的见解应与罗斯福总统一致:"中国是整个反法西斯战争不可或缺的一部分,在战后将建立的国际组织中,中国亦为平等而不可缺少的一员。"至于远东及太平洋地区的战后处置,中、英、美的观点是非常一致的:朝鲜必须独立,日本将被限于本岛范围,台湾必须归还中国,日本先前所占之太平洋岛屿将置于国际托管之下。当宋子文问及有关英国政府关于香港的战后计划时,韦尔斯认为"这是一个只应由中英两国政府讨论的话题"。关于战后的满洲,韦尔斯告诉宋子文,英美两国均认为"应重建中国对满洲的统治,但苏联在满洲的合法商业利益要得到完全承认",但又强调"他本人显然无法以合适的身份回答此问题,这首先应是中苏之间讨论的话题"。至于英国,韦尔斯又补充说"他本人并无英国方面的消息"。①

美国了解中英之间的关系现状,为促进中英改善关系,1942年7月,罗斯福派特使居里访华。对于稳固中美邦交,居里向中方表示,"(中美关系)亦因种种关系,将受英国之影响。中国对此似应多加注意",对于英国谋求改善中英关系的努力,"本人为中国将来之利益计,竭诚希望中国能接纳英国之善意"。并特别向蒋介石指出"倘中英感情不良,将使罗总统之处境十分难堪"。② 在此次会谈中,蒋介石再次向居里表达了中国必须完整收回东北的决心。

蒋介石此时已经完成了《中国之命运》的写作,筹划在英、美、印同时推出英文版。该书在战后领土规划问题上明确提出收复台湾、澎湖、东北四省等故土。③ 该书的出版在英国所引起的反响,并未集中于中国的领土规

---

① Memorandum of Conversation, by the Under Secretary of State (Welles), Washington, 29th March, 1943, FRUS, China, pp. 845 – 846.
② 秦孝仪主编《中华民国重要史料初编——对日抗战时期》第3编《战时外交》(1),中国国民党中央党史会,1981,第680~683页。
③ 蒋中正:《中国之命运》,正中书局,1944,第6~8页。

划，而是所谓的反英问题。

英国外交部远东司司长克拉克认为该书实际上"充满了反英情绪"，在是否应该由英国官方出版问题上，克拉克认为英国政府不应参与此书的出版发行，而在此之前，曾一度有意见建议此书应由英国官方出版。虽然不建议由英国政府出版，但克拉克又担心如果政府不出面出版《中国之命运》英文版，则势必由民间出版社出版该书，对此，英国还需要充分考虑商业出版社出版该书的后果及影响。① 此时普瑞特（John Pratt）的《中国的战争与政治》一书正准备出版，克拉克认为该书的推出，正好可以解释并反驳《中国之命运》一书对英国对华政策的批评，尤其是在向美国学界澄清英国对华关系方面将具有相当意义，值得投入精力和金钱去推介此书，"此书在与美国人讨论诸如鸦片战争的起因、殖民地战争等方面将尤其有效"，"必能帮助一扫普通美国人对英国在华百年政策的误解和偏见"。② 1943 年 6 月 23 日，英国情报部复文英国外交部，同意克拉克的上述建议。③

此时英美之间关于如何对待中国及中国的战后安排问题上存在多个渠道的沟通和交往，很多沟通和意见交流并未存下任何正式记录。英国驻美大使哈利法克斯子爵（Viscount Halifax）曾在致外交部电文中称"过去的几周里，我与亨贝克（Hornbeck）养成了进行私人谈话的习惯，昨天的谈话涉及几个影响远东政策重大的问题"。亨贝克告诉哈利法克斯，关于香港是否应由英国交还中国，相当多的美国人认为英国应该如此做，虽然他并不认可一般美国人的观点，但仍希望中英顺利解决香港问题，因为香港问题的解决可视为联合国家的防御战略之一。在哈利法克斯看来，亨贝克"是在暗示英国应在盟国合作的框架内归还香港"。哈利法克斯则引用丘吉尔的话回应亨贝克：如果讨论香港问题，在此种氛围下，等于是对大英帝国的清算。关于战后台湾的处置，亨贝克本人则表示"他本人不支持将台湾如此轻易地归还中国，因台湾在未来的太平洋防御上具有重要地位"，哈利法克斯予以赞同。关于朝鲜问

---

① From Ashley Clarke to Pratt, FO371/35813, F2351/682/10.
② From Mr. Ashley Clarke to Sir John Pilcher, 1st June, 1943, FO371/35813, F2811/682/10.
③ To Ashley Clarke, Ministry of Information, 23rd June, 1943, FO371/35813, F3291.

题,亨贝克说目前他还看不到完美解决的可能,"中国政府在此朝鲜独立问题上没有特殊要求"。① 亨贝克与哈利法克斯于1943年7月的这次谈话表明,在英美某些政策制定者内心深处,并不乐见台湾顺利归还中国。

在此等倾向下,于宋子文访英前夕,克拉克对于宋子文之行可能涉及的议题提出相应对策,其中关于战后安排尤其是领土处置部分,建议如下:如果宋子文提出诸如将来满洲处置等问题,得益于我们在最近的战争中所积累的经验,最佳的应对方式是继续限制任何形式的关于领土问题的洽商,不论是在公开场合还是在秘密场合,正如我们一直所做的那样。因这些都是等我们战胜之后才会面临的问题。②

1943年7月宋子文访英。③ 在行前,中国驻英大使顾维钧为准备宋子文之行,曾就可能谈及的议题与英方交换意见。顾维钧特别提及宋子文将与英方商谈西藏问题,并认为"中英达成关于西藏的共识并不存在特别的困难,并提醒英方"英国一直将西藏视为中国主权统治下的一部分"。艾登(Anthony Eden)表示"顾维钧的说法存在疑义,对此做些澄清将会有些帮助","我记得,在华盛顿举行的太平洋理事会会议上曾论及西藏,并有结论。尽管如此,由于宋子文博士有意愿,我仍准备与他讨论西藏问题"。④

在与英国外交大臣艾登会谈时,宋子文特别提及西藏问题。宋子文告诉艾登"中国在亚洲并无领土野心,这同样适用于印度支那、马来亚及其他地区,稍后中国政府将进一步向外阐明此点"。艾登则向宋子文强调:"英国的态度是,西藏在中国宗主权下必须拥有自治权。"宋子文的回答是:"中国对西藏虽无领土要求,但英国须承认西藏系中国主权统治的一部分。"双方决定就此问题达成一项秘密备忘录。⑤ 此次访英,英方并未提出较为棘手的香港问题,更未提及中国的战后目标。至此时,英国的对华战后版图筹划尚在理论调研层面。7月26日,美国杂志《当代中国》刊发《作为远东

---

① War Cabinet Distribution: from United States of America from Washington to Foreign Office, 11th July, 1943, FO371/35740, p. 42.
② Anglo-Chinese Relations, 22nd July, 1943, FO371/35740, p. 102.
③ 此次访问于中英关系的具体影响请见陈谦平《第二次世界大战期间中国的一次外交努力——宋子文1943年访英述评》,《南京大学学报》1995年第4期。
④ Mr. Eden to Sir H. Seymour, Foreign Office, 19th July, 1943, FO371/35740, p. 46.
⑤ Mr. Eden to Sir H. Seymour, Foreign Office, 26th July, 1943, FO371/35797, p. 22.

地区新秩序下平衡要素的中国》一文,从战后中国的远东地位着手,认为中国不会成为新的远东强权,中国人自古爱好和平,既不会故意挑起战争,也不具有领土野心。中英之间围绕香港问题应该互相体谅,尊重彼此的利益,共同促进进一步合作,以取得战争的最后胜利。①

中国内部同样存在对英不满的声音,并通过不同的方式透露出来。美国《外交事务》杂志7月号刊发了西南联大教授钱端升(Tuan-sheng Chien)的论文《新中国之要求》,全面论及中国战后外交政策,此文引起英国驻华外交官海特(W. G. Hayter)的高度关注。海特认为该文"似乎对中国的战后外交给出了一个清晰但并不令人愉快的阐述,其关于西藏和缅甸的部分尤其值得关注"。②钱文中海特所关注并认为"让人不快"的部分如下:英国政府并未释放出要放松管控西藏、缅甸的意图,也未曾公开声明要支持将满洲归还中国。莫非英国仍然企图利用东三省的富饶而玩弄所谓的权力平衡的游戏?③事实上,钱端升这篇文章中涉及中国战后领土部分的内容还要宽泛得多,海特只关注了与英国有关的部分,且有所曲解。钱端升在文中发问"中国希望收回哪些领土?"文章指出:"1842年以前的尚未分解的清帝国疆域,比现在中国的疆域要大得多。中国要求收回或恢复所有被迫割让出的领土以及朝贡国家既不现实也不允当,如现为苏联领土的阿穆尔地区,如缅甸和印度支那。让人欣慰的是,中国政府并不持上述极端爱国主义的心态","中国坚定要求收复的领土中,首先是自1874年以来被日本攫取的中国人民居住的领土;其次是对西藏和外蒙古完全而且无异议的统治"。在第一类领土中,包括丢失的琉球群岛,这些岛住有中国人民;还包括台湾和东三省,在被日本割占之前台湾是中国的一个省,即使在日本的殖民统治下台湾居民现仍主要是中国人。至于东三省,则几乎全是中国人,虽然其目前处于日本占领下,中国政府一直在持续维持东三省的政府机关。④

---

① China as a Stabilizing Factor in a New Far Eastern Order, CONTEMPOARY CHINA, 26th July, 1943, FO371/35797, pp. 32 – 33.
② W. G. Hayter to Ashley Clarke, 26th July, 1943, FO371/35740, p. 50.
③ New China's Demands, FOREIGN AFFAIRS, 26th July, 1943, p. 691. FO371/35740, p. 52.
④ New China's Demands, FOREIGN AFFAIRS, 26th July, 1943, p. 694. FO371/35740, pp. 52 – 55.

针对钱文中涉及领土部分的政策，英国外交部在一份节略中做出针对性部署：除非到战争结束，我们不应在满洲问题上达成任何协议，以免被其束缚手脚而被迫承认英国的战争目的是将日本赶出满洲以及类似被占领的中国领土；如果钱文所宣讲的民族主义实现，西藏任何宣布自治的努力都将归于徒劳，应让印度事务部组织力量写一篇反驳论文。①

做出相应的部署之后，克拉克在回复海特时表示：对于钱端升的论文不必反应过度，但应密切关注对该文感兴趣而与钱端升联系之人；钱端升事实上已经写信给各部部长及其他重要人士，这些举动都已经给他本人惹祸上身；目前仍不清楚钱端升是自发进行类似的活动还是替中国情报部门工作，但他本人因与南京的内奸有联系已被审查过了。②

四

1943年5月，英国外交大臣艾登访问美国。其间，为探询英方态度及英美会谈内容，宋子文与艾登进行了4次会谈，与美国"总统、霍尔、韦尔思、霍布金数次见面"。据从美方得到的消息"英美对华，均极尊重中国权利，台湾、流（琉）球、东三省、大连，自当归还中国"。③关于西藏问题，罗斯福告诉宋子文，他本人曾问丘吉尔，何以提西藏问题。丘吉尔称英国并无占领西藏之企图，罗斯福说"西藏乃中国帝制时代之一部分，现乃民国之一部分，与英国无涉"。④艾登此行不久，美国即准备筹划召开中美英苏的领导人会议，得到蒋介石的响应，此即开罗会议的源起。

10月27日，罗斯福致电蒋介石，将会议地点及时间告诉蒋："斯大林能否和我会面尚不确定，但无论如何亟愿于11月20至25日间与阁下

---

① Views of Tuan-sheng Chien on China's Post-war Foreign Policy, 8th July, 1943, FO371/35740, p. 48.
② From Foreign Office to W. G. Hayter, 26th July, 1943, FO371/35740, p. 58.
③ 《宋子文致蒋介石报告与艾登等谈话情形电》（1943年5月），吴景平、郭岱君编《宋子文驻美时期电报选（1940~1943）》，复旦大学出版社，2008，第195页。
④ 《宋子文致蒋介石报告与罗斯福谈西藏等问题电》（1943年5月），吴景平、郭岱君编《宋子文驻美时期电报选（1940~1943）》，第194~195页。

及丘吉尔首相会晤。我想亚历山大是一个良好的会晤地点，因为该处招待条件很好。"① 30 日，罗斯福再电蒋介石，"我一直未得斯大林元帅的确信，但丘吉尔和我仍有一次机会与他在波斯湾附近会晤。我盼望您能安排约于 11 月 26 日在开罗附近与丘吉尔和我会面"。② 开罗会议行程大致敲定。

开罗会议前，英美之间进行了一次关于中国问题的政策沟通。在即将与美国国务卿政治特别顾问亨贝克的会谈中，英国内政部、印度事务部希望外交部远东司向美国传达如下信息："西藏是一个微妙而复杂的问题，虽然目前美国的帮助有相当的价值，但英国不希望美国染指战后的西藏问题"，"我们不能指望美国政府会全力帮助我们对华所提出的在西藏的诉求，但西藏并非美国利益所在，我们应尽力确保美方友好中立，并让亨贝克了解英国对西藏的最终意图"，"保持一个半独立的西藏，使得中国和印度之间存在一个缓冲地区，会使我们感到安心，同时要避免给美国人以英国仍在执行帝国主义政策的印象"。③ 10 月 6 日，亨贝克抵英访问。除西藏问题外，远东司还与亨贝克进行了更为广泛的意见交流，涉及中国问题的方方面面。

在与英方多名人士的数次会谈中，在总的对华政策上，亨贝克特别强调：应将中国视为盟国中的平等一员，战后当蒋介石面临内部问题时，英美应该予以支持。④ 亨贝克认为，中国更加看重自己的声望，而非物质利益，因此精神方面的鼓励尤为重要，然而，英美目前对中国的精神鼓励完全是错的，"我们口头上将中国视为重要盟国，然而制定所有关于中国的决策却并未向中国本身进行咨询或考虑中国的观点，英美只是把制定后的决策抛给中国，让其决定是否采纳"。⑤ 亨贝克有意提升中国在盟国地位的观点获得英

---

① President Roosevelt to Generalissimo Chiang, Washington, 27th October, 1943, FRUS, The Conference at Cairo and Tehran, Government Office Printing: Washington, 1961, p. 47.
② President Roosevelt to Generalissimo Chiang, Washington, 27th October, 1943, FRUS, The Conference at Cairo and Tehran, pp. 55 – 56.
③ Note by External Department, India Office, for Consideration of Far Department, in Connection with Dr. Stanley Hornbeck's Visit, 6th October, 1943, FO371/35871, p. 16.
④ Minutes to Sir A. Cadogan, 15th October, 1943, FO371/35871, p. 32.
⑤ Relations with China, 8th October, 1943, FO371/35871, p. 36.

方的认可,这对于即将召开的开罗会议是一次重要的事先沟通。亨贝克此次与英国沟通的直接结果,体现在 10 月 30 日的《莫斯科宣言》上。美国国务卿赫尔告诉傅秉常"此宣言已将中国提高与美、英、苏同处于领导世界政治地位,于中国前途关系极大"。① 宣言发表后,国民政府的大国意识至此已经牢固确立。② 艾登在宣言拟定过程中"亦极热诚赞助"。傅秉常在其日记中记载了当日参加英国驻苏大使馆舞会时与英国外交大臣艾登的交谈,"艾登外相笑问余:'今午事如何?'余即答:'为余生平最快乐之日。'彼言:'不独君固应如此,我亦觉乐不可言。'其他使团之人听余两人谈话甚以为异,盖此次会谈绝对秘密,内容无人知悉"。③

在战后的远东安排问题上,英方人员布莱克本(Arthur Blackburn)提出:诸如新加坡、马尼拉以及台湾等特殊地域应置于盟国管制委员会统治之下,以便为集体安全的需要而提供海、陆、空等军事设施。亨贝克对此持保留态度,尽管他本人亦承认,在此问题上自己在美国国内亦属少数派。④ 英美此轮会谈并未提及香港和印度问题,在最后一次会谈中,亨贝克特别提及香港和印度,希望英国方面能在适当时候向美国通告英方的想法。⑤ 亨贝克的伦敦之行,令英方深感满意。

在开罗会议前,英美之间就中国的战后规划保持着各种渠道的交流,虽然在反法西斯的总体目标下存在分歧,但扶植中国为四强之一,并在将来的国际组织中使中国担负起相应责任已经达成共识,虽然这可能并非英国本意,但由于美国的坚持,英国并未刻意加以阻拦。但在具体的领土规划问题上,如台湾是否明确宣布归还中国,仍存在分歧。

军委会参事室在准备"四国会议"(开罗会议)问题时,关于台湾问题及战后日本领土处置问题列在第四项"日本溃败时之对日处置问题"项下:"日

---

① 《傅秉常致蒋介石电》(1943 年 11 月 1 日),秦孝仪主编《中华民国重要史料初编——对日抗战时期》第 3 编《战时外交》(3)[以下简称"《战时外交》(3)"],第 813 页。
② 见王建朗《大国意识与大国作为——抗战后期的中国国际角色定位与外交努力》,《历史研究》2008 年第 6 期,第 126~127 页。
③ 傅锜华、张力校注《傅秉常日记》(1943),台北:中研院近代史研究所,2012,第 172~173 页。
④ International Postwar Arrangements in the Pacific, 14th October, 1943, FO371/35871, p. 52.
⑤ Minutes of Final Discussion with Dr. Hornbeck, 19th October, 1943, FO371/35871, p. 55.

本于九一八事变后自中国侵占之领土（包括旅大租借地）以及台湾、琉球应归中国。"① 在另一份关于开罗会议的草案中，则更为明确指出："日本应将下所列归还中国：甲、旅顺、大连（两地一切公有财产及建设一并无偿交与中国）；乙、南满铁路与中东铁路（无偿交还中国）；丙、台湾及澎湖列岛（两处一切公有财产及建设一并无偿交与中国）；丁、琉球群岛（或划归国际管理或划为非武装区域）。"② 国防最高委员会秘书厅的方案是"收复1894年以来日本所取得及侵占之领土"。③ 此方案当然包括台湾、澎湖、钓鱼岛在内。

1943年11月23日至26日，中美英三国在开罗举行开罗会议。在开罗会议上，国民政府正式提交的方案中含有"日本于九一八事变后自中国侵占之领土（包括旅、大租借地）及台湾、澎湖，应归还中国"之条款。英国方面提出修正案，将东北、台湾等地"当然应归还中国"改为"当然必须由日本放弃"，中国代表王宠惠坚持原议。王宠惠说："如此修改，不但中国不赞成，世界其他各国亦将发生怀疑。'必须由日本放弃'固矣，然日本放弃之后，归属何国，如不明言，转滋疑惑。世界人士均知此次大战，由于日本侵略我东北而起，而吾人作战之目的，亦即在贯彻反侵略主义。苟其如此含糊，则中国人民乃至世界人民皆将疑惑不解。故中国方面对此段修改之文字，碍难接受。"哈立曼大使表示赞成王秘书长之意见，并谓"吾人如措词含糊，则世界各国对吾联合国一向揭橥之原则，将不置信"。在美国支持下，英国代表最终同意了该条提案。④

《开罗宣言》明确"三国之宗旨，在剥夺日本自从1914年第一次世界大战开始后在太平洋所夺得或占领之一切岛屿，在使日本所窃取于中国之领土，例如东北四省、台湾、澎湖群岛等，归还中华民国"。⑤ 12月1日，中、美、英三国正式发布该公报。

---

① 《关于四国会议问题节略》（1943年11月），中国第二历史档案馆馆藏档案，档案号：761/155。
② 《开罗会议中我方应提出之问题草案》（1943年11月），《战时外交》（3），第498~501页。
③ 《国防最高委员会秘书厅的方案》（1943年11月），《战时外交》（3），第503~506页。
④ 具体过程见《附一：政治问题会商经过》（1943年11月27日），《战时外交》（3），第530~531页。
⑤ 《蒋委员长与美国罗总统斯福、英国首相丘吉尔在开罗联合发表对日作战之目的与决心之公报》（1943年11月27日），《战时外交》（3），第547页。

结　论

　　战时中英关系存在多个面相，在共同反抗法西斯国家的总体目标下，英国因其自身在华存在不同的利益而往往提出不同的论调。太平洋战争爆发后，中国与英、美、苏、荷等一起构成了反法西斯联盟，并在美国的支持下成为四强之一。原先存在于个人或宣传部门的战后收复领土计划，开始步入政府层面，国民政府内部开始着手研究战后处置问题。几乎与此同步，英国外交决策部门亦着手研究中国的战后处置计划，并制定相应对策。美国认识到中国在国际反法西斯战争中的重要作用，有意扶植中国为四强之一，英国虽然对此有所反对，但表面上承认了中国的大国地位。由于英国自身的利益掺杂期间，英国基本确立了对华政策的两面态度。

　　对于中国的战后规划，英国比较关心的是香港、西藏等与其切身利益相关的部分。在其智囊机构所论证的战后规划中，香港问题是单独列出的。经过其外交决策部门的调研，英国认识到，收复东北、台湾等被日本侵占的地区是国民政府的基本要求，但在具体的外交方略上，仍在不同场合不时抛出不同的论调，以便为战后的英国争取最大的利益。在开罗会议前，英国内部曾有建议，要求英国不要许诺战后归还东北，台湾问题应置于保障安全的国际组织之下加以处理。英国对中国所抱有的两面态度，引起美国的不安。在开罗会议前，美英之间存在着多个沟通渠道，并最终达成了大体一致的意见。

　　《莫斯科宣言》已经确立了中国的大国地位，开罗会议所具有的重要国际法意义在于：确立了台湾、澎湖、东北等地必须归还中国的法理基础，构成了从《对日宣战布告》到《开罗宣言》再到《旧金山和约》完整证据链条中的重要一环。盟国之间对于中国的战后处置计划的承诺，也奠定了其对华政策的基础部分。

对日和约问题上的蒋美分歧及蒋之因应

冯 琳

经过艰苦作战，中国终于以战胜国的姿态站在日本侵略者面前。日本投降后，中国与其他盟国一同与日缔结结束战争状态的和约本为应有之事。不料，由于中国变局，美国拒不承认中共，又在国际态势影响下对国民党当局多有限制。最终，退台后的国民党当局未能参加对日多边和约，而仅能在牺牲了诸多战胜国权益与尊严的前提下，单独对日媾和。对于对日和约的背景、过程及其他相关问题，学界已有不少讨论。① 但关于蒋介石与美国在此问题上的具体分歧及蒋在其中的考虑和对策，讨论者不多，亦不充分。② 威权体制下，蒋介石对国民党当局的决策影响至巨。美与蒋虽在促成"国民党代表中国"缔约的问题上目标一致，但在其他方面有诸多分歧。蒋介石为在自己期望的时间内达成"日台和约"，实际上对于这些分歧是多有退让的。本文即以对日和约问题上蒋美分歧的主要方面为对象，讨论蒋在其中的心态及应对。

---

① 相关研究有 Howard Schonberger, "Peacemaking in Asia: the United States, Great Britain and the Japanese Decision to Recognize Nationalist, 1951 – 1952," *Diplomatic History*, 10: 1, (Winter 1986); 林晓光：《吉田书简、"日台和约"与中日关系（1950～1952 年）》（《抗日战争研究》2001 年第 1 期）；余子道：《旧金山和约和日蒋和约与美日的"台湾地位未定"论》（《军事历史研究》2002 年第 1 期）；曾景忠：《1952 年台北和议中日本利用中国不统一逃脱战争赔偿》（《抗日战争研究》2000 年第 2 期）；等等。
② 陈红民、傅敏曾发表文章《1952 年"日台和约"签订前后的蒋介石》（《世纪》2010 年 1 月），根据《蒋介石日记》简单介绍了蒋在对日和约签订过程中的表现和心态。

一 台湾是否参加多边和约

1949年新中国成立,国民党退至台湾,仍以"中华民国"自居。美国主导下的对日和约谈判以失去法理地位的"中华民国"为对象,继而又将其排除在多边和约之外,使作为盟国主要参战国的中国丧失战胜国的基本权利和尊严。在此过程中,蒋介石曾欲改变美国想法而不得。

1948年前后,因美苏进入敌对状态,而马歇尔在华调停失败,国民党在内战中的表现令人失望,美国改变了防止日本军国主义复活的对日政策构想,转而认为美国应使日本稳定发展并成为美国政策的追随者。基于此,主张推迟和谈,缔结非惩罚性质的和约,且不必非有苏联和中国参加。这些内容成为美国对日靖和的基本政策。

1950年2月,新中国与苏联缔结同盟条约,以假想中的美日同盟为将来的对手,并提到"缔约国双方保证经过彼此同意与第二次世界大战时期其他同盟国于尽可能的短期内共同取得对日和约的缔结"。① 4月初,杜勒斯(John Foster Dulles)被任命为国务卿艾奇逊(Dean Gooderham Acheson)的高级顾问,负责主持对日和约事宜。杜勒斯上任后,开始弥合美国内部对于媾和问题的不同意见,主张为应对中苏结盟,把美国对日政策与对台政策捆绑在一起。

基于当时现实,蒋介石考虑通过麦克阿瑟(Douglas MacArthur)推动美国政府建立太平洋军事公约,② 以区域安全保障同盟的形式使美国对台湾负责。若订立此约,日本将被纳入,台湾当局与日共同参与签约,无形中即与日订立和约,同时又可约束日本军国主义复活,一举数得。③ 但不久,现实又给蒋以打击,游说麦克阿瑟没有成功。在8月初麦克阿瑟的台湾之行结束

---

① 《中苏友好文献》,人民出版社,1952,第77页。
② 1950年美国政府有"太平洋协定"的构想。而亚洲反共国家与英联邦国家也都根据自己利益对美国有不同的建议。1949年在美国与西欧、北美主要发达国家组建国际军事集团组织——北约之时,菲律宾政府曾积极呼吁建立"太平洋联盟",以拖住美国对亚洲承担责任,此建议得到韩国与国民政府的赞同。1950年新西兰与澳大利亚也基于对日本军国主义复活的忧虑,分别提出建议,并与对日媾和相关联。
③ 《蒋介石日记》(手稿),1950年7月17日。

时，麦在机场发表声明，对太平洋区域防御同盟的实现表达悲观态度。此声明令蒋忧愤，以为"美国民族性只重其主观，而不肯重视东方人之意见"，连最有可能指望得上的麦克阿瑟都以为美国一切措施皆不能脱出欧洲影响的羁绊，其他美国人物更可想而知。①

9月麦克阿瑟率军在仁川登陆，对日媾和问题被正式提上日程。杜鲁门在记者会中，宣布美国政府将重启1947年未能实现的对日和谈，授权国务院与远东委员会代表国和太平洋战争的主要参与国交涉。②但美国所宣布的对日和约主张，未指明中国代表是两岸哪方，而这一点对于台湾当局来说是最为关切之处。③

一般认为，朝鲜战争扭转了美国对台态度，派出第七舰队协防台湾地区，使蒋介石可以高枕无忧，但实际上，1950年6月以后蒋并未能安心地接受美国的庇护和支持。蒋仅在朝战发生之初为之欣喜，之后便不得不接受依然冷酷的现实。9月21日，美国国防部部长由马歇尔接任，蒋介石以为"其当无害，而亦未见有积极之益也"。④10月中旬，杜麦会谈并发表公报，并未提及对华问题。随后，在记者会上，当被问及是否同意麦克阿瑟对台湾的观点时，杜鲁门表示，关于台湾没有什么要与麦商讨解决的；当记者几次提到台湾时，杜鲁门避而不答，说没有什么要说的。⑤蒋介石由杜鲁门发言和杜麦会谈公报看出，美国对台援助之"消极与不愿之心理如故"。⑥在对外交的心灰意冷之中，蒋决定接受美国对日和约提议，⑦但在此之前应主动对联合国大会提议：

甲、在对日和约未订立以前，中国有权要求联合国或与其台湾有密

---

① 《蒋介石日记》（手稿），1950年8月5日，上星期反省录。
② "The President's News Conference of September 14, 1950," *Public Papers of the Presidents of the United States*（United States Government Printing Office, Washington, 1965）, p. 637.
③ 《蒋介石日记》（手稿），1950年9月16日。
④ 《蒋介石日记》（手稿），1950年9月反省录。
⑤ "The President's News Conference of October 19, 1950," *Public Papers of the Presidents of the United States*, pp. 679 – 682. 11月30日杜鲁门进而明确表示对台湾政策仍不变更（"The President's News Conference of November 30, 1950," *Public Papers of the Presidents of the United States*, p. 726）。
⑥ 《蒋介石日记》（手稿），1950年10月21日，上星期反省录。
⑦ 《蒋介石日记》（手稿），1950年10月29日，本星期预定工作课目。

切共同关系之会员国协助防卫台湾；乙、中国收复台湾主权领土必依据其合法权利，遵守联合国宪章以解决此一问题，但不损害其合法权利与宪章之尊严为限，否则如有违反宪章与损害中国对台湾之主权领土与行政之完整时，则我政府当保留其自主之行动，不能受任何非法之干涉，此即中国革命宗旨，即中国应享有文明国在国际应享之权利与应负之义务的精神也。①

国民党退台，所辖地区剧减，国际地位要靠美国维持。各国外交皆以利益驱动，此时的台湾所能给人者甚少，所求于人者固多，因而不得不在力争无效之后被迫接受。在接受的同时，尽可能要求联合国保障台湾安全，并以大会声明留以退路，表示不得已时自己可以自主行动，不接受某些过分的安排。

此情此景，国际对自己的轻视是不可回避之事。1950年12月，报界就有消息称英联邦各国同意中共参加对日和约谈判，引起台湾当局惶恐。1951年初，澳大利亚再提远东公约方案，有日本而无台湾。2月，杜勒斯分别赴菲、赴澳纽商谈日约，独不理会台湾。蒋曾寄希望于"太平洋公约"，盼以日、台共同参加的此种公约于无形中解决与日关系问题。但现在看来，"太平洋公约""在美心目中亦未有中国在内"。②

关于台湾是否参加对日和约，在较长时间内美国并未有明确表示。但英国和其他已承认新中国的国家强烈反对国民党代表中国参加和约谈判，而澳大利亚、新西兰等国虽未承认新中国，但权衡利益后也力主新中国参加和谈。蒋介石十分关心这一问题，令台湾"外交部"设法防止美国被英国牵制而形成对台不利政策的情况发生。③ 令台湾方面欣慰的是，美国虽没有明确承诺，但一直与国民党保持着有关和约的交涉。

4月9日，"驻美大使"顾维钧与"远东委员会中国代表"李惟果等人就美国对日和约新草案进行了讨论。顾维钧以为美国既以"中华民国"为谈判对象，将来理应邀请台湾参加和约，但根据与杜勒斯交谈得来的印象，

---

① 《蒋介石日记》（手稿），1950年10月29日。
② 《蒋介石日记》（手稿），1951年1月24日、2月10日，上星期反省录。
③ 《蒋介石日记》（手稿），1951年5月18日。

仔细推敲美国对日和约草案，其措辞有台湾方面未能参加和约的伏笔。11日，美国国务院发言人公开承认英国确曾于10日送交美国备忘录，主张邀请共产党参加对日和约谈判。但美国未接受英国建议，几天后，美国国务院宣称美国无意与中国共产党讨论对日和约。①

此时，蒋介石对不能参加对日和约已有心理准备，指定由张群召集幕僚，研究不得已时不参加和约签订之利害如何。②讨论的结果自然是利害攸关、需争取一切机会。4月11日与16日台湾当局两次小组会议决定必须力争参加对日和约。经过衡量，蒋介石也决定放弃枝节、保全大局，在不反对"中华民国"参加签约，不动摇国民党当局地位，不干涉"台湾主权"的底线之上，应即参加和约签订。③根据两次会议决议，台"外交部"拟具《关于对日和约案我方复文稿》呈美，并以书面谈话方式向美方重申"中华民国"应有权参加和约，希望美国予以支助。5月23日，顾维钧又将包括对美提约稿各条款细节的《美提对日和约稿我方修正案》转交美方。④

5月底，有消息说英国和印度都在与美国交涉，反对国民党参加对日和约。它们甚至联合与对日和约有关的其他各国，特别是英联邦国家来支持它们的立场。有的报纸甚至说，英国在以英联邦国家退出对日议和相要挟，向美国国务院施压。杜勒斯准备于6月的第一周赴伦敦会谈，在此之前台湾的媒体开始骚动，纷纷显露忧虑之意。蒋介石得到英国要求美国保留态度的消息，愤然表示，自开罗会议后，英国就在尽力阻止"台湾归我"。⑤"总统府秘书长"王世杰电顾维钧，表达蒋介石对和约的极度关切，并请顾秘密与国会议员接触，让他们告诫杜勒斯要慎重行事。于是在5月29日顾维钧与杜勒斯会晤，提议在不得已时，采取这样的办法：避免会议形式一起签约，而是安排各国在不同时间签约。待反对国民党参加签约的各国都完成签约之后，台湾再来签约。为使美国不轻易接受英国建议，顾还提出两次大战英国损

---

① 中国社会科学院近代史研究所译《顾维钧回忆录》第9分册，中华书局，1898，第62~66页。
② 《蒋介石日记》（手稿），1951年4月10日。
③ 《蒋介石日记》（手稿），1951年4月18日。
④ 《关于对日和约案办理经过节要》，"外交部档案"，档案号：012.6/0106，影像号：11-EAP-01199。
⑤ 《蒋介石日记》（手稿），1951年5月31日，反省录。

失惨重而美国占了大便宜,因而英国人对美国存在严重的忌妒与对立心理。但结果并不乐观。杜勒斯表示在远东委员会的12国中有10国反对"国民党中国"签约。如果说服不了它们,美国只有服从多数意见。因为,若只有美国和另外一两个国家签约,那么远东委员会与东京盟军对日委员会将有权继续会商,并行使东京盟军最高司令部的职权,这无疑是美国无法接受的。①

6月1日,在杜勒斯赴英前两天,"外交部部长"叶公超又让顾维钧再次约见杜,重申中国为抗日战争所做牺牲,提议万一杜勒斯在英受挫,台湾方面可赞同各国分别签约,但使用共同约稿。在此次会面中,顾不断强调中国对抗战的贡献,要求美国维护国民党当局的"威信"。但二人无法就一个折中方案达成妥协,争论中杜勒斯尖锐指出,正如反对言论所讲,"国民政府既控制不了大陆领土,也管辖不了那里的百姓——这毕竟是个事实。换句话说,它并不能使它的签字在大陆上具有任何意义或产生任何约束力"。②顾与杜连续两次的会面给台湾方面的印象是:美国不会再在国民党参加和约问题上提供全力支持了。

鉴于顾杜谈话结果,叶公超于6月3日召开小组会议,决议:发动美国民主党与共和党有力人士声援台湾,台湾仍坚持以平等地位参加和约的既定方针,应研究万一"中华民国"未获参加和约机会之对策。随后拟具《关于我争取参加对日和约问题之说帖》呈"行政院",提议若不能参加和约,可在各国与日签订多边和约的同时,另订"日台双边和约"。③

在杜勒斯访英期间,美英在哪一方代表中国签约问题上无法达成谅解,于是达成协议:美英及其他某些盟国先与日签约,而后由日本政府自行选择与大陆或台湾签约。美国以为这将是令国民党当局满意的结果,但国民党方面并不这样认为。他们以为,不让台湾参加多边条约,而是在日本恢复主权与独立后,再和它单独签约,这是歧视性的。6月14日,获悉报界所传后,台"外交部"声明:"中国政府不能接受任何含有歧视性之签约办法"。④

---

① 《顾维钧回忆录》第9分册,第80~97页。
② 《顾维钧回忆录》第9分册,第102页。
③ 《美提对日和约初稿我方修正案》,"外交部档案",档案号:012.6/0023,影像号:11-EAP-01116。
④ 《关于对日和约案办理经过节要》,"外交部档案",档案号:012.6/0106,影像号:11-EAP-01199。

杜勒斯返美后,向顾确定了报界所传之事,台湾方面立即提出不能接受此种折中办法,所能接受者为:

> 甲、我与其他盟国同时参加多边和约;乙、我及各盟国均与日本同时分别签订双边和约,惟美方如有非歧视性之其他办法,我仍愿予考虑。①

17日,王世杰、叶公超等人面见蒋,告知此事。英美将台湾当局摒弃于多边和约之外的消息,令蒋大受打击。大失败后的外交逆境虽令蒋及其身边之人不断调整心态和心理预期,但蒋的心理调整并未到位,关键一点是他一直自欺欺人地以为自己才是包括大陆在内的中国的领袖,自己的"国民政府"才是中国政府。基于此,他以为中国为对日作战主要国家,没有理由将自己拒之门外。如此消息,令其愤激慨感,如在梦境。② 这样的打击对蒋心理重创,使其以为是"二十年来最大之耻辱",甚至决心与美国政府决裂。③ 这也令蒋联想到雅尔塔密约,美国未经国民政府同意即将中国若干主权让给苏联,而后又使国民政府与苏签约承认此事。蒋感叹"外交交涉不能有一次因循贻误,否则人将永引为例而藐视无睹矣"。④ 在忧愤难当的极端心态之下,18日蒋介石召集会议,商讨此事,在"外交部"拟就的声明稿加上痛斥美艾之语,语气强硬,试图使美意识到此事的严重性。⑤ 同日,蒋发表声明,强调"中华民国政府"参加对日和约之权绝不容疑;"中华民国政府"仅能以平等地位参加对日和约,任何含有歧视性之签约条件均不接受。世界上多数国家依旧承认"国民政府"是中国的政府,并承认它在联合国、远东委员会和东京盟国对日委员会的合法席位,否认其和约签订权非但不公而且不智。⑥ 事实证明,这一声明的发表效果适得

---

① 《关于对日和约案办理经过节要》,"外交部档案",档案号:012.6/0106,影像号:11-EAP-01199。
② 当日,他写道,"此何如事,几乎梦想所不及者也"。次日再次表示,闻此消息,"几乎认为不可思议之梦境"。[《蒋介石日记》(手稿),1951年6月17日、18日]
③ 《蒋介石日记》(手稿),1951年6月18日。
④ 《蒋介石日记》(手稿),1951年6月23日。
⑤ 《蒋介石日记》(手稿),1951年6月18日。
⑥ 《关于对日和约案办理经过节要》,"外交部档案",档案号:012.6/0106,影像号:11-EAP-01199。

其反。杜勒斯与分管远东事务的助理国务卿腊斯克（Dean Rusk）十分恼火，认为蒋不该擅自发表不利于美国的声明。本来美国政府没有决定何时公布美英协议公告，但现在，为回敬蒋介石的声明，他们决定19日下午3时即于公布。①

19日，美代办携英美对日和约协议全文请见蒋介石。蒋令叶公超转告美国国务院应先阻止该协议发表，才有商量余地。② 同时，叶公超拜托美国驻台"临时代办暨公使"蓝钦（Karl L. Rankin）要求国务院延期二三日发表，以便争取时间寻求妥善办法。③ 在"外交"人员多方活动下，美国决定暂不发表，要求蒋提折中办法。蒋提：（1）台湾参加多边和约；（2）各国皆订双边和约，但不许日本自由选择与中国哪一方订约，而必须由美负责明定其与台湾订约，且应与各国双边和约同时举行，不能有所先后。④ 虽然在美国看来，多边和约签订后再签订"日台和约"，并没有歧视的意味，但在蒋介石等人看来，由日本挑选签约对象，就是剥夺了战胜国的荣誉，更何况尚不能保证日本一定会挑选国民党当局为签约对象。

美国虽然不愿失去台湾这个合作伙伴，但不会对台湾过分迁就，正如腊斯克所言——"国民政府"尚能在若干国际机构中保持席位，完全靠的是美国支持。因而蒋介石的声明其实只是纸老虎，美国人对此不以为然。蒋的愤恨强硬只能体现在日记中的自言自语或者内部会议当中，具体与美国打交道的"外交人员"都以不过分刺激美国为原则。蒋的声明不能改变台湾无法参加多边和约的局面，他们只好采用最后一着：争取实现"日台和约"在多边和约之前签字，或多边和约在规定期限内分别签字。台湾"外交部"一边与日本政府联络，安排对日和约事宜；一边准备在美国公布多边和约草案时发表声明，说明台湾准备和日本谈判双边和约，此双边和约将与多边和约同时生效。但杜勒斯反对公开讲"同时生效"之说。⑤

7月6日，杜勒斯将新的对日和约稿交顾维钧，该稿未将"中华民国"

---

① 《顾维钧回忆录》第9分册，第126~129页。
② 《蒋介石日记》（手稿），1951年6月19日。
③ 《顾维钧回忆录》第9分册，第127页。
④ 《蒋介石日记》（手稿），1951年6月20日。
⑤ 《顾维钧回忆录》第9分册，第133~137、178页。

列为签字国。10日，台"行政院"召开小组会议，决议应向美提出异议，但不关谈判之门。随后，台"外交部"拟就节略一件，交给蓝钦。节略指出任一盟国或少数盟国集团，无论采取个别或集体行动，均无权剥夺另一盟国参加媾和之平等权利，或规定该盟国参加和约之条件。故"中华民国政府"坚决反对美国和约稿第二十三条之现有方式，并请美国政府以其对日本主要占领国之身份将"中华民国"加入该条所载签字国名单之内；或如认为较属便利，使日本担负确定义务，以与"中华民国"在同时缔结与美国为其他盟国所准备之多边和约相同之双边和约。①

但该节略没有起到任何作用。12日②，美国国务院公布对日和约的修改草案，并声明多边和会将于9月4日前后在旧金山召开。条约草案所列签字国名单中没有中国，声明也没有提及"中日"和约的谈判。蒋发出对美声明。内容如下：

  自日本投降以来，中国政府迭次主张各盟国应以不报复之原则早日与日本缔结和约。
  对于该约稿第二十三条竟未将中国列入该约签字国一节，不能不深表反对。中国政府一贯维护其与其他盟国处于平等地位，参加缔结对日和约主权。中国政府之此项权利，有下述事实为依据：
  一、对日共同战争系以日本于一九三一年九月十八日武装侵略中国为起点。
  二、中华民国为最先抵抗日本侵略之国家。
  三、中华民国军队伤亡最重，中国人民所蒙受之牺牲与痛苦亦最大。
  四、中华民国对于击败日本曾作重要之贡献。
  五、中华民国为对日宣战及实际作战之政府。
  六、中华民国政府向为在有关日本之各国际机构（如盟国对日委员会）中，代表中国之政府，现仍为在各该机构中代表中国之

---

① 《关于对日和约案办理经过节要》，"外交部档案"，档案号：012.6/0106，影像号：11-EAP-01199。

② 此处及多边和会时间系台北时间。

政府。

七、中华民国政府为联合国及其各专门机关所承认之合法中国政府。

八、中华民国政府为对日作战或存有战争状态国家之大多数所承认之合法中国政府。

因此,中国政府对于该和约稿第廿三条之现有方式,已向美国政府表示严重抗议之意。

中华民国政府兹严正声明:关于其对日讲和所应有之权利与地位,决不因该约稿第廿三条之规定而受任何影响;而对于任何不合国际道义与法理之主张,亦自不能予以接受。①

二 和约实施范围问题

美台不但在台湾当局是否参加多边和约问题上有分歧,在和约程序问题上也有分歧。美国在决定台湾当局不参加多边和约之后,主张先签订多边和约,再谈"日台和约";台湾方面则希望"日台和约"应在多边和约之前签字,双边和约尽量在多边和约之前或同时生效。台湾当局认为,如果美国在"日台双边和约"之前批准了多边和约,美国对日本的压力与影响力就会减弱,"日台和约"就难以缔结。因而台湾当局一直在催促美国对日施压,以便早日谈判并签订"日台和约"。美国认为若要如此,则会涉及"日台和约"适用范围问题,这一点最易招致攻击与阻力,因而和约实施范围问题成为美台之间在程序先后的争议中的关键点。

1951年6月,美国决定台湾当局不参加多边谈判,因而开始考虑"日台谈判"问题。7月3日,杜勒斯首次提出这一问题,谓国民党当局固然仍保有台湾及附近各岛,且为国际上多数国家所承认,故承认其对日签约权尚

---

① 声明全文录自《中华民国年鉴》(1952年),第341页,转引自《顾维钧回忆录》第9分册,第188~189页。

属合理，但所签和约一时断难实施于整个中国大陆，故应预谋和约实施范围的解决办法。①

和约的实施范围问题是困扰台湾当局的一大问题。既不甘于承认其所辖范围只限于台澎，又不能在事实上对大陆地区实行任何治理，台湾"外交人员"为使"中华民国代表中国"并配合蒋介石的"反攻、收复"愿景而深陷纠结困顿之中。在美国公布对日和约的修改草案和声明的前几个小时，叶公超在做最后的努力，希望蓝钦要求美国发表声明时说明与"国民党中国"的双边条约正在安排中。而蓝钦反问双边条约实施范围时，叶只好搪塞说，与日谈判问题解决后再讨论这一问题。

8月13日，台"外交部"接到顾维钧电讯，言美国国务院腊斯克次长表示：双边和约谈判的开始，宜在旧金山会议之后。为询求美国政府的真实意见，当日"外交部"拟就节略一件交蓝钦，表示：

> 中国政府了解：双边和约应与多边和约相同，且应在多边和约签订后不久，即行签字……中国政府愿获悉，美方是否在考虑由中国与日本，签订一与多边和约大体上并不相同之双边和约，以及双边和约应在多边和约后甚久，或甚至在其生效后，始能签字。

10天后，蓝钦口头转达美国政府答复：

> 美方愿尽力使日本在金山和会后不久，即与中国签订双边和约，惟须中国政府对多边和约不作重大之修改，且关于双边和约之实施范围应尽速与美方商定适当方案……美方充分明悉所拟和约实施范围方案，无论如何，不应影响中国政府在联合国之现有地位，及其对中国大陆之合法主张。②

---

① 《关于对日和约案办理经过节要》，"外交部档案"，档案号：012.6/0106，影像号：11 - EAP - 01199。
② 《关于对日和约案办理经过节要》，"外交部档案"，档案号：012.6/0106，影像号：11 - EAP - 01199。

美国表明态度，"日台和约"应与多边和约内容一致，除此之外，对于双边和约的实施范围台湾方面需要尽快与美商定适当说法。

具体从事"外交"的顾维钧、叶公超等人，其实并不认为不能先提出一个适当的实施范围，而真正执拗的人是蒋介石。顾维钧最先拟订的实施范围，没有体现台湾方面准备"收复"大陆的可能性和意图，自然不被接受。而兼顾当局意图后，叶公超所拟订的措辞"本条约就中华民国而言，适用于其目前或今后所管辖之全部领土"也未被接受，蒋介石批示说"此事不宜发表任何声明"。① 蒋认为顾与叶不智，如果台湾接受和约实施范围的限制，这种限制将成为致命伤，使台受制于人，故决不能接受美艾之"卖华条件"，即使美援断绝或对日双边协定不能签订，亦在所不惜。② 在蒋的固执之下，台湾当局一度抱有这样的观点：不论采取何种方式确定和约的实施范围，不论如何措辞，必然都会损害"中华民国"在联合国及其他方面的地位。然而，台湾方面又不能接受美国提出的先签订多边和约再谈"日台和约"从而回避适用范围问题的提议。因而在对美交涉中台湾当局只是强调台湾感受和困境，请美国径直促使日本在参加多边条约谈判的同时开始与台进行双边谈判，而后再言其他。美国则不希望过早开始"日台和约"谈判，要求台湾当局对于双边条约的实施范围给个说法，以便说服日本开始与台谈判。

9月17日，蓝钦面告叶公超：如中国愿在多边和约生效前与日签订双边和约，则必须考虑有关实施范围的方案；如在多边和约生效以后，再商定双边和约，则有关实施范围问题，将可避免讨论。美方认为后者对台湾当局更为有利。蓝钦建议暂时不考虑双边和约问题，而应集中精力发展"中日"间的实际业务。即便现在台湾方面想对适用范围给个说法，也不能暗示台湾是"中华民国"合法领土，因为这样会招致阻力。③

但台湾方面并未接受美方建议，而是积极推动"日台谈判"。此时，台湾当局已明白，要想使"日台双边和约"在自己期望的时间签订，就无法绕开适用范围问题。9月22日，蒋介石召开会议，决定了关于适用范围的

---

① 《顾维钧回忆录》第9分册，第198、202页。
② 《蒋介石日记》（手稿），1951年8月27日。
③ 《顾维钧回忆录》第9分册，第242~243页。

两个方案，准备书面通知美方。这两个方案是：

A. 双边和约签字时，中华民国全权代表将发表下列声明：

本条约应适用于中华民国之一切领土。至于领土中因国际共产主义侵略之结果，现仍处于共军占领下之领土，中华民国政府一俟该地区置于其有效控制之下，即将在该地区实施本条约。

B. 中华民国政府和日本政府互换双边和平条约批准书时，在下述声明将列入双方认可的记录中：

关于中华民国之一方，本条约应适用于目前在中华民国政府控制下及今后可能在其控制下之全部领土。①

10 月，台湾方面接到美国大使馆的照会，提到该月 19 日美国对台湾所提适用范围两方案的答复，美国国务院认为台湾建议的 B 方案比 A 方案较为可取，但同时提出另一表述方案："双方互相谅解，本条约在任何时间均适用于缔约任何一方实际控制下的全部领土。"经美方修改的 B 方案的表述加上了互惠的内容，使其显得更为复杂，据杜勒斯说美国的考虑主要是鉴于琉球群岛的将来归属，但它仍给人造成日本将来要扩张领土的印象。②

对于美方所建议的表述，台湾方面还是接受了，但一心想要"反攻复国"的台当局将美方所提表述修改为"双方互相谅解，本条约将适用于缔约任何一方目前及今后可能在其实际控制之全部领土"，并于 24 日以备忘录形式交给蓝钦。③ 台湾当局希望尽早与美国达成共识，以使该条约能在多边和约生效前正式签订。对此备忘录，美方没有明确答复，但至此美台之间关于"日台和约"适用范围的问题似已无大碍。

虽然在"日台和约"适用范围问题上美台之间产生过矛盾，但美国并不是存心为难台湾当局。美方促使日本与台湾方面订约的基本方针是始终不变的。美国想说服台湾当局在多边和约之后再谈"日台和约"，以回避和约

---

① 《1951 年 9 月 26 日致蓝钦公使关于双边和约适用范围之节略》，《顾维钧回忆录》第 9 分册，"附录十二"，第 715~716 页。
② 《顾维钧回忆录》第 9 分册，第 245、258 页。
③ 《顾维钧回忆录》第 9 分册，第 245 页。

实施范围问题，并认为这样会使问题简单化，没有什么问题。但蒋介石等人执拗地奉行"日台和约"应在多边和约之前或同时签订的方针，以免日本在多边和约签订后不再受美国束缚，而不与台湾方面订约，从而有损"中华民国"的颜面。

三 要求美国居间作证

1949 年蒋介石在内战中的失败无疑使其丧失了在国际事务中的尊严和权利，国民党当局在台湾依仗美国保护和撑腰，才得以立足，并在一段时间内在许多国际场合仍以代表中国的"政府"身份出现。唯有美国支持才可对抗英苏等已承认新中国政权的国际力量。同时，中共政权不但在法理上也在事实上控制着中国大陆的广大领土，日本不愿决然与中国对立，不愿彻底失去中国市场，并未从开始就明确表示要与台湾当局订约。美国对"二战"的胜利及战后日本重建作用至巨，唯有美国介入并对日本施以压力，才有可能使日本与台湾而非大陆订立和约。因此，蒋介石在对日和约问题上始终强调美国责任，要求美国居间作证。

1951 年 8 月，美国国务院腊斯克次长与顾维钧谈话时表示，美方对于和约事与日已有接洽，了解日本有与台湾方面订约的意愿，因此美方希望日台直接洽商，并盼台湾方面不做请美令日与台谈判的宣传。13 日，台"外交部"拟就节略，向美国政府正式表示："中国政府要求美国政府将日本置于与中国政府签订双边和约之义务之下……中日双边和约，除中日特殊事项外，中国政府不拟与日本直接谈判。"10 天后，台湾方面获得美国政府答复："此后商定之中心移至台北。"①

在关于签字国的声明发出后，台湾方面为美国未将"中华民国"列入对日和约签字国而陷于愤慨与失措之中。美国议会和舆论在此问题上态度较为一致，没有明显的抱不平之意，这令蒋感到自己以前认为美国"卖华"乃少数人所为的看法是错误的，原来其朝野皆"一丘之貉"。② 蒋介石在悲

---

① 《关于对日和约案办理经过节要》，"外交部档案"，档案号：012.6/0106，影像号：11 - EAP - 01199。
② 《蒋介石日记》（手稿），1951 年 9 月 8 日，上星期反省录。

愤之余，促使有关部门考虑退路与对策，并以自立自强言论试图使众人恢复自信。他判断美国必在旧金山多边协定订成后再来谈"中日双边和约"，认为应研究相应对策，主持中央会议商讨对日和约问题。蒋介石以自力更生鼓舞士气，提出台湾自强则"外来之任何险恶环境皆不能损害我复国之计划与行动"。对于对日交涉问题，蒋介石特别提出此时万不可对日有谦卑表示，此时的谦卑有损"国格"，与过去所提宽大态度不同。①

基于事实上的困境，蒋介石一边立志自力更生，一边又不得不依靠美国给日本施以压力，使日与台湾当局"尽谈和义务"。② 宁折不弯与委曲求全的心态矛盾地在蒋身上同时存在着，纠结地支配着他的决策。一方面蒋为保持尊严而执拗，在某些问题上宁可失去美援或退出联合国也决不妥协，一方面又显示出底气不足，在某些问题上会往最坏处设想。美国虽为减少阻力而将台湾排除在多边条约之外，但在国际舞台上显然是站在台湾一边而排斥中共的，在对日和约问题上是促成日台谈判的。但因为蒋在"代表中国"问题上的得失心太重，美国未让台湾参加多边谈判一事的影响在他心里被放大。一度，他以为美英会促成日本与中共谈判和约，甚至助中共参加联合国。③ 以蒋介石为首的台湾高层也担心没有美国的介入，日本会将谈判无限期拖延下去，而使"中华民国"蒙受耻辱，因而希望美国能在日台签约方面做出保证。但美国不愿像发布命令一样吩咐日本谈判，希望日台之间自己磋商。④

9月4日，在旧金山的对日和会召开当日，蒋介石召集一般会谈，商讨对日双边和约，指示三条方针。其一，即为要求"美国负责居间作证"。其二，"须与多边和约同时生效"。其三，"实施程序只能在谈话记录中，不能涉及于大陆领土主权丝毫损碍之语意"。⑤ 尽管腊斯克已说明美国不想公开介入其中，希望日台直接接洽。8月23日，美国政府也确认其说法，明确表示此后商定之中心移至台北。但蒋仍坚持认为应要求美负责日台谈判。而

---

① 《蒋介石日记》（手稿），1951年7月17日、19日。
② 《蒋介石日记》（手稿），1951年8月8日。
③ 《蒋介石日记》（手稿），1951年9月反省录。
④ 《顾维钧回忆录》第9分册，第215页。
⑤ 《蒋介石日记》（手稿），1951年9月4日。

统观其所定方针，可得这样的印象：对日和约问题已不是战胜国制裁战败国、获得战争补偿并开展商贸的问题，而是如何最大限度掩盖国民党当局名不正言不顺身份的问题。

日本首相吉田茂对于选择何方为建交对象一度有骑墙表现。吉田认为，尽管蒋介石集团保留着联合国会员国资格，但已不能在事实上代表中国。从经济上考虑，日本的对外贸易在战前有三分之一是与中国进行的，中国这个巨大市场和资源供应地对日本很重要。1951年10月底，吉田茂曾在日本国会表示，如果中共提出邀请日本政府在上海设立海外事务所，日本也会欢迎中共在日本设立类似机构；如果中共在今后三年内提议根据旧金山和约与日本讨论并缔结和约，日本政府愿意谈判并缔约，丝毫不会提出反对。①

这一声明加重了台湾方面的不安。"驻美代表"顾维钧立即拜会腊斯克，打探美国对此声明的看法。11月5日，蓝钦拜会叶公超时转交了美国国务院的答复，答复说："（1）国务院与吉田声明没有任何关系；（2）美国政府反对日本政府与中共发生更密切关系的任何计划或企图；（3）美国政府将继续努力促成中日两国进行谈判，以期缔结双边和约，并力使双边和约在多边和约生效的同时或在其后不久生效。"美国"其后不久"的表述引起台湾"外交部"的紧张，叶公超感到缔结"日台和约"实属紧迫，不能再拖了。叶公超等人认为如果美国仅仅促成日本同台湾签约，而不能保证双边条约将在旧金山和约之前生效或与之同时生效，旧金山和约批准后，日本一定会拖延"中日和平条约"，即使届时美国有意对日施加压力，恐怕也不会产生效果。②

蒋介石身边的"总统府秘书长"王世杰也认为"日台和约"的签订和生效必须有美国的足够压力方可实现。如果美国不对日本施加最大压力，"日台和约"定无从谈判缔结；即使条约得以签署，日本也不会批准。为保证美国对日的足够压力，须迫使日本在美国批准多边和约之前就范。王世杰建议影响美国参议员的行动，使其国务院受到更大压力去全力解决"日台和约"问题。③

---

① 《顾维钧回忆录》第9分册，第246页。
② 《顾维钧回忆录》第9分册，第249、251页。
③ 《顾维钧回忆录》第9分册，第250页。

台湾当局还注意到，英国新上台的保守党政府正在力求获得美国援助，若美国坚持，英国很可能会让步。

1951年12月10日至20日，杜勒斯再次赴日，四度与吉田会商，以求得共识。会商后，杜勒斯确信日本今后政策会与美国一致，即：对保障太平洋西部安全与美合作；不承认中共政权；承认"国民政府"，谋与合作；美方会设法疏解英对签订"日台和约"的反对。① 杜勒斯离开后，吉田茂抛出"吉田书简"，即于12月24日写给杜勒斯的信。信中全面概述了日本政府对华政策，表示日本决定同台湾建立政治、经济关系。1952年1月16日，书简公布，当月21日，美国参议院开始审议对日和约。

在台湾方面一再催促、请求下，美国确实做到了居间施压引线，促成日本对台签约。但这个居间作用，与台湾方面的设想还是有差别的。蒋介石所希望的，是美国直接介入，作为主持和中间证人的身份参与日台交涉。但美国所做的主要是对日、台的分别沟通，从旁协调，使其政策与美国一致，符合美国的战略需要，并未公开地直接介入谈判过程。但不管怎样，美国确实使日本放弃同时与中共接触的想法，与台湾签订和约，这一点也是蒋介石最为关切的。在此情况下，蒋只好调整策略，不再要求美国居间作证，而改为从旁联络、反映诉求，请美国政府向日施压、沟通，并借助驻台"公使"蓝钦及罗兰（William Knowland）等亲台而有一定影响力者影响日方谈判态度和美国决策方向及进度。

1952年，"日台和约"进入谈判阶段，日本朝野大有借中国的分裂趁火打劫之意。日本提出一份带有和约性质的友好条约，欲以之为谈判基础。日本各报亦流露出对台湾当局的傲慢轻侮之意，多主张不与之签约。蒋介石指示叶公超对美切实声明，"中日双边条约"必须为纯粹的和约，决不许日本以双边条约或友好条约之含混名词代之，这一点不能含糊。②

在谈判开始，日本就显露出傲慢无理的一面，和谈陷入僵局。蒋介石向蓝钦表达了不满，希望美国政府帮助台湾当局作为"胜利同盟中的

---

① 《关于对日和约案办理经过节要》，"外交部档案"，档案号：012.6/0106，影像号：11-EAP-01199。
② 《蒋介石日记》（手稿），1952年1月21日、2月4日、2月22日。

一员"进行对日和谈,蓝钦为此致电国务卿。① 此后几日,日方态度好转,蒋介石为此称赞全系蓝钦之力。② 同时,蒋派员联络美参议员罗兰等人,嘱其向美政府施以压力来解决"日台和约"之滞延,尽量拖延批准多边和约的进程。"亲台帮"罗兰、史密斯(Howard Alexander Smith)等人确实有意帮忙。他们曾向杜勒斯表达对日本有意破坏"日台和谈"的不满。③ 当美参议院提出讨论对日和约时,罗兰提出"日台和约"滞延一点,请众人注意。④ 但其作用有限,几天后,旧金山和约在美国国会通过。

美国国会通过批准旧金山多边对日和约后,日本更向台湾提出诸多无理要求,对之前接近达成的和约提出翻案,欲使台湾当局"放弃盟国地位而向其战败投降国反转降服"。蒋介石因之失眠。⑤ 当时,美国有于旧金山和约生效的同时解散盟军对日委员会的考虑。经痛苦思量,为使日本继续受到压力,维持台湾当局在和谈中的地位,蒋指示叶公超转告美国,在"中日和约"签订以前,四国对日管制会如开会取消,则"中国"⑥ 必投反对票,并声明"中国"对日投降时所有之特权决不因盟总撤除而取消之政策,并令"外交部"切实准备实施。⑦ 于是,"外交部"奉命与美有关人员谈话,并形成节略,称为求对日和约之及早观成,"中国政府"对美国所发起的旧金山和约各项谈判,曾采"最协调与合作"之立场,在对日谈判中"中国"亦采取着"最忍让精神"。但日本在谈判中的表现,令"中国"对和约之达

---

① "The chargé in the Republic of China (Rankin) to the Secretary of State," *Foreign Relations of the United States (FRUS)*, 1952 – 1954, Vol. 14, Part 2, *China and Japan (in two parts)* (Washington: U. S. Government Printing Office, 1976), pp. 1212 – 1213. URL to cite for this work: http://digital.library.wisc.edu/1711.dl/FRUS.FRUS195254v14p2.
② 《蒋介石日记》(手稿),1952年3月11日日记:"召见美国国防部作战处与新闻处各处长,蓝钦公使作陪彼谓对日和约据最近日人行态大有进步,余曰,此乃你的关系及美国力量之关系最大,余所以留你在此,取消例假即为此也,彼闻之更为欣奋。"
③ "The Secretary of State to the Office of the United States Political Adviser to SCAP (Sebald)," *FRUS*, 1952 – 1954, Vol. 14, Part 2, *China and Japan (in two parts)*, p. 1206.
④ 《蒋介石日记》(手稿),1952年3月14日,上星期反省录。
⑤ 《蒋介石日记》(手稿),1952年3月28日。
⑥ 为行文方便,本文在一些地方,对于台湾当局在某些场合和条件下所代表的中国以引号表示。
⑦ 《蒋介石日记》(手稿),1952年3月30日。

成不无怀疑。因此,"中国政府"声述:"中国政府不能同意将剥夺中国为一占领之盟国之合法地位之任何步骤,如解散远东委员会或盟国对日委员会等。"希望在现阶段支持"中日"缔结和约,不削弱"中国"在对日谈判中的地位。① 但美国未因台湾当局的请求而改变政策,回应说旧金山和约业已批准,解散这些组织是正常程序。

在谈判的最后阶段,日本仍纠缠于一些细节,不肯在和约中露出一点战败订约的痕迹。如对伪满与汪伪组织在日产业应归还"中国"之条,日本只肯改为"得"字而不肯照原议采用"应"字等。② 关于伪满与汪伪组织在日产业问题讨论数日而未得结果,在4月28日,旧金山多边和约生效的最后几小时,日台谈判似乎在僵持中无法推进时,日方代表得到政府训令,同意签约。

日本政府的态度急转直下其实并不意外。和谈中日本的种种无理要求、对权益的争取、对战败国身份的最大掩盖,其实只是为在拖延中获取最大的利益,并不是不打算签约。2月,日本外务省终战联络事务局局长官冈崎胜男就曾告诉过英国驻日大使丹宁(Elsler Dening),日本政府将在旧金山和约生效之前完成与国民党当局的条约签署。③ 而日本不辞辛苦地在拖延中争取权益,其实与美国也有关系。据日本条约局局长西村熊雄说,日本首相曾在旧金山与艾奇逊讨论中国问题,艾奇逊建议不要急于与中国达成和约。因此日本政府已做好充分准备与中国就和约问题周旋到底。并说作为熟悉远东的国家,日本愿意协助,甚至引导不熟悉远东事务的美国来处理中国问题。④

在国家利益面前,美国采取了两面手法,通过从旁操控"日台条约",将日本、台湾纳入其远东战略体系。在重大决策方面(如日本与台湾还是大陆订约的问题),美国干预日本政策,使之做出有利于台湾的决

---

① 《关于中日和约中美往来文件案》,"外交部档案",档案号:012.6/0153,影像号:11-EAP-01246。"最忍让精神"一句出自"谈话纪录",其余出自"节略"。
② 《蒋介石日记》(手稿),1952年4月25日。
③ Dening to Scott, Feb. 19, 1952, FJ1051/8, 99411, FO371,转引自陈肇斌《战后日本的中国政策——1950年代东亚国际政治的文脉》,东京:东京大学出版会,2000,第89页。
④ "Memorandum of Conversation, by the Second Secretary of the Mission in Japan (Finn)," *FRUS*, 1952-1954, Vol. 14, Part 2, *China and Japan (in two parts)*, p.1251.

定。而在国民党当局的得失和感受方面,美国并不会有很多体察和关心,甚至会给日本如何获取最大利益的建议。在居间干预"日台和谈"方面,美蒋虽无本质分歧,却也不乏龃龉之处。而在权益方面,更因美国关系,台湾当局多有损失。

四 台澎地位模糊化及对千岛等地的表述之争

1950年,出于自身需要及对不同地区局势的对策,美国对于日本在战争中占领的领土有不同的主张。它主张朝鲜独立,琉球群岛和小笠原群岛由联合国托管、美国行使管理权,日本应接受美英苏中将来对台湾、澎湖列岛、千岛群岛和南库页岛做出的决定。关于台湾,美国承认开罗宣言、波茨坦宣言和日本投降条件三个有关文件对台湾的规定,但并不承认台澎属于"中华民国"。

1950年1月5日,杜鲁门发布关于台湾政策的声明,说美国认可开罗宣言,但不打算在台湾地区建立军事基地,且无意卷入中国内战。① 当日下午艾奇逊召开记者会,进一步解释这一声明,说虽然日本放弃对台湾和澎湖列岛的一切权利和要求,但还没有任何国际文件把台湾的权利授予"中华民国"。台湾地位,仍待在对日和约中最终确定。②

朝鲜战争爆发后,美国第七舰队进入台湾海峡,中共向联合国控告美国侵略台湾,迫于压力,美国同意联合国进行调查。为使自己处于有利地位,美国不得不继续使台湾地位模糊化。美国认为台湾是个有纠纷的地区,如果明确台湾归于"中华民国"必致中共反对,万一攻台,美国单独抵抗,牺牲必巨,胜券难操,且不利于美国协防。而第七舰队在事实上保护了台湾当局安全,有利于"中华民国"事实上的占领。美国政府向台湾当局有关人员说明使台湾地位冻结的个中原因,要求台湾当局现实地看到"不安定情况",尊重美国政府的决定,不要在联合国过于强烈地反

---

① "The President's News Conference of January 5, 1950," *Public Papers of The Presidents of the United States*, p. 11.
② Department of State Bulletin, January 16, 1950, p. 79.

对美国立场。①

俄英皆主张将台湾问题列入安理会议程，美国也同意由联合国公断侵台案。而蒋介石强烈反对此点，认为如此将动摇台湾地位，有辱"国府"，且可能使中共得以列席联合国。9月2日，蒋介石召集会议，主张使用否决权，拒绝联合国组团赴台调查所谓美国侵台问题。② 叶公超、顾维钧、蒋廷黻等人因怕使用否决权会得罪美国，而持反对意见。9日的外交会谈中，因众人反对在联合国使用否决权，而主张与美协商进行，蒋不得不"勉从众意，然于心甚为不安"。③ 冷静之后，蒋认为美国之举亦有可谅之处。美国国务院欲以调查美国侵台案为契机，使台湾置于联合国保护之下，以减轻美国单独责任，免除侵台之嫌，不给俄共借口攻台。在杜绝俄共攻台方面于国民党当局是有利的，可不妨暂为中立之态（但决不能正式承认）。台湾应利用安全局面，健全巩固而后再待机而动，恢复大陆。只要台湾事实上统治权不动摇，则在反攻大陆之准备未完成以前，"率性让其中立化"，以对付俄共与英印，未始非一中策。④ 蒋介石一时得以自我安慰，但9月末联合国通过决议同意中共列席控美侵台案，仍使其受到打击，愤愤不已。10月5日，美国对台将来地位问题正式在联合国大会上提出，并列入议事日程。⑤ 面对如此形势，蒋介石已无力改变台湾地位被冻结的事实，写道："台湾问题无从进行，暂时延宕，不急解决。"⑥

9月，美国国务院提出"对日媾和条约草案"，并归纳为"七原则"。10月20日，杜勒斯在成功湖约晤顾维钧，面交关于对日和约问题节略一件，其中包含七项原则纲要。关于领土问题，主张："台湾、澎湖、南库页岛及千岛群岛之地位由中美英苏会商决定，倘于对日和约生效后一年内，未获协议，则由联合国大会决定之"。台"外交部"认为目前"中华民国"国际地位至为低落，发言力量自极微弱，中美所持主张既属无可调和，那么应以尽量拖延为上策。因而决定原则接受美方所提程序，但应附带主张，将一

---

① 《顾维钧回忆录》第9分册，第30、27页。
② 《蒋介石日记》（手稿），1951年9月2日。
③ 《蒋介石日记》（手稿），1951年9月9日。
④ 《蒋介石日记》（手稿），1951年9月16日，上星期反省录。
⑤ 《蒋介石日记》（手稿），1951年10月6日。
⑥ 《蒋介石日记》（手稿），1951年杂记10月14日。

年期限酌予延长；南库页岛及千岛应与台澎同时同样解决。① 蒋介石不情愿地核准了这一办法。在美方人员就台湾等三地暂列为悬案而待四国共同解决一事征求蒋介石意见时，蒋"谅其苦心勉允其请"，但表示坚决反对联大派代表团赴台调查。②

此时美国关于对日和约的主张亦与朝鲜战争局势密切关联。11 月下旬，美国在朝鲜战场严重失利，联合国大会通过决议，要求中共与联合国进行谈判以便在朝鲜停火。国民党当局的国际地位越发危险，美国决定无限期延缓在联合国考虑台湾问题。

有消息称英联邦各国总理一致同意中共参加对日和约谈判，杜勒斯即将赴日及东南亚各地推动和约。台"外交部"为求妥慎，于 1951 年 1 月 17 日电嘱顾维钧在杜勒斯赴日前，将台湾书面复文面交。22 日，顾维钧将一份代表台湾方面对美国"对日靖和七原则"立场的备忘录交给杜勒斯。其中提到：

> 关于所谓台湾及澎湖列岛之地位，中国政府经详加考虑后，认为各该岛在历史上、种族上、法律上及事实上，均为中国领土之一部，仅最后形式上之手续，尚待办理。因此各该岛之地位，实与南库页岛及千岛群岛之地位不同，但鉴于远东局势之不定，并为促进太平洋区域目前之一般安全计，中国政府对于对此四岛群之地位取决于英、苏、中、美之会商一节，不拟表示反对。抑中国政府虽勉不反对此点，亦不愿他国以为中国政府对于台湾及澎湖列岛系属中国领土之基本意见，有所更改。③

然而，在台湾当局不情愿地接受美国对于领土问题的提法后，美国迫于苏联要求，对领土问题又有了新的说法。3 月 28 日，杜勒斯将根据远东之

---

① 《关于对日和约案办理经过节要》，"外交部档案"，档案号：012.6/0106，影像号：11 - EAP - 01199。
② 《蒋介石日记》（手稿），1951 年 11 月 30 日，上月反省录。
③ "中华民国"外交问题研究会编《旧金山和约与中日和约的关系》，中日外交史料丛编（8），第 16 页，转见张耀武《美国政府的对日媾和主张和台湾问题》，《日本研究论集 2007》，天津人民出版社，2007，第 92 页。

行商谈结果修改而成的对日和约初稿八章二十二条交给顾维钧，征询意见。关于领土部分的规定是："台湾澎湖由日本予以放弃，千岛群岛及南库页岛由日本分别交与苏联及归还苏联。"① 这一更改无疑又一次引起台湾方面的震动。他们了解美国不在和约中规定台澎的最终处置是为其协防台湾留一法律根据，鉴于台湾防守及将来反攻大陆均有赖于美国支助，为免美国为难，可暂不提出异议。千岛群岛及南库页岛归属苏联一事在法律上虽并不直接影响台湾地位，但二者规定不同，一经比较，足可烘托台澎地位之悬而未决。②

对于美最近所提约稿对南库页与千岛明定归俄而台澎则只日本放弃，并不明定归属一事，蒋介石认为美在对俄求妥协，而以台澎地位不定引诱中共，且将以此为朝鲜停战之饵。③ 蒋指定张群为召集人研究对日和约对策。台湾"行政院"于4月11日、16日两次召集小组会议，决议认为，"中华民国"必须尽力争取参加和约之机会，为此应做两方面努力，一面尽力与美国合作，一面与日本朝野尽量联络，力谋与日在经济等方面密切合作。台湾方面对美国放弃将台澎问题交由四国协商解决的主张感到欣慰，但认为还应继续促请美国接受将台澎与千岛、库页岛同样看待的提议，如不获同意，则应在签约时声明台澎已属于"中华民国"，这是事实，不需任何手续加以确认。④"外交部"还认为，在此之前，应向美国求得谅解，使之不发表相反的声明。⑤ 两次会议之后，蒋介石决定：基于国民党已统治台湾的事实，放弃关于台湾地位问题的无谓争执。⑥

权衡对其他各国交涉情形，台湾方面对3月间美方所提约稿领土方面的主要修正意见，即：如不能明定将台澎归还"中华民国"，则亦不能明文规定南库页岛及千岛分别归还及交与苏联。美国对此表示接受。7月6日，美

---

① 《关于对日和约案办理经过节要》，"外交部档案"，档案号：012.6/0106，影像号：11 - EAP - 01199。
② 《美提对日和约初稿我方修正案》，"外交部档案"，档案号：012.6/0023，影像号：11 - EAP - 01116。
③ 《蒋介石日记》（手稿），1951年4月10日。
④ 《关于对日和约案办理经过节要》，"外交部档案"，档案号：012.6/0106，影像号：11 - EAP - 01199。
⑤ 《顾维钧回忆录》第9分册，第68页。
⑥ 《蒋介石日记》（手稿），1951年4月18日。

政府送交台湾当局的和约稿第二章领土条款，仅规定日本放弃千岛及南库页岛，未规定其归属。9月8日的签字稿仍采此说法。① 南库页岛及千岛的地位问题虽是由美国战略决策、美苏交涉情形等因素决定，但应该说台湾当局的诉求还是发挥了一定作用，至少引起了美国的注意。

五　在美压力下放弃赔偿要求

战后几年，国民政府并未表示过要放弃对日赔偿要求。1945年8月14日，蒋介石发表了《抗战胜利对全国军民及全世界人士广播演说》，声明"不报复"日本、"以德报怨"的原则。② 1947年5月，外长王世杰进一步解释说："对日决不采狭义的报复主义，亦不用姑息办法……政治方面我们取宽大态度，尤其日本内政问题，主张在某一种程度下由日本自己解决。经济方面，一本正义和公道的要求。"③ 当时的政府文件或领袖发言，只言宽大原则，并未提过要放弃赔款要求。而本着"正义和公道"，自然是要要求一定赔偿的。同时，国民政府在战后已经开始讨论研究日本对华赔偿的具体方案，如1945年10月26日，国防最高委员会秘书处发表了《对日赔偿计划案》④ 等。

战后美国对日赔偿的态度却发生了重大转变。"二战"结束后，美国曾提出一个临时赔偿方案，并从中提30%作为直接受日本侵略国家的赔偿物资。当时盟总指定的先期拆迁兵工厂设备分三批分配，中国从日本方面所接收的三批物资的价值如以1939年币值计算，折2200余万美元。⑤ 为减轻日本负担，扶助日本复兴，1949年5月12日，美国政府决定停止日本的拆迁

---

① 《美提对日和约初稿我方修正案》，"外交部档案"，档案号：012.6/0023，影像号：11-EAP-01116。
② 秦孝仪主编《中华民国重要史料初编——对日抗战时期》，第7编《战后中国》（4），台北：中国国民党中央委员会党史委员会，1981，第634页。
③ 《王世杰在国民参政会上所作外交报告》（1947年5月），中国第二历史档案馆编《中华民国档案资料汇编》第5辑第3编，《外交》，第17页。
④ 秦孝仪主编《中华民国重要史料初编——对日抗战时期》第2编《作战经过》（4），台北：中国国民党中央委员会党史委员会，1981，第9~10页。
⑤ "中华民国驻日代表团"编印《在日办理赔偿归还工作综述》，载沈云龙主编《近代中国史料丛刊续编》第710辑，台北：文海出版社，1980，第66页。

赔偿。接着，在1950年11月24日美政府向远东委员会成员国提出的和约七点原则中，要求缔约各方放弃1945年9月2日前因战争行为而产生的权利要求。

面对美国态度转变，台湾"外交"人员只得表示：国民政府虽决定对赔偿问题采取宽大态度，但完全放弃这一权利是困难的。毕竟日本侵华多年，中国政府和人民曾遭受极大损失，理应得到适当补偿。

美国积极扶植日本，欲共同抗俄。国民党当局意识到，值自己丢失大陆之际，美国此举颇具决心，非台湾方面所能左右。而国民党当局确定的"外交"原则就是"通力与美合作，共促对日和约之及早达成，一以培养日本感情，一以确保参加订约机会"。其底线是，在和约内容方面不妨迁就美方，而在签约程序方面，必须与其他盟国立于平等地位。①

1950年12月19日，"行政院"第153次会议确定日本赔偿问题原则上赞同美方主张，唯望能在赔款之外另获物资或现金补偿。② 据此决议，顾维钧致杜勒斯节略，指出：

> 由于日本之长期侵华，中国人民所受痛苦之久，牺牲之大，实较任何其他被侵国家之人民为甚。兹因中国境内之日产，不足以抵偿合法之要求，而三年前所收之一部份临时拆迁，亦仅属象征性之偿付，故要求日本充分赔偿因其侵攻而引起之损害，亦与公允之原则完全相符。但为便利对日和约早日缔结起见，中国政府愿放弃另提赔偿之要求，惟以其他国家同样办理为条件。如任何其他国家坚持付给赔偿，中国政府从不要求受优先之考虑亦将要求受同样之考虑。鉴于中国对于赔偿问题所采之合作立场，希望美国政府就收回被劫财产，归还对中国民族有历史及文化价值之若干艺术品，及将原属于"满洲国"伪组织及台湾银行而现在日本之资产移让中国各节，予中国以友谊之支助。在上述条件下，中国政府对于日本归还盟国财产，或在不能将财产完整归还时，以日圆

---

① 《美提对日和约初稿我方修正案》，"外交部档案"，档案号：012.6/0023，影像号：11 - EAP - 01116。
② 《关于对日和约案办理经过节要》，"外交部档案"，档案号：012.6/0106，影像号：11 - EAP - 01199。

补偿业经同意部份之损失价值一项建议,表示同意。①

1951年3月,美国政府根据杜勒斯远东一行商谈结果所拟定之对日和约稿对于赔偿问题的规定是:盟国除保有其辖区内之日本资产外,不另提赔偿要求。当时台湾当局最为担心的是是否有参加对日多边和约的机会,因此于4月确定的因应方案首要一点是通过尽力与美合作与对日联络来争取参加和约的机会,其余仅对领土问题本着对美最大的让步与妥协原则进行决议,未有赔偿问题的决议案。②

5月,台湾当局闻悉英国代表表示若台湾方面参加订约,则英退出。此消息尚待证实,而台湾当局甚为惶恐,派使面晤杜勒斯请求帮助。台湾方面看到,在美国看来,对日和约及早签订,重于"中华民国"参加订约,在折中方案尚未寻得之际,美国不会向台表示全力支持。在美国与英国疏通时,台湾方面准备了五条折中方案,并认为其中对台最为有利的是第一条,即"由各盟国与日本签一多边和约,另由我方于相等时间另签一双边和约"。③

9月,在美国主导下,《旧金山和约》规定"日本应对其在战争中所引起的损害及痛苦给盟国以赔偿,但同时承认,如欲维持可以生存的经济,则日本的资源目前不足以全部赔偿此种损害及痛苦,并同时履行其他义务"。④基于此,规定只有领土曾被日本占领过的国家才能提出赔偿,对赔偿数额及期限未做任何规定,并把赔偿形式限定在劳务赔偿之上。因台湾当局被排除在多边和约之外,此时蒋介石对未能参加多边和约的愤懑是压倒性的,未对各国放弃赔偿一事做何感慨。同时,如何让日本在最短时间内与自己缔结双边和约,成为台湾当局需要面对的最为急迫的问题。

当月,台湾当局派员赴日接洽,促使日方派遣"驻台代表"。27日,台

---

① 《关于中日和约中美往来文件案》,"外交部档案",档案号:012.6/0153,影像号:11-EAP-01246。
② 《关于对日和约案办理经过节要》,"外交部档案",档案号:012.6/0106,影像号:11-EAP-01199。
③ 《美提对日和约初稿我方修正案》,"外交部档案",档案号:012.6/0023,影像号:11-EAP-01116。
④ 田桓主编《战后中日关系文献集1945~1970》,中国社会科学出版社,1996,第109页。

湾"外交部"收到讯息，说日本政府愿意在台湾建立办事机构，但建议将机构名称改为日本政府海外事务所，并有权签发护照。台湾当局表示同意。同时，台湾方面提出关于"日台和约"适用范围的方案，并获得美国首肯。就在这时，日本首相吉田却在国会发表愿意同中共缔约的示好声明。

即便日方一度在和约问题上半开两扇门在某种意义上只是种策略，也足以引起台湾恐慌。蒋介石更看重日本对"中华民国"的态度：是否愿意与台湾当局谈判和约问题。选中共方面还是选国民党方面进行交涉，实际上是日本以哪方为"中国"代表的问题，若能与台湾当局缔约，等于宣示了国民党政权的存在。无疑，这是蒋此时最为关心的问题，也是蒋介石的软肋。日本政府自然明白这一点，在和议过程中利用台湾当局这一心理，步步进逼，使国民党屡屡被迫让步。

经美国斡旋，吉田信件公开承诺与台湾订约之后，1952年2月，日台就缔约问题开始谈判。按美国之意，"日台和约"内容应与多边和约基本一致。台湾当局事先准备好的和约初稿，关于日本赔偿问题的条款几乎照搬了旧金山和约内容。即使这样，日本方面也不愿向台湾当局做出承诺，于是"日台和约"谈判一度陷入僵局。

面对日本不断要求让步的谈判态度，蒋介石选择了忍耐与退让，以打破僵局，尽快缔约。当时，美参议院已将旧金山和约提出讨论，蒋认为如国会通过该案，则日本对台和约之谈判必将延宕无疑，故须于一周之内完成和约交涉。在当时国际情势中，蒋介石对"日台和约"的定位是"政治重于经济"，"主权与国际地位重于一时的利益"，因此，劳役赔偿可以不争，①"自动放弃此有名无实之劳役赔款，以示宽大"。② 18日，蒋约张群商讨和约要旨与政策，认为机势已将过去，不可再事延误。决定由张群约谈日本副代表木村，示意先谈其他条文，只要其对其他条款能尊重战方提案，则赔款问题可留待最后决定。19日，蒋再约张群，决定以自动声明方式放弃劳役赔偿，并宣布和约实施范围，而附带声明开罗会议有效之义，"使不着狼籍"。③

因蒋介石的干预，对日谈判的台湾代表态度急转直下，令日方大为诧

---

① 《蒋介石日记》（手稿），1952年3月17日。
② 《蒋介石日记》（手稿），1952年3月18日。
③ 《蒋介石日记》（手稿），1952年3月19日。

异。为求谈判进度，台湾方面不但放弃对日索赔权利，连劳务赔偿也予以放弃，为挽回颜面，谈判中屡屡提及蒋对日宽大之意。事后谈判代表向蒋汇报说，每提及此，河田烈均起立致敬，这令蒋亦颇感欣慰。①

王世杰提出，因为放弃劳务赔偿，"日台和约"第三条关于处理在台湾之日本私财产由中日双方另行协商的条款也应取消。但为能赶在美国参议院讨论对日和约之前订立"日台和约"，蒋介石决定此点暂时搁置，待以后再图补救办法。② 签约之急迫心理，可谓表现尽致。然而，即便如此，美国政府并未充分体谅台湾当局的"苦衷"。3 月 20 日，美参议院以六十六票对十票通过 1951 年 9 月在旧金山所订对日和约。蒋介石第一反应是"此心反得安定未若过去之急促，自己已做到最大努力和让步，因而无悔。③ 但接着还是忍不住埋怨美国"置中日和约成败于不顾"，表示如能延宕一星期批准对日和约，"则于我协助非甚少矣"。④

虽然台湾方面多次表达希望能在美国批准旧金山和约之前达成"日台和约"的意愿，但美国并未因之慢下脚步。在日台谈判开始不到两个月的时候，美国就通过了多边和约议案，陷蒋介石于被动之中。此后日本方面果然态度改变，在对台谈判中更加不配合，提出多项无理翻案。对于台湾方面"放弃赔偿"的说法，日方代表亦声称其政府训令不能接受，其意欲在和约中完全抹杀日本应该对中国赔偿之意。蒋介石认为日本欲使台湾当局"放弃盟国地位而向其战败投降国反转降服"。在美国批准和约后日本蛮不讲理的表现虽在意料之中，却仍令蒋介石难以心安，深夜失眠，直至 3 时后服药睡去。⑤

4 月 28 日，在距离旧金山和约生效仅 7 个半小时之际，"日台和约"终于签订。这令蒋庆幸终能及时签约，挽回些大陆失败的面子，给中共以打击，并以为这是"最大之意义"。⑥ 但其间所受屈辱令蒋难忘，他自记，对

---

① 《蒋介石日记》（手稿），1952 年 3 月 20 日。
② 《蒋介石日记》（手稿），1952 年 3 月 20 日。
③ 《蒋介石日记》（手稿），1952 年 3 月 21 日。
④ 《蒋介石日记》（手稿），1952 年 3 月 22 日，上星期反省录。
⑤ 《蒋介石日记》（手稿），1952 年 3 月 28 日。
⑥ 《蒋介石日记》（手稿），1952 年 4 月 27 日。

日和约谈判使其"横遭侮辱,实已为忍尽人所不堪忍受之苦痛"。① 美为战略需要,虽最终促成"日台和约",但并未顾及台湾感受。"日台和约"不但使日本逃避了战争赔偿和多边和约采用的劳务赔偿方式,而且连日本应该对"中国"赔偿之意也没有提到。

六 小结

作为牺牲重大的战胜国参加盟国共同对日签署的和约,并获得一定赔偿,本为自然之事,但在美国主导下,自然之事变得"不自然"。失去法理地位的"中华民国"成为美国交涉对日和约问题的对象,继而将其排除在旧金山多边和约谈判之外。多边和约中台澎地位被模糊化,日本赔偿只得以劳务赔偿形式偿付。台湾当局为在自己期望的时间内达成"日台和约",迫切希望早日签约,不得不在赔偿等问题上继续对日让步。最终"日台和约"的达成貌似圆满实则屈辱。

美国对日和约的宽大原则与国民党一贯的宽大主张貌似一致,但实际上并不一样。美国的某些决定在根本上损害了中国的利益,是对中国人民为抗战所做巨大牺牲的无视和打击。而两岸分离,中共无法参加和约,国民党无法理直气壮争取权益,"日台和约"最终以不像和约的形式匆匆了结,从中看不出任何对战败国的惩戒或警示。

1949年国民党丢失大陆,在美国保护下,国民党在台湾以"中华民国"自居,更在美国的支持下,继续在一些国际场合代表"中国"。在台湾当局来看,美国对自己似乎有些"恩惠",但从中华民族利益来看,中国因分裂损失甚多。美国只是从自身利益出发,促成"日台和约",将日、台纳入远东战略体系,使蒋介石挽回一些面子。但在具体权益方面,台湾当局完全没有战胜方的尊严和地位。

蒋介石虽不满于美国,却别无选择,只得将台湾参加对日和约的机会寄托于美国。此时期,在是否守住金马、是否保留政工等"内政"问题上,蒋还能较长时间坚持自己的决定,而在对日和约这种"涉外"问题上,蒋

---

① 《蒋介石日记》(手稿),1952年4月30日,上月反省录。

最终不得不顺从美国安排。这是蒋介石对自身实力与法律地位不自信的体现，也是国民党当局整体的倾向：因势弱而言轻，因言轻而受制于人。

对日和约是国民党当局丢失大陆后第一次向国际社会表明"身份"的大事，因此其"外交"人员颇为用力，蒋介石本人也很费心力。蒋的指导原则其实只有一个，就是凡能证明"中华民国代表中国"者皆可为，除此便可放弃。因此，在具体权益方面，蒋的努力和抗争比较有限。在整个过程中，蒋介石的因应决策虽使台湾当局最终达到在多边和约生效前订立"日台和约"的目的，但其代价是沉重的。

近代中国英语读本印度溯源研究

——以《纳氏英文法讲义》原本与汉译本的流布为例

邱志红

在晚清中国的英语语法知识传播史上，英国人纳斯菲尔德（J. C. Nesfield）是一个广为人知的重要人物，但同时也是一个特殊的神秘人物。说其重要并且广为人知，是因为他撰写的英语语法著作，特别是以其名字命名的汉译语法系列书——《纳氏文法》在20世纪上半叶的中国流行甚广，盛极一时，其地位如同法律界的《六法全书》，是英语学习者必备的"枕中鸿宝"，影响了胡适、周作人、茅盾、季羡林等数代学人；然而纳氏终其一生，除了英国和印度之外，似乎从未踏上中国土地半步。揆诸中外文献史料，有关纳氏生平完整、系统的研究，更是几乎阙如。[①] 这非但在晚清英语传播史上，在英语世界的语言界、文化史领域，也不能不说是一个遗憾。

实际上，关于《纳氏文法》，前人的研究并非一片空白。邹振环教授从上海群益书社刊译《纳氏文法》的视角出发，对《纳氏文法》的原本及译本情况做了很具体的梳理，并特别注意到《纳氏文法》在英语传播史上的文化意义。[②] 陈满华、谢泳等学者也从语言学或文化史的角度，对此

[①] 笔者陋目所及，日本佐佐木达等人编的《英语学人名辞典》以及 *An Annotated Bibliography of Nineteenth-Century Grammars of English* 中有对纳氏出版语法书著作的简介。参见〔日〕佐々木達、木原研三编著《英语学人名辞典》，东京：东京株式会社研究社，1995，第250页；Manfred Görlach, *An Annotated Bibliography of Nineteenth-Century Grammars of English*, John Benjamins Publishing Company, 1998, pp. 255 - 256。日文材料系日本东北大学大学院文学研究科水盛凉一博士代为查找复印，特此致谢！

[②] 邹振环：《〈纳氏文法〉在近代中国的流传及其文化影响》，《辅仁历史学报》第18期，2006年12月；《清末民初上海群益书社与〈纳氏文法〉的译刊及其影响》，复旦大学历史学系、复旦大学中外现代化进程研究中心编《中国现代学科的形成》，上海古籍出版社，2007，第91～123页。

问题有所涉及。① 不过仍有未详尽之处。笔者不揣谫陋，拟在已有研究基础上，以在印度各地搜访的《纳氏文法》原本、译本等各版本为第一手史料，② 对《纳氏文法》原本的谱系、在近代中国的流布与利用等问题再做进一步的追踪与探讨，以期对尚未清晰的有关历史细节，做进一步的厘清和揭示。

一 纳氏其人及其英文文法著作

《纳氏文法》实际上并非书名，而是学人习惯上的简称，其书全名是《纳氏英文法讲义》（*Nesfiled's English Grammar Series*），全套四册，各种汉译版本共有几十种之多，是20世纪上半叶在中国通商口岸颇为流行和引人注目的一套英文文法书。

读《纳氏英文法讲义》，首先要了解一下它的原本著者纳斯菲尔德，不过即便在英国或是印度，纳氏目前也是谜一样存在的人物。在1916年第2卷第2期的《中华学生界》中，笔者终于得见一帧纳氏难得一见的坐像照片。该照片题为《英国文典大家纳斯斐尔硕士 J. Nesfield, M. A.》，并在图片两侧附以两行文字：" 硕士为当代文典大家，我国学子得力于硕士者甚多，兹由留英学界寄赠其小影一帧，而为镌版，登出以志景仰。"照片中的纳氏，身着西装，眼神深邃，胡须浓密遒劲，典型的斯文儒雅的英国绅

---

① 陈满华：《〈纳氏文法〉在中国的传播及其对汉语语法研究的影响》，《汉语学习》2008年第3期；谢泳：《胡适用过的英语教材——〈纳氏文法〉》，《杂书过眼录》，中国工人出版社，2004，第86~88页。陈满华的研究主要以《纳氏文法》第四册为中心，其他三册并未涉及。

② 2012年12月，受中国社会科学院与印度社科理事会学术交流谅解备忘录项目的资助，笔者有幸到印度进行为期一个月的学术访问及调研。在印度社科理事会主席Dr. Madhukar、副主席Dr. Verma 及相关专员的友好接待和妥善安排下，笔者遍访德里、孟买以及加尔各答这三大城市的诸多高校、图书馆和科研机构，在这些机构进行了大量的资料搜集和学术访问活动。此次学术访问及调研的主要目的，是以"近代中国英语读本的印度溯源"为题，拟对近代中国早期流布在上海等通商口岸及内地城市的英语读本进行资料追踪，尤其是关注那些从印度流传翻译过来的、曾经畅销一时的、在近代中国教育史上产生重要文化影响的一批英语读本，探究它们与印度原本之间的历史关联，进而揭示英语读本等学习资料在近代中国"西学东渐"过程中所起的重要作用和影响。

士形象。①

纳氏全名为 John Collinson Nesfield，生卒年不详，是英国著名的语言学家，曾获牛津大学文科硕士学位。② 在多本纳氏著作中，我们都可以看到在作者名字的下面缀以 Author of 'English Grammar Past and Present' 'Historical English and Derivation' etc. 两行小字，可以推测纳氏最初是以这两本书打响了在英语语法书领域的盛名。

虽然纳氏是英国学者，但是他长期在印度从事英语教育活动，尤其致力于非英语国家的实用英语和作文文法书的撰写工作。资料显示，他做过印度奥德（Oudh）地区学校的公共教育主任（Director of Public Instruction, N. W. Provinces, Oudh, India），他的第一本英语文法书 Idiom, Grammar, Synthesis: A Manual of Practical and Theoretical English for High School and University Students（《成语、文法与综合》）就是为印度的英语学习者撰写的，最初出版于 1885 年。之后直至 1949 年，纳氏英文语法书的出版一直处于黄金期。其间纳氏撰写了多种需求量巨大、生命力长久的英语文法教科书，大部分都是由位于伦敦或纽约的麦克米伦出版公司（Macmillan and Co., Limited）出版，在印度孟买、加尔各答、马德拉斯（今天的金奈）等地发行。这些著作有的流传至今，甚至还在不断重印、再版。因此在印度，纳氏有"正确使用英语的化身"之誉。③ 为便于读者对纳氏英文语法书的出版情况有一清晰的全面了解，笔者根据在印度、台湾等地调研资料所得，同时结合 An Annotated Bibliography of Nineteenth-Century Grammars of English 与利用 Open Library、China Academic Digital Associative Library 等数据库上可见的数字化文献相关资料，特整理出表 1。

---

① 邹振环最先注意到佐佐木达等人编的《英语学人名辞典》中有对纳氏著作情况的简介以及所附照片一帧。经笔者比对后发现，《英语学人名辞典》中所附纳氏照片，与《中华学生界》刊登照片完全一致。笔者判断，《中华学生界》所登纳氏照片，很有可能是最原始的出处。

② J. C. Nesfiled, *The Uses of the Parts of Speech as Shown by Examples*（London: Macmillan and Co., Limited St. Martin's Street, 1929），所附 J. C. Nesfield, M. A. Oxon 著作列表。

③ Manfred Görlach, *An Annotated Bibliography of Nineteenth-Century Grammars of English*（John Benjamins Publishing Company, 1998），pp. 255 – 256.

表 1　纳氏语法书一览

书名	出版年代	出版地、商	藏地	简介
Idiom, Grammar, and Synthesis: A Manual of Practical and Theoretical English for High School and University Students	1895	London etc. : Macmillan and Company	1898：National Library, Kolkata, India	5 parts, 352pp. 1896, 1897, 1898(2), 1899, 1900, 1901, 1902. 1903, Jan. and Oct. 1904, 1906(2), 1907, 1908(2), 1909(2), 1910(2), 1911(2), 1912(2), 1913(2), 1914(2), 1915(2), 1916(2), 1917(3), 1918, 1919, 1920(2), 1921, 1922, 1923(3), 1924, 1926, 1928(3), 1929, 1930. ... Printed in Great Britain by R. & R. Clark, limited, Edinburgh
English Grammar Series Ⅰ *The Parts of Speech for the Use of elementary classes in European and other English-teaching schools*	1895	London etc: Macmillan & Co.	1900：台湾大学图书馆5层微片（日本明治三十三年石田忠兵卫翻刻发行），台北；1916：National Library, Kolkata, India	17×11.5, 46pp. Definitions of ten parts of speech, with exercises, and interchanged parts of speech appended; simple non-terminological language aimed at
English Grammar Series Ⅱ *Easy Parsing and Analysis for the use of upper primary and lower middle classes in English teaching schools*	1895	London etc. : Macmillan & Co.	1896：台湾大学图书馆5层微片（日本明治三十二年七条恺翻刻发行），台北	17×11.5, 95pp. Ten parts of speech defined in easy language, with illustrations of etymological parsing
English Grammar Series Ⅲ *Idiom and Grammar for Secondary Schools*	1895	London etc. : Macmillan & Co.	1896：台湾大学图书馆5层微片（日本明治三十二年七条恺翻刻发行），台北	17×11.5, 112pp. Solutions to questions arranged in four sections. 书内扉页题为 Idiom and Grammar for Middle Schools
The Anglo-Oriental Series of English Readers	1895	Macmillan and Co., Ltd. London Bombay and Calcutta	—	First Reader, 64 pp.; Second Reader, 80 pp.; Third Reader, 96 pp.; Fourth Reader, 112 pp.; Fifth Reader, 128 pp. Reprinted July 1895; February 1896

续表

书名	出版年代	出版地、商	藏地	简介
English Grammar, Past and Present	1898	New York, London: Macmillan & Co.	1958, Delhi University, Art Library, New Delhi, India	3 parts, 17 × 11.5, viii + 470pp. Repr. 1899, 4s6d; anr. Ed. 1900, title has changed to… With appendices on prosody, synonyms, and other subjects. Viii + 470pp.
Manual of English Grammar and Composition	1898	London, New York: Macmillan & Co.	1946、1964:国家图书馆,北京	5 parts, 347pp. reprinted 1899, 1900, 1901, 1903, 1904, 1905, 1906 (2), 1907, 1908, 1909, 1910, 1911, 1912, 1913, 1915, 1916, 1918, 1919 (2), 1920, 1922, 1923. Revised 1924. Reprinted 1925, 1928, 1933. Revised Edition 1939. Reprinted 1942, 1944, 1946
English Grammar Series IV Idioms, Grammar, and Synthesis	1900	London etc: Macmillan & Co.	1922、1923: 国家图书馆,北京	17 × 11.5, 44pp. A mixed complement to preceding(1895) volumes
Outline of English Grammar	1900	Printed in Great Britain	1948:国家图书馆,北京;1953: Mumbai University Library at the Fort Campus, Mumbai	1917 revised edition, 239pp.
Junior Course of English Composition	1901	London: Macmillan & Co., Limited ST. Martin's Street; New York: The Macmillan company	National Library, Kolkata, India	224pp.
Oral Exercises in English Composition	1901	London: Macmillan & Co., Limited	National Library, Kolkata, India	Printed by R. & R. Clark, Limited, Edinburgh. 216pp., 17cm

续表

书名	出版年代	出版地、商	藏地	简介
Senior Course of English Composition	1903	London: Macmillan & Co., Limited ST. Martin's Street; New York: The Macmillan Company	1914：国家图书馆，北京	2 parts, 358 pp.
Errors in English Composition	1903	London, New York: Macmillan & Co.	1930, Mumbai University Library at the Kalina Campus, Mumbai	2 parts, 22 pp. 1906, 1926
How to Condense and Simplify Extracts in Prose and Verse for Matriculation and Intermediate Examinations	1916	Macmillan and Co., Limited St. Martin's Street, London, W. C. Bombay, Calcutta and Madras	—	3 parts, 140 pp.
The Uses of the Parts of Speech as Shown by Examples	1929	Macmillan and co., Limited St. Martin's Street, London	—	12 parts, 48 pp.
Key and Companion to English Grammar Past and Present	1958	—	Delhi University, Central Library, New Delhi, India	—

以上笔者罗列的16种英语语法书是纳斯菲尔德的主要作品，在这些语法书的扉页或是附录中，还可以看到出版商介绍纳氏的其他语法书小册子，如 *English Grammar for Elementary Schools*、*Modern English Grammar with Chapters on Idiom and Construction* 等等。此外，纳氏还出版过上述语法书的

节减、修订版等，例如 Historical English and Derivation（1898）一书就是以《英语语法的过去和现在》（English Grammar Past and Present）为主体改写而成，但更侧重介绍英语句法的历史与派生词部分。① 1901 年出版的 Junior Course of English Composition 全书共五章，其中前四章主要来源于 Oral Exercises in English Composition 一书。②

二 Nesfiled's English Grammar Series 及译本谱系考

在纳氏诸多的英文语法书中，English Grammar Series 最为中国读者所熟悉。中国学者总结该书有两大特色："不偏于理论而注重实际一也；专为东洋人而著作二也。"③ 特别是该书不仅仅讲文法，同时还对造句和作文、修辞学、文字学、诗律等语法知识均有涉猎，并且分析透彻，例证精详，材料丰富，体例完备，显露出作者的"大家风范"，堪称"在今日为极完善之本"④。到了 20 世纪 70 年代，仍有中国学者认为该书"不但供给学者在文法上一切必要的知识，而且也是有志研究英国文字者的良好参考书"；"对于以英文为研究其他科学的读者，确是一位随时可供顾问的良师，尤其是对于以英文为专门研究的，真好比是一座宝库，取之不尽，用之不竭"⑤。给读者以开卷有益的满足感。

对西方英语语法知识的专门系统介绍，从晚清时期便已出现。尤其是甲午战争和戊戌维新以后，随着西学浪潮的高涨，中国人对英语的需求和兴趣均得到进一步强化，张德彝著的《英文话规》、严复译的《英文汉诂》、伍光建编的《英文范纲要》，以及商务印书馆所出版的众多英文语法书和英文教科书，逐渐风行海内，加之受日本有关译法的影响，中国人对英语语法的

---

① J. C. Nesfiled, The Uses of the Parts of Speech as Shown by Examples，所附 J. C. Nesfield, M. A. Oxon 著作列表及简介。

② J. C. Nesfiled, Junior Course of English Composition（London: Macmillan and Co., Limited, 1908），自序。

③ 赵灼译述《纳氏第三英文法讲义（上卷）》，英文研究会藏版，1912 年 9 月 18 日订正三版，"绪言"。

④ 陈文祥：《纳氏英文法讲义第四上卷》，群益书社，1923，"译者识"。

⑤ Nesfield's English Grammar Series with Chinese, translates by F. C. P., 第一文化社, 1971, "序言"。台湾大学辜振甫先生纪念图书馆（原法社分馆）藏。

认识不断走向成熟和深入。《纳氏英文法讲义》系列便是这众多英语语法书中备受瞩目的一种。以往学界在谈及晚清民国风行一时的《纳氏英文法讲义》时，都普遍认为其英文原本 Nesfield's English Grammar Series 是专为印度学生所编写的。邹振环认为"纳氏确实为印度学生编过英语教材，在他所编的英文文法书中，也不乏以印度事迹为例者"。他的这一观点笔者深为认同。在笔者所见的纳氏著作中，就看到很多关于印度本地事迹的例子。例如讲 rose，会专门提到印度当地著名的化妆水 rose water。① 但是邹振环认为"《纳氏文法》则确是为中国学生专门写的英文文法系列"，因而对学界的传统认识提出了质疑和否定。② 对于此一观点，笔者稍有不同意见。

邹振环的研究文本，主要是以德国柏林图书馆收藏的 1929 年重印三卷本 English Grammar Series 为依据。据邹教授介绍，该书三卷分别为 The Parts of Speech、Easy Parsing and Analysis 和 Idiom and Grammar for Secondary Schools，初版年代依次为 1899 年、1895 年和 1898 年。邹教授的考证详密细致，给予笔者很多启发，只是笔者的疑问是：何以邹文中第一卷的初版时间比第二、第三卷还要晚？虽然从出版序列上看，这样的情况并非鲜有发生，但是仍不得不令人感到困惑。其次，邹文所见的 1929 年重印三卷本并未解释原书第四卷的问题。更重要的一点是，邹文立论的依据主要在于这套 1929 年重印三卷本的封页书名确确实实写有 "English Grammar Series For Chinese Students" 的字样，但问题是，这套封页是最初版本就有的文字，还是 1929 年重印三卷本时才有的呢？

虽然笔者尽最大努力，目前仍未得见 Nesfiled's English Grammar Series 的最初版本，但据笔者所搜集的纳氏相关语法书及 Nesfiled's English Grammar Series 各版本情况，可以推断，邹文上述判断的准确性可能存在问题。

首先，如表 1 所示，台湾大学图书馆 5 层国际分类法旧籍馆中藏有日本明治三十二、三十三年（1899、1900）的翻刻版微片胶卷，翻刻的版本分别是 1900 年的第一卷 The Parts of Speech，1896 年的第二卷 Easy Parsing and Analysis，1896 年的第三卷 Idiom and Grammar for Secondary Schools，第四卷

---

① The Anglo-Oriental Series of English Readers, third reader, 1895, p. 65.
② 邹振环:《〈纳氏文法〉在近代中国的流传及其文化影响》，《辅仁历史学报》第 18 期，2006 年 12 月，第 203 页。

Idioms, *Grammar*, *and Synthesis* 翻刻版本的年代不详。这套《纳氏英文法讲义》翻刻原本是目前笔者所见最早的版本，内容与邹文所介绍的内容完全一致，显然邹文说第三卷1898年初版并不准确，至少1896年时第三卷已经出版。

其次，Nesfiled's English Grammar Series 究竟是针对印度学生还是中国学生？1908年版本的 *Junior Course of English Composition* 书末封页刊印 The "Chinese" Edition of Macmillan's English Grammar Series By J. C. Nesfield, M. A. Oxon 以及 The "Chinese" Edition of Oral Exercise in English Composition By J. C. Nesfield, M. A. Oxon 两篇短文很好地解释了这个问题。在纳氏文法系列部分除了简要介绍四卷本的主要内容外，还有一段文字尤其值得重视，现转译如下：

> 纳氏文法系列已经受到学校教科书委员会的一致认可，并且经由教育部门授权在印度、缅甸、锡兰、海峡殖民地以及香港等英属殖民地的学校使用。清政府学部业已采纳并批准在中国的学校中使用，此外，此套丛书也深受泰国、日本等地学校校长和教师的欢迎。①

综上所述，笔者可以得出如下判断。

Nesfiled's English Grammar Series 最初确实是为印度学生编写的英文文法教材系列，相继出版了四卷。第一卷讲"词类"，第二卷讲"简单的解析和分析"，第三卷讲"短语和语法"，第四卷讲"短语、语法及综合"，由浅入深，层层递进。前三卷初版时间是1895年，1900年的第四卷是在1895年 *Idiom*, *Grammar*, *and Synthesis* 基础上增补而成。之后在各卷的再版和重印过程中，开始出现了专门为中国学生编写的英文文法教材，即邹文所说的"for Chinese Students"，但二者内容并无差别，可以说是同一套文法书的"印度本"和"中国本"。

最晚在1907年，英国语言学家纳斯菲尔德在印度所著的四卷本 English

---

① J. C. Nesfiled, *Junior Course of English Composition*, London: Macmillan and Co., Limited, 1908, 书末封页。

Grammar Series 已经被节译成中文开始流传。在何天柱、梁德猷创办的《学报》杂志"外国语·英语科"一栏中，连载的署名"问疑"所译《涅氏菲尔（Nesfield）文法第三卷绎要》，是目前所见 Nesfiled's English Grammar Series 最早的汉译本，从 1907 年第 1 卷第 1 期，至 1908 年第 1 卷第 11 期，共连载 10 稿。

"问疑"汉译本的主要特点是对纳氏原书的论述部分一一进行汉译与解释，仅将原书中的举例部分，换作中国学生熟悉的《孟子》中的短句等内容。如：

第一章，Analytical Outline 提揭其大段而成为要略也 General Definitions 总括诸界说也。

在讲句子的种类时，纳氏原书用 God save the queen 的例子解释愿望句，"问疑"汉译本用"王庶几改之"作为例句。①

如果说《学报》的"问疑"汉译本最初还是在日本留学生界传播的话，《纳氏英文法讲义》汉译单行本的问世对 Nesfiled's English Grammar Series 在中国的流布起到了积极的作用，其中上海群益书社的贡献最大。② 从 1907 年起，上海群益书社陆续推出由赵灼、陈嘉、陈文祥等人译述、编著的《纳氏英文法讲义》各册版本，包括初版、修订版和再版。笔者看到的赵灼译述《纳氏第三英文法讲义（上卷）》是 1912 年 9 月 18 日订正三版、英文研究会藏版，全书共有九编 257 页，前有教育家马相伯写于光绪三十三年（1907）十一月的"叙"，以及译者光绪三十四年（1908）三月的"绪言"。同是纳氏文法第三卷，与"问疑"汉译本相比，赵灼的译述版更贴近原书，论述及解说更加简洁概括，所举例句完全由原书而来，并对例句做了进一步解释，以为互相说明，并在篇

---

① 问疑：《涅氏菲尔（Nesfield）文法第三卷绎要》，《学报》第 1 年第 1 号，1917 年 2 月 1 日，第 12 页。其中 General Definitions 错排成 General Definations。
② 相关研究参见邹振环《清末民初上海群益书社与〈纳氏文法〉的译刊及其影响》，复旦大学历史学系、复旦大学中外现代化进程研究中心编《中国现代学科的形成》，上海古籍出版社，2007，第 91~123 页。

末增设"解剖模范"（parsing model），以启发、训练学生举一反三的能力。

除此之外，民国时期市面上还流行伦敦大学徐兆熊译的《英文法初集》、上海合众书店印行的《纳氏英文文法详解》（第二册）等各种纳氏文法系列的汉译版本。

三 《纳氏英文法讲义》的文化意义与影响

20世纪的上半期，《纳氏英文法讲义》系列在中国尤其是通商口岸城市风行一时，成为深受近代中国读者欢迎的一部英语语法教科书，教会或新式中小学堂都将此书作为教材加以使用，在很多学者的回忆录或日记中，我们都可以看到《纳氏英文法讲义》在他们英语学习历程中留下的深刻印记。1904年3月至1905年1月的上海圣约翰书院院历中就明确规定以《纳氏英文法讲义》系列全套作为英文教材。[①] 1906年梁漱溟在北京顺天中学堂读书时，刻苦自学《纳氏英文法讲义》，"先生教第二册未完"，已经开始"研究第三册了"。[②] 1907年冬茅盾在浙江桐乡乌镇植材高等小学读书，对他而言，那些毕业于中西学堂并在上海速成班进修过的高材生英文教员使用的《纳氏英文法讲义》第一册已经是"内容相当深"的。[③] 胡适在中国新公学当教员讲授低年级英文期间，所用教材也是《纳氏英文法讲义》第三册，他自认为从中受益匪浅，称"虽没有多读英国文学书，却在文法方面得着很好的练习"。[④]

《纳氏英文法讲义》还是各类英文补习班以及学生自修时必备的教材读本。著名史学家郑师许（1897～1953）中学毕业后仍将《纳氏英文法讲义》

[①] 圣约翰书院西学斋第一年教《纳氏文法》第一、第二册，第二年教第三册，第三年教第四册上半部，第四年教第四册下半部（参见《圣约翰书院章程》，转引自朱有瓛、高时良主编《中国近代学制史料》第4辑，华东师范大学出版社，1993，第438页）。

[②] 梁漱溟：《我的自学小史》，《梁漱溟全集》第2卷，山东人民出版社，2005，第677页。

[③] 茅盾：《学生时代》，《茅盾全集》第34卷《回忆录一集》，人民文学出版社，1997，第75页。

[④] 胡适：《胡适全集》（27），安徽教育出版社，2003，第60页；《四十自述》，《胡适全集》（18），安徽教育出版社，2003，第88页。

作为案头必备，时刻自学研读，书中旁批与各色笔画线标注比比皆是。如1915年记道：

> 余习旁行文字五年于此矣，然竟不能作书属文，是知文法之不可不讲也。乃发愿熟此书以固根柢，然后进语于修词之学。余恐久而忘之乃撰数言。民国四年暑假中（郑）沛霖志。

该书最后一页附记两条，其一："民国5年12月7日学完。"其二："1920年4月再读一遍。"①

1910年吴宓考上清华学校时，惊觉同班中"年龄幼稚而英文程度极深者颇不乏人"，自己英语水平却"极为低微"，便下定决心恶补英文，所用教材之一便是《纳氏英文法讲义》，并专门代购纳氏所著 English Composition（《英文作文》）一书推荐给朋友，认为此书亦"颇佳"。② 五四时期文学青年应修人（1900～1933）在上海当学徒期间是商务印书馆、群益书社的常客，《纳氏英文法讲义》第一册、《纳氏英文法表解》是他每日自学的重要内容。③ 20世纪20年代，季羡林上中学时每天晚上到尚实英文学社去补习英文，后来他回忆说：

> 在这里用的英文教科书已经不能全部回忆出来。只有一本我忆念难忘，这就是 Nesfield 的文法，我们称之《纳氏文法》，当时我觉得非常艰深，因而对它非常崇拜。到了后来，我才知道，这是英国人专门写了供殖民地人民学习英文之用的。不管怎样，这一本书给我提供了很多有用的资料。象这样内容丰富的语法，我以后还没有见过。④

---

① 郑永用、郑永芳、郑永乐：《勤奋治学、教书育人——纪念先父郑师许先生诞辰101周年》，《东莞文史》第29期，1998年，第222页。
② 《吴宓日记》第1册（1910～1915），吴学昭整理，生活·读书·新知三联书店，1998，第48、73、83页。
③ 秦加琦整理《应修人日记》（1919.1～6），《上海鲁迅研究》，1997年，第12、16、23、25、26页。
④ 季羡林：《我和外国语言》，《外国语（上海外国语学院学报）》1987年第1期。

同一时期中学时代的王宗炎因为英文老师麦先生讲语法讲得太少，不得不"自己去苦读《纳氏文法》第三册"。①

　　《纳氏英文法讲义》在近代中国的广泛传播，除了对中国学者学习英语有所帮助外，也在一定程度上推动了中国学者对汉语语法研究的深入，其中1924年黎锦熙出版的《新著国语文法》便是在模仿、借鉴与参考纳氏文法的基础上，创建的黎氏白话文语法体系，主要体现在对句法的重视，对词类及其细目的处理，对单句基本成分的处理方面，明显有模仿纳氏的痕迹。如黎氏将汉语词类分成九种五大类，仅比纳氏文法增设助词一种，其他8种（名词、代词、形容词、动词、介词、连词、副词、叹词）均与纳氏一样。② 实际上，纳氏的其他语法书对中国学者的影响也不容小觑。唐钺在1923年出版的《修辞格》（*Figures of Speech*）中多次提及纳氏对他的影响，如在"例言"中开列两本"对本书助力很多"的英文参考书，纳氏的 *Senior Course of English Composition* 居首位，在"绪论"中又重申："兹略依讷斯菲高级英文作文学（*Nesfield's Senior Course of English Composition*）里头的分类，而斟酌损益成下列的统系。"③ 纳氏语法的影响，可见一斑。

---

①　王宗炎：《六个教师和一个用低调子说话的人》，《语言学和语言的应用》，上海教育出版社，1998，第244~245页。
②　具体研究参见陈满华《〈纳氏文法〉在中国的传播及其对汉语语法研究的影响》，《汉语学习》2008年第3期。
③　唐钺：《修辞格》，商务印书馆，1923，"例言"第2页，"绪论"第2~3页。

国族形象人格化的移植与文化困境
——以劳瑞的"李表哥"漫画为例

海 青

一

在视觉理论和观图传统中,图像创作和观赏从来不是纯粹的个人体验,而是与族群归属、政治立场、文化认同等因素纠结在一起共同发生作用。图像的产生有其复杂的历史使命,在中国近现代的变革语境中,绘画特别是带有政治讽喻功能的漫画更是与民族主义、现代化进程、自我意识觉醒和身份认同等现实相关联,承载着百年来国族形象变迁的历史记忆。

1985年美国政治漫画家芮南·劳瑞(Ranan Lurie)应台湾方面邀请,创作了一个名叫"李表哥"(Cousin Lee)的卡通人物,以此代表"中国人新形象"。现代视觉史中存在着大量以西方视角观察中国的图像文本,由官方主动寻求西方作者形塑自身的案例并不多见。"李表哥"的形象伴随"青天白日满地红旗帜"和"中华民国"的英文缩写"R.O.C."出场,由于处在冷战后期的敏感年代,"李表哥"成为台湾当局重建文化自信与争夺政治话语权最具影响力的创意作品,台湾亦想假手劳瑞改变近代中国人"东亚病夫"的负面形象。更为重要的是,这个形象将以台湾当局的名义"代表"中国和中国人,用较为柔性的民族、文化意味覆盖强硬的主权国家概念,为台湾地区在国际社会找到文化立足点,也为迷惘游移的台湾社会心理创造一个平衡点。作者劳瑞的美国身份在很大程度上是台湾当局认为目标可能实现的前提条件,因为近代中国国力衰弱,屡遭侵略,在西方视野中被塑造为一系列屈辱形象，叠加了大量负面信息。"李表哥"作为来自西方强国美国的正面形塑，是台湾当局试图逆转文化自信力阙失状况的重要砝码。由于两岸长期处于对立隔绝状态，制作"李表哥"的方案也旨在借助国际环境的认同争夺对"中国"的冠名及正统解释权，承继了台湾当局在冷战之下言说内战的宣传策略，又体现了融入大众文化、消费主义等时代元素的意图，综合以上因素，"李表哥"漫画可以作为冷战意识形态投射于视觉文化的一种经典形式。

本文拟通过对"李表哥"漫画创作过程以及在台湾当局与民众中所造成的反响进行双向考察，以揭示西方视觉传统在冷战思维框架下是如何重新塑造中国人形象的，也拟由此案例出发探析官方政治宣传机制背后的运作策略及其产生的实际效果。

二

1985 年 12 月 10 日早上 7 点 45 分，美国漫画家芮南·劳瑞搭乘华航班机到达台北。此前他受邀创作一个卡通人物代表"中国人新形象"，这次到台北就是为了发布创作的成品。因此劳瑞此行受到了台湾当局最高级别的接待，台湾新闻媒体也全程追踪，进行了详细报道。12 月 11 日，《中央日报》刊登了劳瑞偕同夫人抵达台北的消息以及"中国新闻学会理事长"楚崧秋至机场迎接的照片，《自立晚报》刊登的照片出于立场的考虑剪掉了当局官员，照片上只有劳瑞夫妇。更受关注的当然还是劳瑞的作品，这个形象名叫"李表哥"，与真人尺寸等量齐观，画作 1.88 米长，1.53 米宽，为了不使"李表哥"提前曝光，整幅画用牛皮纸牢牢裹住，一到台北就被送到市立美术馆典藏室保管，由馆长苏瑞屏亲自负责。①

12 月 12 日下午 3 点 30 分在台北市立美术馆，"中国新闻学会"为"李表哥"举行揭幕典礼暨酒会，由"总统府"秘书长沈昌焕主持。现场收到正式邀请的嘉宾有一千多人，但整个美术馆一楼大厅、三楼天井走廊以及落地玻璃窗外面都挤满人群。致辞之后，主席台正中安放的大红幕布从中间徐

---

① 《"李表哥"今亮相》，《自立晚报》1985 年 12 月 12 日。

徐拉开，众人企盼的"李表哥"形象终于曝光。画面上的"李表哥"是个年轻男子，凤眼，狮鼻，招风耳，下巴突出，身穿练功服，腰系宽布带，摆出扎马步的造型。彩绘的"李表哥"白衣黑裤，胸前的"青天白日满地红旗"非常醒目。作者签名于人物脚下，画面右端空白处则是劳瑞加于每幅作品上的独特标志：一枚小小的金色太阳。揭幕仪式过后，现场举办了"我爱台北——中国人临摹漫画比赛"，近两百名市民以"李表哥"为原型，发挥想象进行创作。

美国漫画家塑造"中国人新形象"，这在1980年代的台湾既是一个文化事件更是一个政治事件。"李表哥"揭幕次日，《中央日报》头版刊登了"李表哥"全图以及揭幕现场的彩色照片，并在第三版文化版报道了仪式过程和民众临摹"李表哥"的现场照片。《中国日报》《民生报》《自立晚报》《大华晚报》等媒体也全程报道了"李表哥"的发布，反复收集民众意见并刊登评论文章，"李表哥"成为台湾地区热议的公共事件。

劳瑞曾对中央社记者说，他花了14个月为"李表哥"构思，1985年7月访问台湾后，又花了两个月才完成草稿，说明在台湾当局和作者之间已经有过至少一年多的时间就此事酝酿沟通，又用半年时间加以落实。《中央日报》称，"劳瑞此行访华，系由新闻局在'促进国际了解计划'下赞助成行，将停留六天，预计十五日离华"。① 但绝大多数媒体都把塑造中国人形象作为美国漫画家的自主创作行为，把"李表哥"作为劳瑞送给中国的"礼物"，劳瑞也在记者招待会上声明"他在构思及筹绘'李表哥'的过程中，从未感受到来自任何方面的'压力'，完全是根据他个人的观察和独立思考，完成这幅他心目中现代中国人的漫画造型"②。

三

劳瑞这时53岁，发表"李表哥"是他第三次来到台湾。第一次是1977年，他停留了两周，并曾去金门写生。③ 第二次是1985年7月21

---

① 《劳瑞今天抵华发表中国人画》，《中央日报》1985年12月10日。
② 《在严谨独立客观心态下，劳瑞画出现代的中国人》，《中央日报》1985年12月13日。
③ 《劳瑞笔下的金门战士》，《联合报》1977年10月10日。

日，劳瑞由女儿陪同乘机到达台北，此行目的是为创作"中国人新形象"收集素材。这次与八年前明显不同，劳瑞在台湾停留10天，不仅受到当时台湾当局领导人蒋经国的接见，而且频繁与当局官员会晤、召开记者招待会、出席公共活动，《中央日报》对此进行了系列报道，紧凑的日程表和活动规格显然是由台湾当局特意安排，以扩大劳瑞的知名度和事件的影响力。

7月22日下午，劳瑞和女儿由"总统府"秘书长沈昌焕和"行政院新闻局"局长张京育陪同，与"总统"蒋经国见了面，"蒋总统就中国人特具的民族性以及中华民国政府为求全体中国人的自由、福祉所做的努力与奋斗，和劳瑞广泛交谈"。①

7月23日一早，劳瑞前往台北故宫参观，上午在希尔顿饭店举行了记者招待会，新闻界和影视艺人参加了活动，劳瑞公布此行"主要是为了寻找塑造中国人新形象的卡通造型之灵感"。劳瑞当场为艺人孙越画了一幅速写，这时的孙越因主演电影《搭错车》在两岸有很高的知名度。因孙越其貌不扬，影星胡茵梦和在场人士都不停打趣，说"中国人新形象的灵感，可别从孙越身上去寻找"。②

7月25日上午10点30分，劳瑞前往中国国民党中央文化工作会，会见文工会主任宋楚瑜。11点半，由"新闻局"局长张京育陪同前往"行政院"会见院长俞国华，"就漫画艺术与我国人民的民族性，广泛交谈"。③

7月26日上午，劳瑞参加了台湾漫画家为他举办的欢迎座谈会，下午又赶往高雄，5点在高雄市政府市长室与高雄市长苏南成见面，并即席为他画速写一幅，晚间接受苏南成市长的宴请。④

7月28日下午3点，在台北市立美术馆前广场举办"漫画上街头"活动，劳瑞到场指导示范，馆长苏瑞屏、台北市市长许水德、"教育局"局长毛连塭、"新闻处"处长唐启明到场，台湾漫画家二十多人也参加了活动。⑤

---

① 《总统接见劳瑞，称许漫画造诣》，《中央日报》1985年7月23日。
② 《为中国人塑新形象，劳瑞会晤记者影星》，《中央日报》1985年7月24日。
③ 《俞院长宋楚瑜分别接见劳瑞》，《中央日报》1985年7月26日。
④ 《劳瑞会晤国内漫画家，畅谈政治漫画五要素》，《中央日报》1985年7月27日。
⑤ 《北市美术馆举办漫画上街头活动，劳瑞将至现场示范》，《中央日报》1985年7月28日。

7月31日是劳瑞离开台北的日子，当天上午劳瑞在台北圆山饭店记者招待会上宣布，自己已有初步想法，将这个"中国人形象"命名为"林表哥"，他将回美国完成创作，于今年9月中旬再度访台，将这个代表"中华民国"形象的卡通人物在双十节前正式公布。①

推出"中华民国"卡通形象作为双十节庆典的一部分，是台湾当局的计划之一。双十节是武昌起义纪念日，1912年9月28日北京的临时政府通过临时参议院决议，将10月10日定为"中华民国"国庆日。1949年国民党政府迁台后，双十节成为每年台湾规模最大的政治庆典。1980年代，蒋介石已去世，蒋经国继任领导人，将发展台湾本土经济作为施政重心，"反攻复国"的宣传比先前有所淡化，但在新闻语汇中，仍然用"中国""华"作为台湾当局的正式指代，对中华人民共和国称"大陆"，对其执政党称"匪"或"共匪"。直到1999年，台湾高中教科书"统编本"才去掉"毛匪""共匪"等字眼，②2000年民进党上台后，从公文开始，原先使用"华"的字眼全部改为"台"，这是"去中国化"意图的一个重要表现。③

蒋中正执政台湾时期是用虚拟的时间远景（一年准备，二年反攻，三年扫荡，五年成功）模糊"中华民国"的行政疆界，"铁幕"降下之时，"自由世界"与"共产世界"泾渭分明，国际反共阵营（主要是美国）的支持一直是台湾的心理安全底线。冷战格局的改变颠覆了台湾的国际角色，1970年代退出联合国标志着台湾当局彻底失去了自称"中国"的合法性，与美国断交等一系列事件导致台湾民众普遍迷惘失落。

使用漫画这种富有亲和力的方式从文化上重建自身合法性，是台湾当局做出的新尝试，劳瑞设计的卡通形象从一开始就承担着以台湾地区的名义代表"中国"以及"中国人"的双重任务。所以7月劳瑞寻找灵感之行伊始，媒体反复通过劳瑞之口强调，"台湾的中国人具有乐观进取、充满智慧及勇气的特质，而这些特质较足以代表散布在全世界各地的中国人"，④"他去过

---

① 《中国人新形象造型，暂时可能叫林表哥》，《中央日报》1985年8月1日。
② 《高中教科书明年开放审定》，《中央日报》1998年8月19日。
③ 《来华留学法变来台就学，招收外籍生教部搞正名》，《中央日报》2005年7月24日。
④ 《为中国人塑新形象，劳瑞会晤记者影星》，《中央日报》1985年7月24日。

很多中国人聚集的地区或国家，没有一处像此地聚集了各省籍的中国人，他不必到大陆去，此地的中国人就足以代表现代中国人的新形象与标的"。①媒体同时强调，这一形象是"新"的，不仅完全不同于近代华人在西人眼中的丑陋屈辱形象，更重要的是，它必须象征着一个"现代国家"在国际社会中已经取得了新的一席之地。

出于这些考量，在双十节推出这个"中国人"的新形象意义非常重大。劳瑞回到美国后，台湾中央社仍持续追踪报道，8月下旬，劳瑞在华盛顿宣布，他创作的象征"中国人"的卡通形象已经定稿，中美文化协会专门为此举办了酒会，劳瑞透露，这个人物名叫"李表哥"，其形象文雅、自信、友善而高尚，将非常容易被中国人接受，同时也被国际社会接受。②

然而，已定稿的"李表哥"未能按原计划在双十节庆典前登陆台湾地区，延宕原因不得而知，报界的解释是作者坚持要给"李表哥"一个完美的诞生典礼。但实际上，一个由当局支持资助、全程由媒体追踪报道的设计方案真能如作者声称，直到揭幕一刻才让所有人一睹真容吗？

四

为什么要请一位美国人来设计代表中国的漫画人物，这是从劳瑞作为设计者来到台湾之时，就必须解释的问题。"国内漫画家有些认为中国人新形象应由中国人塑造，而劳瑞则提出，在国际上各国的国家形象多由外国人来建立的，那种心情与景况如同一个好的外科医师父亲不替自己的孩子开刀一样"，③ 把外国人——美国人作为中立的、全无利益关系的观察者和诊断者以及善意的帮助者接受和推崇，其实延续了1950年代以来台湾方面对美国角色一向的阐释策略。

另一个不可忽视的原因是，1983年劳瑞刚刚为日本设计了一个漫画形象"太郎先生"，这个人物有一双冒号似的小眼睛，八字眉，圆鼻头，夸张的笑

---

① 《劳瑞会晤国内漫画家，畅谈政治漫画五要素》，《中央日报》1985年7月27日。
② 《劳瑞为中国人塑造新形象》，《中央日报》1985年8月24日。
③ 《劳瑞会晤国内漫画家，畅谈政治漫画五要素》，《中央日报》1985年7月27日。

容,头上扎有"日本"字样的头巾,西装上衣,胸前有日本国旗,下着日本传统宽裤和木屐。这个形象是被作为日本的国家象征推出的,劳瑞特意为这个人物配了一幅漫画刊登在《朝日新闻》的英文版,象征美国的"山姆叔叔"、象征英国的"约翰牛"以及象征法国的"玛丽安"都身穿举重运动员的短装聚集在一副巨大的杠铃前,两端杠铃是地球图案,象征全球。"太郎先生"身穿紧身上衣和运动短裤,露出强健的肌肉,双手跃跃欲试比出代表胜利的"V"字,"山姆叔叔""约翰牛"和"玛丽安"满脸笑容,都做出欢迎的姿势。杠铃前正好空出一个人的位置,因"太郎先生"的加入而取得平衡。漫画标题为《这是你的位置,太郎先生》(Take Your Place, Taro San)。作者的用意是,此时的日本已经被三个西方强国接纳为盟友,共同在国际事务中发挥着举足轻重的作用,经过卡通的具象化,这一场景对台湾当局具有非常大的感召力。

"李表哥"的作者芮南·劳瑞生于 1932 年 5 月 26 日。维基百科词条对他的概括是:美籍以色列裔政治漫画家和新闻记者,1990 年加入战略与国际研究中心(Center for Strategic and International Studies, CSIS),联合国记者协会成员,《漫画新闻》杂志(Cartoonews)创办者和主编。

劳瑞的父母住在特拉维夫,因为劳瑞是家中长子,按习俗他降生在埃及的祖父家中。1995 年《纽约时报》用半版篇幅详细介绍了劳瑞的经历和作品。劳瑞在以色列接受教育,从小擅长绘画,10 岁时在校报上刊出了自己的第一幅漫画。16 岁时他的第一幅政治漫画很顺利地在以色列主流报纸《新消息报》(Yedioth Ahronoth)上登出。16~18 岁期间在以色列空军学校度过两年,18~22 岁在读高中期间劳瑞同时担任军事记者和执行编辑。19 岁时出版了自己的第一本漫画小册子,22 岁进入一家新闻杂志做主编,同年因撰写自己冒充澳大利亚记者混入一艘埃及海军旗舰的纪实故事而获得以色列最高写作奖项。此后开始给美国《生活》杂志(Life)投稿,24 岁时,《生活》杂志用双面对开的篇幅推出他的漫画,打开了劳瑞在美国的知名度。1967 年 6 月第三次中东战争爆发时,劳瑞正在蒙特利尔办展览,这时他的身份是以色列后备军少校。他把自己费尽周折赶往战场的经历写成报道发表在当月的《生活》杂志上,题为《一名少校奔赴一场短暂战争的漫长征程》,因为这篇文章以及之前对开漫画的表现,劳瑞得到了《生活》杂志一年的聘任合同,不久又获得续聘和美国公民资格。劳瑞在美国白手起家,

1973 年成为《新闻周刊》(Newsweek) 国际版的专栏作者,在《美国新闻和世界报道》杂志(U. S. News & World Report) 担任政治漫画家和分析评论家,打开了知名度,并建立了自己的辛迪加出版公司。为了增强自身的国际履历和视野,他曾用五年时间携家人旅居各国,在当地重要媒体供职,包括德国《世界日报》(Die Welt)、英国《泰晤士报》(The Times)、日本《朝日新闻》(Asahi Shimbun)。到 1994 年,已有两个政治漫画奖项以"芮南·劳瑞"命名。新闻图片中的劳瑞西装革履,文质彬彬,接受采访时思维敏捷,对自己的人生和事业有明晰的规划。多年来他一直保持着旺盛的创作力,并公开表示自己未来的计划是写作自己的家族史,内容可以上溯到 2000 年前犹太人谱系中那些显赫的名字。[1]

劳瑞的漫画图文并茂,以色列犹太裔的身份和成长经历使他在报道中东事务时具备特别的优势,1980 年代他已经成为享誉世界的政治漫画家,他本人的经历和成就也成为美国民族共存和文化多元价值的写照。在美国新闻界,劳瑞的成功不仅仅在于他的作品影响广泛,同时他还有出色的经营头脑,其业绩被列入吉尼斯世界纪录,作为世界上最广泛地通过报业辛迪加组织出售作品的政治漫画家。劳瑞通过辛迪加这种形式,可以将作品同时卖给 100 多个国家的 1000 多家报刊,在扩大影响力的同时收取丰厚的利润。劳瑞的妻子是房地产经纪人,劳瑞也是一位精明的不动产投资者,1985 年他用 58.35 万美元购入位于纽约第五大道 Trump Tower 的一居室公寓,2003 年他又以 156 万美元的价格买入这座大厦的一套两居室公寓,到 2005 年他已拥有 Trump Tower 中的四套公寓。[2] 为台湾当局设计"李表哥"时,劳瑞妻子同时将自己的房地产公司在台湾地区增设代理,成为跨国房地产经纪规模扩张的出色案例。[3]

劳瑞的新闻理念是要提供给读者他们最感兴趣的信息,他说,新闻可以就一个事件提供多种观点和意见,政治漫画只能提供一个观点,"我要赢的时候,我必须把对手一拳击倒"。[4] 在台湾地区接受采访时他也曾表

---

[1] "The World According to Ranan Lurie," *The New York Times*, April 9, 1995.
[2] "Drawing Up a Good Deal," *The New York Times*, September 11, 2005.
[3] 《劳瑞夫人推广美东房地产》,《经济日报》1986 年 1 月 16 日。
[4] "Drawing With a Global Point of View," *The New York Times*, February 12, 1989.

达过这个观点。劳瑞在每幅漫画作品中都会留下自己的签名"Lurie",以及一枚小小的太阳图样,因为他的名字有"白昼"的意思。1977年劳瑞来到台湾地区,不仅仅出于周游世界的爱好,毛泽东刚刚去世,西方世界众说纷纭的"毛主义"将何去何从,台湾地区出现了各种传言,体现了民众的波动心理,台湾当局的姿态也变得相当微妙。台湾地区的报界仍是将劳瑞作为反共漫画家予以介绍的,当美国与中共"关系正常化"的步调又向前推进时,美国政治漫画家访台被认为"台湾将成为人们注意的'热点'"。①

美国国籍、外来移民、关注国际事务,劳瑞身上表现出的这些特性都是台湾当局非常看重的。劳瑞对媒体宣称他为"中华民国"创作"李表哥"形象完全是义务性的,没有收分文报酬。媒体则推论"劳瑞之所以如此热心,和他对犹太祖国以色列的情感有关,在他看来,台湾在某些方面颇似以色列当前的困境"。② 任何文化产品的生产必须成为反共宣传中的一环,仍是这时台湾当局鼓动策略的基本出发点,劳瑞对此一直非常配合。

五

"李表哥"揭幕的12月12日上午10时,劳瑞先是由"行政院新闻局"局长张京育陪同前往"总统府",将等比缩微的画作呈献给蒋经国,和7月的拜访不同,这次劳瑞没有得到蒋经国的亲自接见,而是由"总统府"秘书长沈昌焕代为接待,将"李表哥"画作转呈,并将"国之重宾"画册和蒋经国肖像作为礼物致赠劳瑞夫妇。③

蒋经国的缺席理由不得而知。因为作者在设计之前曾与台湾当局高层官员有广泛接触,台湾当局必然需要对"李表哥"漫画的现身有所回应。揭幕次日上午8时,"行政院"院长俞国华携夫人由"新闻局"副局长戴瑞明陪同,前往市立美术馆观赏"李表哥","仔细的端详"之后,俞国华表示

---

① 《美著名政治漫画家劳瑞访华》,《联合报》1977年10月3日。
② 《"李表哥"面貌"掀盖头"才知》,《中国时报》1985年12月12日。
③ 《劳瑞画作呈现总统,沈昌焕昨代表接受》,《中央日报》1985年12月13日。

"以漫画而言，这画得不错"。① 上午 10 时，劳瑞夫妇至台北市政府拜会市长许水德，获赠台北市钥匙。在 7 月的"漫画上街头"活动中，劳瑞现场为许水德画速写，题为《市民的保姆》，许水德高兴地说他已用这幅漫画印发了新春贺卡，当劳瑞问及台北市民对"李表哥"的印象时，市长回答："'李表哥'露面后，台北市民对它有不同的看法；但大体上说，对'李表哥'的印象还算不错。"②

官员们对"李表哥"的表态趋于谨慎，但"李表哥"的整个制作过程已经过台湾当局的反复预热和大力推介，一时成为舆论热点，在社会上引发了多种多样的议论。

首先在名称上，为什么姓"李"，且被称为"表哥"呢？在画作公开之前，作者劳瑞就为此做了解释，他曾考虑用"林"，因为"林"是台湾大姓，后来改为"李"，而且是英语中固有的 Lee，因为"李姓在中国很普遍，且在西方人中也有此一姓，较易为西方人士所接受、牢记，也可以缩短中华民国与世界的距离"。③ 劳瑞最初公布"表哥"称谓时，被《中央日报》模糊解释为"一表三千里""四海之内皆兄弟也"，④ 有人质疑美国叫"山姆叔叔"，中国叫"李表哥"，岂不是成了美国的晚辈？报界又提供解释："中华民国与美国的关系正如美国的表亲一般。……更何况'表哥'也代表着'年轻'的意义，恰能逢迎西方崇拜年轻的精神。"⑤

最直观的疑问，是针对"李表哥"的面容和身体特征。发布之前，劳瑞就为"李表哥"制作了身高和体重数据：身高 1.78 米，体重 72.6 公斤。⑥ 记者总结"李表哥"的特征为"长脸、浓眉、凤眼、招风耳、朝天鼻、厚唇、有点戽斗、表情似笑非笑，身着功夫装，摆出一个弓箭步架式"。⑦ 有人觉得李表哥相貌平平，甚至不好看，尤其是戽斗（又叫

---

① 《俞院长观赏"李表哥"》，《中国时报》1985 年 12 月 14 日。
② 《劳瑞昨拜会许水德》，《中央日报》1985 年 12 月 14 日。
③ 《劳瑞夫妇昨天抵华，携来中国人画，明介绍与世人》，《中央日报》1985 年 12 月 11 日。
④ 《中国人新形象造型，暂时可能叫林表哥》，《中央日报》1985 年 8 月 1 日。
⑤ 《"李表哥"面貌"掀盖头"才知》，《中国时报》1985 年 12 月 12 日。
⑥ 《劳瑞今天抵华发表中国人画》，《中央日报》1985 年 12 月 10 日。
⑦ 《李表哥浓眉大耳小戽斗》，《中国时报》1985 年 12 月 13 日。

兜齿,俗称"地包天"),一般被认为是容貌缺陷,令人难以接受。应邀参加揭幕典礼的韩国"大使"金相台表示,"'李表哥'很像韩国人",①漫画家罗庆忠也觉得"他的面孔或许会引人猜测究竟是日本人或韩国人"。②

不够英俊,不够可爱,不够代表中国人,功夫造型不够现代……这些疑问在揭幕典礼现场纷纷产生了,劳瑞在酒会上用了三个小时回答关于"李表哥"的问题,他并不期望每个人都喜欢"李表哥",有异议很正常。"问过考古学、心理学者、医生及艺术家后,大家普遍认为中、日、韩三种人无大差别,仅举止有异,但身高以中国人最高;他在韩国住过,韩国人眼睛小,比不上李表哥眼大"。"至于突出的下巴,劳瑞解释是表征坚毅与决心"。③为什么把"李表哥"做成功夫造型?劳瑞脱口而出:"因为我喜欢啊!"然后解释说:"对西方人而言,'功夫'与'中国人'几乎是同义字,为了让他们一目了然'李表哥'的国籍,功夫装与功夫动作仍然是最直接有效的表达方式。"④并表示,"李表哥"可以在不同情景下改变装束,只有胸前的"青天白日旗"会一直保留,作为"中国"的标志,让全世界的中国人一看到就产生认同感。

针对令很多人难以释怀的下巴问题,记者还采访专家,台北市立仁爱医院整形外科主任许郡安表示自己不太喜欢"李表哥","就'面相'来说,我们中国人向来普遍认为'天庭饱满,下颚方圆'才'主贵',尤其是我国政治、财经、学术各界精英很少有'戽斗下巴'"。⑤荣民总医院牙科部主任张哲寿认为,李表哥的下巴属于下颚骨过突症,多为先天遗传,欧美人有此症的比例远高于中国人,林肯、里根、艾森豪威尔等几位总统都有一个突出的下巴。⑥因此除了像日本人、韩国人,"李表哥"的下巴又使他像美国人,漫画家朱德庸则说:"有人说画家笔下多少有点像自己,我看李表哥的下巴

---

① 《散发年轻朝气积极活力,李表哥受国人喜爱欢迎》,《中央日报》1985年12月13日。
② 《李表哥诞生,喜不喜欢?众说纷纭》,《民生报》1985年12月13日。
③ 《既敦厚,又活泼,朴实俊秀好拳脚:漫画家劳瑞介绍"李表哥"》,《民生报》1985年12月13日。
④ 《李表哥堂堂亮相,汉家郎纯朴健壮》,《联合报》1985年12月13日。
⑤ 《下颚方圆面相主贵,戽斗下巴美中不足》,《中央日报》1985年12月13日。
⑥ 《牙医看李表哥,下巴咬合不正》,《民生报》1985年12月14日。

就有点像劳瑞的下巴。"①

最难置评的是："李表哥"一揭幕，就有人惊呼与功夫明星李小龙很像。问及是否参照了李小龙的形象，劳瑞不置可否。1970年代初李小龙塑造了勇猛刚毅、有强烈民族自尊心和正义感的华人形象，虽其人早逝，却拥趸无数，在华语世界乃至欧美各国都有持久的影响力。在为"李表哥"揭幕典礼助兴的"我爱台北——中国人临摹漫画比赛"中被劳瑞本人点评为第一名的高中生沈家琦就是李小龙的影迷，他临摹的"李表哥"不仅加上了李小龙标志性的双节棍，连表情都变成李小龙式的叱咤，被采访时他很兴奋，对记者说："好像李小龙，当初宣布叫'李表哥'我就知道会像李小龙。"②《自立晚报》很快刊出李小龙剧照与"李表哥"做比较，"无论架式、动作、服装都与李小龙的模样相仿，有人认为有仿冒之嫌，也有人认为劳瑞以李小龙的模式绘出'李表哥'，刻划了当代中国人奋斗、进取的精神"。③

其实在"李表哥"面世之前，时任中研院民族所副研究员胡台丽就曾评论为什么从"林"变成"李"："是洋人家喻户晓的 Bruce Lee（李小龙）在发挥作用。李表哥也许没穿功夫装，他八成会中国功夫。"胡台丽还评论道，劳瑞曾考虑设计成女性人物，但是在台湾亲身体验中国文化之后改变了主意，因为台湾领导阶层大多是男性，女子人微言轻不足以代表，取"表哥"的称谓似乎可以得到"山姆叔叔"的照顾，但"表哥"还是难以像"叔叔"一样自由批评时政。④

胡台丽对"李表哥"的评论可谓相当有预见性，也婉讽了台湾当局迎合美式文化霸权以及性别不平等的社会现实。与台湾当局的大力宣传相反，知识分子多对这一事件不以为然。台湾大学教授曾永义、台湾师范大学教授王建柱都对"李表哥旋风"表示不解，认为塑造中国人形象是国人自己的事，假手他人没有意义。⑤ 中研院院长吴大猷的表态很微妙，他说："劳瑞

---

① 《李表哥浓眉大耳小胖斗》，《中国时报》1985年12月13日。
② 《李表哥诞生，喜不喜欢？众说纷纭》，《民生报》1985年12月13日。
③ 《李小龙与"李表哥"》，《自立晚报》1985年12月23日。
④ 《李表哥露面之前》，《民生报》1985年9月5日。
⑤ 《新形象模样颇有趣，浑身洋溢精神朝气》，《自立晚报》1985年12月13日。

是画政治漫画的，政治漫画又以讽刺的画面居多，因此，劳瑞没有在'李表哥'身上挖苦中国人算是不错了"；"大家也不必把'李表哥'看得很严重，知识分子应该看得淡些"；"李表哥像李小龙也不错，外国人看李小龙印象都还好"。①

在台湾当局邀请美国漫画家塑造代表中国人的漫画形象时，已把改变中国人在西方的负面形象作为目的之一。"李表哥"面世虽没有引起一致喝彩，也没有遭到激烈反对，是因为这毕竟是以往少有的西方人创作出的一幅中国人正面形象。台湾漫画协会理事长李阐对劳瑞的创作表示欢迎，"认为已将过去'头戴瓜皮小帽，身拖长长辫子'的中国人形象做了相当修正"。②报载有民众打电话给"新闻局"，表示极为欣赏"李表哥"的功夫造型，"认为是中国人终于摆脱'东亚病夫'形象，冲破劣势，站稳脚步"。③

六

那么，民众是否对美国人塑造出的"李表哥"的形象表示满意呢？各报纸无法就此得出一致结论。"中华民国民意测验协会"在12月18日到22日间，以电话访问的形式采集了1096名看过"李表哥"漫画的台北居民意见，结果显示，表示喜欢"李表哥"的民众比例为55.7%，表示不喜欢的占33.4%。除了"年轻"、"有活力"，"像李小龙"也成为民众喜爱"李表哥"的理由之一。④

舆论对"李表哥"的容貌、装扮、姿态、气质往往会形成正反两方面的评价，唯一受到一致肯定的是他胸前佩戴的青天白日满地红旗帜，从一开始这个标志就被认为是劳瑞对"中华民国"的善意之所在。"中国人权协会理事长"杭立武最喜欢"李表哥"胸前的"国旗"，认为"深具反共及争自由精神"；漫画家牛哥（李费蒙）说："李表哥胸前的国旗很重要，

---

① 《"李表哥"模样吴大猷觉得不错》，《民生报》1985年12月14日。
② 《国内漫画家们认为表现动态活力，内涵似嫌不足》，《中央日报》1985年12月13日。
③ 《大家谈论"李表哥"》，《民生报》1985年12月14日。
④ 《"李表哥"民意测验，过半数民众表中意》，《中央日报》1985年12月24日。

那才能代表自由中国。"一位署名"誓还"的作者激动地撰文说,从"李表哥"身上看出只有青天白日满地红旗才能代表中国。[1] 还有评论将"国旗"和劳瑞的影响力结合在一起:"一幅青天白日满地红的中华民国国旗,画在李表哥功夫装的胸膛上,光凭这一点,已足够我们深思和喜悦了。大家要知道:劳瑞是当今数一数二的著名政治漫画家,他的作品在全世界各国最著名的报纸发表,每日阅读人数超过五千万人,这一幅带着中华民国国旗的李表哥,将周游列国,呈现于世人之前,这幅中国人的新形象,给国际人士的印象,胜过我们自己的国旗宣传文件不知多少倍,这一无形的不可估量的形象效果与政治意义,实远超过一件普通漫画所代表的意义。"[2]

"新闻学会"理事长楚崧秋说:"代表我们的'李表哥'面世之后,国人应不致在一些不必要的枝节问题上来争论,尤其不必求全责备地来自我困扰。要紧的是如何将他推广出去,让包括大陆十亿同胞在内的中国人都认同他,全世界各方面的人士也能接受他,尽快将七八十年来,每以骨瘦如柴抽鸦片、打躬作揖猪尾巴、头戴瓜皮帽、嘴蓄八字胡来代表中国人的侮辱形象,完全埋葬到历史灰烬中去。"[3] 这番言辞急迫的评论,说出了台湾当局邀请劳瑞设计中国人形象的初衷。国旗是国家的象征,当台湾地区无法以主权国家的身份参与国际事务,甚至在国际体育赛事奥运会上,也不能出现"青天白日满地红旗"时,"国旗"就已失去了其大部分意义。1981年台北为重返奥运,签订了"奥会模式"协议,以"代表团""会旗""会歌"代替"国家""国旗""国歌"等名称注册参加奥运,以"梅花旗"代替"青天白日满地红旗"入场,1984年7月台湾地区第一次以此特殊的形式参加第二十三届洛杉矶奥运会,请劳瑞设计"中华民国"形象正是从这一年开始动议的。无论"李表哥"形象如何,"国旗"都使他成为直接、醒目的政治载体,让他有机会像日本的"太郎先生"一样与"约翰牛""山姆叔叔"站在同等位置上,使"中华民国"至少作为一个漫画形象得到在主权国家世界出场的机会,同时,让"李表哥"代表所有中国人,用一个大而化之

---

[1]《李表哥》,《中央日报》1985年12月19日。
[2]《"李表哥"形象问题》,《自立晚报》1985年12月20日。
[3]《怎样看待"李表哥"》,《联合报》1985年12月13日。

的模糊种族形象填补丢掉大陆行政疆域造成的缺憾，使台湾当局自信能成为文化和族群概念上"中国"意义的承载者。

在"李表哥"形象揭幕时，劳瑞在致辞中说："请大家帮助'李表哥'，让'李表哥'帮助中华民国。"台湾地区从官方到民间，都非常认可劳瑞的国际影响力，劳瑞也多次对媒体表示，将通过自己的网络将"李表哥"形象传播到全世界。显然，台湾地区对"李表哥"形象的认可将成为"李表哥"发挥国际作用的前提。"国旗"在国际社会的失效令人沮丧，因此"李表哥"将以另一种方式承担"国旗"的象征作用。有评论说："劳瑞创作'李表哥'的着眼点，不是导引中国人看自己，而是导引多数的西方社会大众认识中国人。"① 12月15日，劳瑞夫妇按计划飞回美国，临行前举行记者招待会，劳瑞总结说，他已得知民众对"李表哥"形象有种种异议，这些都不重要，中国的漫画家也许能画出更俊俏的"李表哥"来。问题在于，中国人自己画的，在外国人眼中都不客观，是纯宣传的。李表哥就像一个杯子，可以往里面注入各种内容，对"李表哥"的诠释比创作更重要。只有他以外国人的眼光，加上自己特有的发表渠道，才能有力推广李表哥。②

七

"李表哥"形象一揭幕，作者劳瑞就向台湾"内政部"著作权审定委员会提出了著作权申请登记，获得著作权保障，"凡采用该漫画从事营利行为者，必须先取得著作权人或授权者同意"，③ 为"李表哥"登记著作权的杨鸿基律师表示已有外销成衣的商标设计人咨询在商标上使用"李表哥"的法律程序。当时有消息称使用"李表哥"只象征性收取版权费一元台币，劳瑞纠正了这种误传，他强调凡是涉及商业用途使用"李表哥"形象时，须取得他同意，他已委托一家公司受理相关手续，收费很"合理"。④

---

① 《话说李表哥》，《中央日报》1986年1月13日。
② 《劳瑞提妙喻，赠给漫画家》，《民生报》1985年12月15日。
③ 《"李表哥"漫画已著作权登记》，《中央日报》1985年12月14日。
④ 《大家谈论"李表哥"》，《民生报》1985年12月14日。

在返美当天的记者招待会上，劳瑞谈了很多推广"李表哥"形象的构想，首先是为台北设计一套四到六张不同服饰及姿态的"李表哥"邮票，然后考虑出版以"李表哥"为主角的连环画。劳瑞说已拟定一整套推广计划，包括电视动画、电影，以及报纸的漫画连载专栏，以吸引全世界各国儿童，使"李表哥"成为国际明星。同时劳瑞也想再构思创作一个女性人物，这样"李表哥"很快就会有一位妹妹或女朋友。①

"行政院新闻局"很积极地推广"李表哥"，通过十余种出版物印发了"李表哥"新年特刊，以及新春贺卡、年历，台湾《自由中国评论》《光华杂志》等"新闻局"刊物也以大篇幅报道"李表哥"，又接洽联邦德国《世界日报》推出特刊报道，劳瑞的邮票制作计划也进入设计日程。② 1986年4月6日劳瑞再次飞到台北，1986年4月12日上午在环亚饭店举行签约仪式，劳瑞与"中央通讯社"签约，将每周向"中央社"供应一幅"李表哥"漫画，同时与"中视新闻部"签约，由"中视"放映劳瑞的所有电视政治漫画作品，每周播出三件。劳瑞也与台湾联广公司、台湾省玩具公司、台湾区装饰陶瓷输出同业公会、台湾某动画公司签订了商业合同，授权他们在商标、广告等产品宣传中使用"李表哥"造型。③ 当记者再次提问"李表哥"是否根据李小龙形象"仿造"时，劳瑞说"那是胡说"（nonsense），并坚称"李表哥"完全原创，和李小龙无任何关联。④

四个月后劳瑞又来到台北，配合"李表哥"陶瓷塑像上市，参加了8月15日下午在台北市兴来百货公司举行的典礼，并对记者说"这是他见过的最完美的雕像之一"，瓷像的生产商、台湾陶瓷输入业公会理事长魏铭辉发言说，"希望'陶瓷李表哥'能够协助推广国民外交"。⑤ 紧接着"中央通讯社"和《中国邮报》宣布联合主办"李表哥"国际漫画比赛，"以介绍漫画人物'李表哥'为中华民国国民崭新形象为宗旨"。截稿期在1986年底，"中央社"将向参赛者提供"中华民国"最新消息作为创作参考。入

---

① 《劳瑞夫妇搭机返美，推广李表哥形象》，《中国时报》1985年12月16日。
② 《新闻局为"李表哥"打知名度，派赴全球新春报喜》，《中央日报》1986年1月6日。
③ 《中央社与劳瑞签约，将其"李表哥"漫画供应海内外订户》，《中央日报》1986年4月13日。
④ 《对有人指其"仿造"，劳瑞剖白认为胡说》，《自立晚报》1986年4月11日。
⑤ 《"李表哥"陶瓷像昨正式公开》，《中央日报》1986年8月16日。

选作品将在台北市立美术馆展览，前三名外籍人士将获赠所在地到台北往返机票以参加颁奖典礼，以及在台湾免费观光一周的奖励，本地人将获得台北至纽约或阿姆斯特丹往返机票及1000美元的旅行费。第4~25名将获得奖金300美元或12000元新台币。这次比赛共有40人、50件作品送选，但只有29人、39件作品合乎规定。1987年1月21日在台北福华饭店举行评审，评选出17人、20件获奖作品，获奖人包括"中华民国"6人、西班牙2人、马来西亚1人、美国4人、墨西哥1人、以色列1人、荷兰1人、丹麦1人。评审小组由劳瑞主持，成员包括台湾"新闻学会"理事长楚崧秋，"立法委员"纪政、林钰祥，台湾漫画学会理事长李闸，漫画家牛哥、赵宁，台湾大学教授颜元叔，以及曾对媒体表示设计"李表哥"没有意义的台湾师范大学教授王建柱。①

获得第一名的是西班牙人梁梅兹，他画的"李表哥"西装革履。评审委员颜元叔评价他的作品"极具中国风味，世界为金龙环绕，李表哥骑着猛虎向前奔驰，一手提着贴有国徽的皮箱，一手按着启动世界的按钮，不但有传统中国风格，更具有电脑化、现代化象征工商业起飞的世界性，极符合'21世纪是中国人的世纪'的期许"。②

1985~1987年是"李表哥"作为"中国人新形象"最受关注的时期，很多人想利用"李表哥"盛名之下形成的商机，图谋各自的利益。1986年高雄市要举办世界自由日大会，曾款待过劳瑞的高雄市市长苏南成决定让中学生扮演"李表哥"，同时加上"李表妹"，表演功夫舞。后来，又在高雄市举办"李表哥""李表妹"真人秀选拔活动。③"李表哥""李表妹"同米老鼠、唐老鸭一起出现在这一年的双十节花车游行队伍中。④当时台湾只有三家电视台——中视、台视和华视，都争相推出以"李表哥"命名的节目制造噱头，结果"新闻局"通知三家电视台，"日后播'李表哥'内容，事先需照会，如有涉及商业营利，审核将从严"，同时也有很多厂商用"李表哥"形象做电视

---

① 《李表哥国际漫画赛》，《中央日报》1986年8月17日；《"李表哥"国际漫画赛近日举行评审》，《中央日报》1987年1月21日。
② 《"李表哥"国际漫画赛，西班牙梁梅兹获首奖》，《中央日报》1987年1月22日。
③ 《苏南成新点子，岑雅国中将担纲》，《民生报》1985年12月18日；《谁像李表哥，欢迎来报名》，《民生报》1985年12月24日。
④ 《国庆庆祝活动，吸引万千人潮》，《民生报》1986年10月11日。

广告，因侵犯劳瑞的著作权和商标专利被"新闻局"禁播，"新闻局"申明，要使用"李表哥形象"，需联络劳瑞在台北的代理人。① 台北的"学者公司"要投拍电影《李表哥》，也同时注册了片名《李表弟》。香港娱乐圈也得到消息，有思远公司参与投资《李表哥》，并在港台、新加坡等地征求最能代表中国人形象的男主角。德宝公司拟请当家花旦杨紫琼扮演女中豪杰"李表妹"；宝禾影业公司也在开始筹备新片《表哥到》，由午马执导。②

在此期间，劳瑞也非常卖力地推广"李表哥"。为"中央社"创作的系列漫画中，"李表哥"的确换了多种装扮，或脚踩"台湾制造"标识的汽车滑板，表现台湾工业突飞猛进，或西装革履由美国为之点燃嘴里的香烟，一派成功商人的造型，或穿网球装，或穿举重运动衣，胸前都保持"青天白日满地红"旗帜。1986～1987年劳瑞至少五次飞到台北，洽谈版权，会见商户和代理，参观商业建筑，与台湾当局、文化界、商界高层人士接触。与台湾外贸协会董事长张光世、台湾玩具公会顾问崔中一行参观台北世界贸易中心展览大楼后，劳瑞提出推广"李表哥"的很多建议。第一，可以为"李表哥"建立一座高水准纪念雕像，就像美国的自由女神像和法国的凯旋门，让"李表哥"成为台北的地标。第二，将"李表哥"颁发给各行各业外销产品中业绩最好的部门，使"李表哥"成为台湾高品质的象征。第三，可以用刚刚上市的"李表哥"瓷像作为台北世贸中心的代言形象，让"李表哥"为台湾商品在国际贸易市场的营销发挥作用。③ 这次回国，劳瑞把"李表哥"瓷像带到纽约，在自己的作品发布会上加以介绍。④ 1986年美籍华裔科学家李远哲获得诺贝尔化学奖，成为台湾的风云人物，劳瑞为此绘制了"科学李表哥"，让李表哥戴上眼镜身穿唐装在化学实验室工作，身上写着"李远哲"三个字。在有关单位刻意安排下，劳瑞在圆山饭店亲自把漫画和"李表哥"瓷像送给李远哲，并表示"李表哥代表各行各业的中国人"。⑤ 据说劳瑞还曾尝试授权华

---

① 《广电处通知三台"李表哥"不可乱用》，《民生报》1985年12月19日；《新闻局通知电视台，勿侵害李表哥版权》，《民生报》1985年12月19日。
② 《李表哥将上银幕》，《联合报》1985年12月18日；《台港合资拍摄李表哥》，《联合报》1986年1月14日；《谁家表妹》，《民生报》1986年1月16日。
③ 《如何藉"李表哥"打响我国产品新形象》，《经济日报》1986年8月13日。
④ 《劳瑞漫画立体化，李表哥是第一位》，《联合报》1986年8月16日。
⑤ 《劳瑞画赠"李"表哥》，《联合报》1986年12月29日。

航使用"李表哥"造型,刻印在餐盘、餐巾上,让"李表哥"随华航班机到处飞,他也曾建议给所有出口产品都印上"李表哥"标识,由他收取一定百分比的版权费。因"兹事体大",这些建议都没了下文。①

"李表哥"出现后,的确曾在体育赛事和股市行情中被用来指代台湾地区,但"李表哥"的宣传热潮不久就开始迅速降温。"李表哥"瓷像并没有如预期一般大卖,第一批成品共12000个,按包装和型号差异,每个价格从600元到2000元新台币不等,一个月后只卖出200个左右,生产商一边降价30%促销,同时"希望有关单位能予以辅导,使'李表哥'漫画不致成为一时的热潮而已,而能发挥其宣传的功效"。② 做成瓷像的"李表哥"已经对漫画做了修正,改掉了受争议的屄斗下巴,变成浓眉大眼,似乎更好看,但也失去了特色。瓷像比漫画也多了一个明显创意:人像脚下的基座是台海地图,"李表哥"一脚踩在台湾岛,弓箭步的重心则落在大陆,是"反攻大陆"的具象化,也是台湾当局要求的"宣传功能"在"李表哥"身上所补的最后一笔。1988年李登辉就任台湾当局领导人,因姓李和突出的下巴曾被称作"李表哥",此时人们已经渐渐淡忘了"李表哥"的来历,劳瑞也从台湾舆论视野中慢慢消失了。

八

"李表哥"出台过程中,角色最尴尬的是台湾本地的漫画家。从劳瑞赴台寻找灵感到"李表哥"发布,"行政院新闻局"都邀请了岛内漫画家出席作陪。1985年7月28日台北市立美术馆广场的漫画上街头活动中,绝大部分台湾漫画家都在场:牛哥、亚子、山巴、陈弓、洪德麟、罗庆忠(LCC)、海山、林晋、王流、彭锦阳、林鑫、王丁泰、小董、詹汉能、渔夫、蔡志忠、洪义男、翁登科、徐耀东、邱若龙、郑问、郑松维、王平、刘兴钦、敖幼祥、刘汉钰,等等。二十多位岛内漫画家集体创作了《快乐的中国人》和《世界难民图》两幅画配合劳瑞,绘画题材仍是长期以来台湾当局宣传

---

① 《"李表哥"身价未定,劳瑞"如意算盘"多》,《民生报》1987年2月19日。
② 《劳瑞介绍陶瓷李表哥,誉我装饰陶瓷品质佳》,《经济日报》1986年8月16日;《"李表哥"销路差》,《经济日报》1986年9月21日。

的主题，诸如"自由台湾的建设成就和美好生活"。①

在劳瑞的七月"灵感之行"中，漫画家牛哥画了两幅以劳瑞为主角的漫画。一幅是劳瑞头戴厨师帽，身穿白色围裙，站在简易料理台前，右手颠勺，左手持铲，锅里一个模糊人形，上书"中国人新形象"，周围有一大群华人男女围观，其中有台湾漫画人物形象，也有漫画家，人群中冒出"煎、炸、蒸、烤、涮、煮、焖、炒"字样。这幅画一方面表现了"众口难调"的意味，一方面也显示出劳瑞在华人漫画家关注下炮制"中国人新形象"的荒诞。另一幅漫画是劳瑞身穿僧袍僧鞋，双手合十持念珠，头顶多出一个夸张的戒疤光头，像肿瘤一般，画面右端的标题是："外来的和尚好念经"。牛哥还请劳瑞在画上签名，劳瑞很可能看不懂这句中国俗语中的讽刺意味，在画幅上方用英文大书"给李，你的朋友劳瑞"，并加上了他的太阳标识。

牛哥是台湾漫画界资格老、名气大的人物，此时他刚刚结束一桩长达四年的漫画诉讼，精疲力竭之时，面对美国同行劳瑞在台受到的重视，感慨颇多。"李表哥"正式发布的前一天，"新闻局"副局长戴瑞明在台北来来饭店七星厅设宴为劳瑞接风，牛哥称之为漫画界的"国宴"，"同席二十余人，除新闻局的官员之外，有三位大学教授，外事新闻记者，漫画家六人：我，新任漫画学会理事长李阐、卸任理事长杨齐炉、罗庆忠、渔夫、彭锦阳"。请美国漫画家设计"中国人新形象"，牛哥心中颇感不满，却明白当局用意："台海两岸政治作战对峙，我国很多地方遭遇到'统战'的挫败，环绕着的许多国家'断交'，变成非官方的'关系协会'。连挂一面国旗出去都会有很多顾虑。"因此牛哥把劳瑞的"李表哥"比作美国将军陈纳德的"飞虎队"，都是在战时来增援的。② 牛哥这一代漫画家活跃于蒋介石迁台初期，当时的文化环境更加肃杀，漫画只能用作"反共抗俄"宣传，不能讽刺现实。政治禁忌使人人自危，无法自由创作，而美国、日本的漫画作品渐渐占领了台湾地区的读者群。出版机构考虑销路，更追捧国外作品，台湾地区本土创作萎缩，形成恶性循环。有评论说台湾地区本土漫画界"先天不足，后天失调"，部分原因在于民众总有"土不如洋"的意识。③ "李表哥"受

---

① 《保姆许水德推动市政》，《中央日报》1985年7月29日。
② 《李表哥与我》，《大华晚报》1986年1月2日。
③ 《国内漫画界宜自求多福》，《自立晚报》1986年5月3日。

到台湾当局的隆重礼遇，更加深了这种印象，也在一定程度上激发了对外来"中国人新形象"的逆反心理，记者总结"漫画界及艺文界人士，对于劳瑞所绘的'李表哥'，普遍感到失望，认为大家似乎寄望太高了"。①《中国日报》请年轻一代漫画家儒林、郑问、王平、朱德庸评论"李表哥"，提出"过去外国人把中国人画成猪辫子是偏见歧视，现在画成功夫打仔，是不是也有窄化意识呢"？②

令台湾当局始料不及的还有另一个层面的影响，"李表哥"登陆台湾，使民族性与政治性、何为传统与现代等问题浮出舆论表层。由谁来代表？代表的是谁？这样的疑问加深了台湾当局正试图缓和的政治困境，也刺激了合法性危机。更具戏剧性的是，"李表哥"诞生于国民党把一党意志强制推行全岛的尾声，1987 年 4 月 9 日，"行政院新闻局"在"立法院"预算联席审查会上被"立法委员"质询请劳瑞制作"李表哥"的费用，局长张京育只得出面解释除了来往机票等费用之外未付酬劳。③ 很快台湾解除了戒严令，民进党建立，随着党争加剧，台湾地区拥有了本土的政治讽刺漫画，国民党当局催生的"李表哥"在本土漫画家笔下开始充当复杂暧昧乃至尴尬狼狈的角色。曾经参加接待劳瑞的罗庆忠在 1987 年就画过多幅"李表哥"漫画，"李表哥"敞开单衣面向世界表现了台湾解严后的未知前景；"李表哥"和"山姆叔叔"与一女子同床来调侃双重国籍；"李表哥"黑暗的背影站在明亮的玻璃窗外，踮脚观望"亚银年会"的宴会大厅，表达无法参加的失落；身穿功夫装的"李表哥"一手持剑，一手持有"NT"标志的盾牌，表情惊慌，而对手是个使双锤的彪形大汉，星条旗纹样的衣服上有"USA"标志，漫画标题是《面对美方强大的汇率，台币节节败退》。④ "党徽""国徽"不分，"国旗"只是把"党徽"植入红底，一直是台湾地区"党国"意志高高在上的标志，台湾当局领导人直选进入政治议程，青天白日的"党徽"失去了法定的正统威严，在漫画中被广泛用于选战，政治依赖表演、寻求观众、娱乐全民的时代渐渐在台湾拉开帷幕。旁观了"李表哥"

---

① 《新形象模样颇有趣，浑身洋溢精神朝气》，《自立晚报》1985 年 12 月 13 日。
② 《李表哥浓眉大耳小戽斗》，《中国时报》1985 年 12 月 13 日。
③ 《劳瑞制作李表哥，新闻局未付酬劳》，《中国时报》1987 年 4 月 10 日。
④ 《台湾政治漫画精选集》，台北：自立晚报社，1987 年。

事件的另一些漫画家，有人用漫画表现古代典籍，如蔡志忠；有人把中国传统元素做创意发挥，如敖幼祥；有人描绘现代都市生活的情境和趣味，如朱德庸。他们不再像前辈一样同当局直接联手，而是以疏离政治的姿态融入时代，赢得了更广阔的读者群，成为新的漫画明星。

九

作为历史事件的"李表哥"从1984年动议到1988年声息渐消，发生于冷战即将结束的历史时期，此时的台湾当局对日益衰落的国际形象备感焦虑，"反攻复国"已经成为上一代遗留下来的政治包袱，解除戒严和隔离后，台湾地区的主体性很可能被进一步抽空。与此同时，全球舆论倡导的多元价值观开始缓和冷战意识形态造成的僵冷对立，如何与大陆建立新型关系逐渐被提上议事日程。消费主义和大众文化也在浪潮奔涌，形塑"中国人"不仅是一种文化权力，而且将转变为政治能量和经济利益。对台湾当局来说，制作"李表哥"用来"代表中国"体现了台湾当局采取的宣传导向和自我阐释策略，也是在中国的文化框架内重建政治合法性的最后努力。

制作"李表哥"作为事件，尚有两个层面无法确知，由于台湾相关机构的裁撤和公文的销毁，目前只能推测。一是"行政院新闻局"请劳瑞设计这个卡通人物时提出的要求与透露的信息。劳瑞是一位资深政治漫画家，除了自主创作，其工作模式在很多情况下是根据稿件内容、选题需要配以图像，将给定的观念、立场具象化。"中国人新形象"无疑是一个命题作文，由台湾当局动议、资助并全程引导，不可能由作者完全自由发挥。至少可以肯定，"青天白日满地红旗"是台湾方面要求必须出现的元素，"李表哥"最大的使命是进入"山姆叔叔""约翰牛""玛丽安"以及劳瑞刚刚设计的"太郎先生"行列，在台湾地区无法在国际社会出场的时期，至少在新闻和漫画世界中拥有一个同主权国家等值的象征物。二是劳瑞设计的"李表哥"在台湾当局引起的反应。"李表哥"的样子揭幕之前对于普通民众来说是个谜，对台湾当局未必如此。在漫画发布之前，作者与台湾当局可能已多次交换意见，双方有各自的诉求、原则和底线，"李表哥"是各种政治考量相互博弈的产物。从"李表哥"推迟发布、没有按原计划出现在1985年的双十节庆典上,到劳瑞携"李表哥"抵台没有获得蒋经国本人接见,当局官员对"李表哥"的评价措辞谨慎等新闻可以推测,劳瑞定稿的"李表哥"没有满足台湾方面的某些要求,从劳瑞此后的待遇也可看出,"李表哥"只能被有限使用于商业,而无法像台湾当局预期的那样作为台湾的政治符号加以推广和使用。

除了青天白日满地红旗这一政治信息外,"李表哥"承载的最醒目的中国元素是中国功夫,华人读者可以一眼认出其和功夫明星李小龙的相似性。尽管作者否认参考过李小龙造型,但作者本人喜爱功夫电影并深受其影响是个不争的事实。意味深长的是,功夫电影被反复使用的一个场景是身手不凡的主人公以比武或复仇行动打破"东亚病夫"这一加诸华人的耻辱印记,李小龙正是作为这一题材的成功典范被西方观众接受的。在萨义德(Edward Said)的东方主义理论中,西方一直在通过话语霸权对东方做本质主义的构陷,中国功夫同样可以作为西方的异质化元素构成东方主义描述的一个组成部分。至少在这时的劳瑞看来,积极正面而又有代表性的中国人形象,只可能以功夫造型出场,中国功夫曾经是反抗东方主义语言暴力的有力工具,这使其更具有被双重和双向言说的价值。

几乎可以肯定的是,台湾当局对功夫造型"李表哥"的接受必然有某种心理障碍。中国功夫经过通俗小说的虚构神化,通过传播性极强的现代电影工业加工放大,已经成为大众文化的一部分,具有根深蒂固的市井性,在当局的统治理念中很难与官方形象兼容。劳瑞曾以辛迪加形式出售作品而进入吉尼斯世界纪录,他本人对"李表哥"的流行抱有与台湾当局背道而驰的商业期待。对于西方观众而言,功夫是最具观赏性的中国题材,会功夫的"李表哥"只不过是劳瑞庞大的漫画辛迪加王国的一分子,他可能在连环画、商业广告中演绎有娱乐价值的中国故事,而在台湾当局的眼中,"李表哥"却被赋予更为严肃的塑造国家形象的使命。正因如此,如何在人物造型上诠释"中国"意义,台湾当局与美籍漫画家劳瑞之间的博弈颇有貌合神离的意味。

从图像学维度看"李表哥",可以把它视为国族形象人格化的一次实验。贡布里希(E. H. Gombrich)曾在《象征的图像》中译本序言中提出这个问题,他认为,拟人化(personification)是古希腊-罗马文明的固有特征，在西方艺术史中有着丰厚的传统，印欧语系的语言结构也更倾向于将抽象概念人格化，而在远东传统中似乎没有这种倾向。① 除了来自印度和梵文的佛教传统，中国古代绘画艺术的确有一套不同于西方的象征体系，其中更多地用事物和风景来况喻作者的情怀趣味，例如梅兰竹菊象征高洁品格，牡丹象征富贵，林泉象征归隐，寒江钓雪象征孤寂等等，其中还有大量源自谐音、比兴、典故等语言传统造成的隐含意义以及笔墨风格呈现的意境。人格化的图像表现，尤其是将国家作为人格形象在西方画家笔下驾轻就熟，例如在1895年，德国宫廷画家赫曼·克纳科弗斯（Hermann Knackfuss）按照威廉二世（William Ⅱ）的意图所作的《黄祸》版画中，欧洲七国都用古装人物表现，而中国和印度是远方黑云中的龙与佛像，被排除在画面主体人物关系之外。

　　拟人手法运用于图像，能够直观有力地传达作者的政治理念和价值诉求，中国近代以来受西方图像传统影响也逐渐形成了这样的创作和观赏习惯，尤其在民族国家及相互关系日益成为中国人的思考焦点时，拟人化观念在宣传画、时政漫画的创作中获得了广泛的应用。在冷战时期，对立的国家关系经常在漫画中表现为人与人之间的矛盾，将国家形象制作得传神生动是非常重要的宣传技术。台湾地区20世纪50~60年代的宣传中，常常直接使用领导人肖像和青天白日满地红旗代表自身形象，视觉效果往往刻板生硬，令人产生厌倦和逆反。严苛的政治禁忌和出版审查制度可以杜绝一切调侃，同时戕害了一代艺术家的想象力和创作能量。而来自美国的"李表哥"身上带着20世纪80年代全球大众文化风气的影响，这个形象会调侃和自嘲，诙谐生动，颇有亲和力。台海军事对峙即将结束，冷战思维与消费主义结合，进入软性宣传的新阶段，其中曲折值得深入解读。

---

① 《象征的图像：贡布里希图像学文集》，上海书画出版社，1990。

图书在版编目(CIP)数据

中国社会科学院近代史研究所青年学术论坛.2015年卷/中国社会科学院近代史研究所编.--北京:社会科学文献出版社,2017.12
 ISBN 978-7-5201-1783-8

Ⅰ.①中… Ⅱ.①中… Ⅲ.①中国历史-近代史-学术会议-2015-文集 Ⅳ.①K250.7-53

中国版本图书馆 CIP 数据核字（2017）第 279438 号

中国社会科学院近代史研究所青年学术论坛（2015年卷）

编　　者／中国社会科学院近代史研究所

出 版 人／谢寿光
项目统筹／宋荣欣
责任编辑／宋　超　吴丽平

出　　版／社会科学文献出版社·近代史编辑室（010）59367256
　　　　　地址：北京市北三环中路甲29号院华龙大厦　邮编：100029
　　　　　网址：www.ssap.com.cn
发　　行／市场营销中心（010）59367081　59367018
印　　装／北京季蜂印刷有限公司
规　　格／开本：787mm×1092mm　1/16
　　　　　印　张：15.25　字　数：249千字
版　　次／2017年12月第1版　2017年12月第1次印刷
书　　号／ISBN 978-7-5201-1783-8
定　　价／89.00元

本书如有印装质量问题，请与读者服务中心（010-59367028）联系

▲ 版权所有 翻印必究